CASE-BASED LOAN

以案说贷

可复制的中小企业信贷技术

Replicable Credit Techniques for SMEs

高星 著

东北财经大学出版社 大连
Dongbei University of Finance & Economics Press

图书在版编目（CIP）数据

以案说贷：可复制的中小企业信贷技术 / 高星著. —大连：东北财经大学出版社，2025.2. —ISBN 978-7-5654-5521-6

Ⅰ. F832.42

中国国家版本馆CIP数据核字第2025NC6929号

东北财经大学出版社出版发行

大连市黑石礁尖山街217号　邮政编码　116025

网　址：http://www.dufep.cn

读者信箱：dufep@dufe.edu.cn

大连图腾彩色印刷有限公司印刷

幅面尺寸：170mm×240mm　字数：260千字　印张：17.75　插页：1

2025年2月第1版　2025年2月第1次印刷

责任编辑：时　博　责任校对：刘贤恩

封面设计：原　皓　版式设计：原　皓

定价：88.00元

教学支持　售后服务　联系电话：（0411）84710309

如有印装质量问题，请联系营销部：（0411）84710711

前言

信贷业务是一个整体，它包括合规、营销、定价、风控四大要素，任何片面的、碎片化的理解都不利于信贷工作的可持续健康发展。掌握实用有效的信贷技术、营销优质授信客户、识别授信客户的风险类型、有针对性地设计风险缓释方法、高质量地完成授信报告的撰写是每一名信贷客户经理必备的技能。

中小企业是国民经济的重要支柱，同时也是商业银行重要的授信群体对象。不同于抗风险能力强的大型企业，也不同于操作简单的微型企业，中小企业贷款有其独特性、复杂性，需要更强的信贷技术来支撑。

《以案说贷——可复制的中小企业信贷技术》是作者二十年银行信贷从业经历与十年信贷专业培训经验的结晶。本书汇集了作者多年积累的智慧与心得，它以一个主案例和五十个小案例深入浅出地讲解中小企业信贷技术，环环相扣、层层解析，内容涵盖了信贷技术与市场营销的关系、信贷调查、风险类型、财务报表解析、风险缓释方法、贷后检查、授信调查报告撰写等多个方面。每一章每一节，都凝聚了作者对信贷业务理论的深刻理解和对实战经验的全面总结。本书不仅是一本技术指南，也是一本实操手册。

银行信贷从业人员的专业历程大体可分为三个阶段：第一阶段是“看山是山，看水是水”，即初入行的信贷人员不具有风险识别能力，不能辨别授信客户财务信息的真伪，只是根据授信客户提供的表面上美好的信息，就同意贷款；第二阶段是“看山不是山，看水不是水”，即信贷人员有了一些信贷经验，具有一定的风险识别能力，也能够辨别授信客户财务信息的真伪，认为贷款随处都是风险，就否决贷款；第三阶段是“看山还是山，看水还是水”，即信贷人员具有较为丰富的信贷经验，对信贷业务具有较为深刻的理解，能够识别风险，也能够辨别授信客户财务信息的真伪，更主要的是能够针对不同的风险类型进行风险缓释，并能抓住主要风险点，在风险可控的情况下，发放贷款。只有第三阶段的信贷从业人员才算“出徒”了。本书将帮助每一名信贷从业人员成为合格的信贷人员。

希望本书能够成为您在信贷业务中的良师益友，帮助您在为中小企业提供金融支持的过程中，既能掌握核心技术，又能感受到这项事业背后的温暖与责任。愿本书能在您前行的道路上，给予您指引与力量，助力您实现更大的职业成就！

在这里，感谢您对本书的支持！

高　星

2025年1月

目录

1 绪论

1.1 信贷定义

信贷是一种金融活动，是指金融机构（如银行）向借款人提供一定额度的货币资金，并约定在未来一定期限内偿还本金及支付利息的行为。本书中所提的信贷主要是指银行的贷款，即以银行为主体的货币资金发放行为。

在市场经济主体中，中小企业既是大型企业的供应商，又是众多微型企业的主要客户，是产业链中承上启下的重要环节，在经济生态中发挥着重要作用。从银行信贷的角度来看，大型企业公司治理完善，财务体系健全，经营稳定，自身信用好，能够提供强有力的担保措施，不良贷款率低，银行对其的信贷分析往往侧重于行业分析、财务分析以及新上项目的市场前景分析等；微型企业处于产业链的末端，经营不稳定，财务体系不健全，银行对其的信贷决策往往依赖于担保措施或基于大数据的风险识别。相较于大型企业和微型企业，中小企业的自身经营特征和金融需求特征都具有一定的特殊性：和大型企业比较，中小企业竞争力弱，财务报表不规范，资信材料真实性、有效性不足；和微型企业比较，中小企业的股权关系、经营模式更为复杂，需要银行提供更大的信贷资金和更多的信贷产品。因此，针对中小企业这一特定群体，银行信贷人员应基于事实和数据这两个基本维度，对中小企业的企业特征、业务特点、经营环境、财务指标等进行调查分析、风险识别，这就对银行信贷人员的信贷业务能力提出了更高的要求，本书将结合具体案例对如何做好中小企业贷款进行深入剖析。

1.2 中小企业划型标准

工信部对中小微企业的划型标准见表1-1。

表1-1 **工信部对中小微企业的划型标准**

行业名称	指标名称	单位	大型	中型	小型	微小
农林牧渔业	营业收入	万元	≥20 000	500~20 000	50~500	<50
工业	从业人员数	人	≥1 000	300~1 000	20~300	<20
	营业收入	万元	≥40 000	2 000~40 000	300~2 000	<300
建筑业	营业收入	万元	≥80 000	6 000~80 000	300~6 000	<300
	资产总额	万元	≥80 000	5 000~80 000	300~5 000	<300
批发业	从业人员数	人	≥200	20~200	5~20	<5
	营业收入	万元	≥40 000	5 000~40 000	1 000~5 000	<1 000
零售业	从业人员数	人	≥300	50~300	10~50	<10
	营业收入	万元	≥20 000	500~20 000	100~500	<100
交通运输	从业人员数	人	1 000	300~1 000	20~300	<20
	营业收入	万元	≥30 000	3 000~30 000	200~3 000	<200
仓储业	从业人员数	人	≥200	100~200	20~100	<20
	营业收入	万元	≥30 000	1 000~30 000	100~1 000	<100

续表

行业名称	指标名称	单位	大型	中型	小型	微小
邮政业	从业人员数	人	≥1 000	300~1 000	20~300	<20
	营业收入	万元	≥30 000	2 000~30 000	100~2 000	<100
住宿业	从业人员数	人	≥300	100~300	10~100	<10
	营业收入	万元	≥10 000	2 000~10 000	100~2 000	<100
餐饮业	从业人员数	人	≥300	100~300	10~100	<10
	营业收入	万元	≥10 000	2 000~10 000	100~2 000	<100
信息传输业	从业人员数	人	≥2 000	100~200	10~100	<10
	营业收入	亿元	≥10	0.1~10	0.01~0.1	<0.01
软件和信息技术业	从业人员数	人	≥300	100~300	10~100	<10
	营业收入	万元	≥10 000	1 000~10 000	50~1 000	<50
房地产开发经营	资产总额	亿元	≥1	0.5~1	0.2~0.5	<0.2
	营业收入	亿元	≥20	0.1~20	0.01~0.1	<0.01
物业管理	从业人员数	人	≥1 000	300~1 000	100~300	<100
	营业收入	万元	≥5 000	1 000~5 000	500~1 000	<500
租赁和商务服务业	从业人员数	人	≥300	100~300	10~100	<10
	资产总额	亿元	≥12	0.8~12	0.01~0.8	<0.01
其他	从业人员数	人	≥300	100~300	10~100	<10

资料来源：《关于印发中小企业划型标准规定的通知》（工信部联企业〔2011〕300号）。[①]

1.3 银行信贷业务发展中的“357现象”

银行业是一个顺周期性行业，在经济上行期间，银行信贷资产的质量较好；经济下行期间，银行信贷资产质量相对来说较差。在银行信贷

① 2021年4月23日发布的《中小企业划型标准规定（修订征求意见稿）》，尚未通过，本书沿用2011年的标准。

业务发展中有一个较为普遍的“357现象”，即一个银行的信贷机构在贷款投放3年后不良贷款开始出现，5年后不良贷款开始大爆发，7年后贷款大量损失。“357现象”在中小企业贷款上反映尤为突出，这里既有经济周期的因素，也有银行自身信贷管理和具体信贷人员业务能力的因素。

信贷业务是一个整体，包括区域规划、细分市场规划、产品开发、贷款营销、信贷调查、信贷审查、贷后检查、不良资产清收以及组织架构、流程设计等。这些影响信贷业务的因素是相互作用的，每一个因素都非常重要，然而，在信贷实践中，一些银行通常只重视贷款营销、信贷调查和不良资产清收这三个因素，而对于其他因素不够重视，所以就会造成“头痛医头，脚痛医脚”的局面，导致“357现象”不断重复上演。

1.4 银行信贷业务可持续发展的四大要素

如何规避“357现象”？要做到银行信贷业务的可持续健康发展，就要清楚地知道，合规、获客、定价、风控这四大信贷要素决定了信贷业务能否可持续健康发展（获客、风控两大要素将在本书后续章节重点阐述），如果处理不好这四大要素之间的关系，那么就会出现“我们从困难中走来，我们向困难中走去，等于我们在困难中走来走去”的局面，因此，在制定信贷业务的发展战略、优化业务流程、开发新产品以及具体的业务操作中，必须将这四大要素视为一个紧密联系的整体来综合考虑。银行信贷人员真正的本领不仅在于把钱贷出去，更在于把钱收回来。我们的目标是不仅能够为客户提供资金支持，还要确保银行自身的健康和可持续性。

1.4.1 合规

1）信贷业务合规的基本要求

合规就是要求银行信贷从业人员不仅要遵守相关的法律、法规的规定，还要遵守银行内部规章制度、行业规则，遵守和客户之间的合同约定。信贷的合规性是信贷业务稳健运行的内在要求，是防范金融案件的基本前提，合规操作是防范信贷业务操作风险的最有效途径。

与信贷业务相关的法律依据主要有：《中华人民共和国银行业监督管理法》《中华人民共和国商业银行法》《商业银行授信工作尽职指引》《中国银监会关于进一步加强信用风险管理的通知》《商业银行内部控制指引》《商业银行与内部人和股东关联交易管理办法》《固定资产贷款管理办法》《流动资金贷款管理办法》《个人贷款管理办法》等。

2）合规与尽职的关系

尽职首先必须要合规，这是基础和前提，不合规或违规经营本身就是没有尽职。尽职的信贷人员一定是守法守规的，做到合规就不会产生违规的问责追责问题。合规操作可以减少信用风险的发生，但并不是就可以完全避免发生信用风险。风险管理的尽职要求是在合规基础上的风险识别、计量及风险缓释。不能简单地把法规制度层面的合规要求与风险管理的尽职要求画等号，两者不是一个层面的问题。信贷业务中的合规工作需要的是认真负责的熟练工，而信贷调查、审查需要的是在熟练工基础上具有相当业务能力的技术工。

在实际工作中，一些信贷岗位的员工会出于避免受罚的考虑，仅仅关注满足相关政策、规章、制度等要求，仅按规定的程序和流程执行标准化操作，而忽略了对客户实际风险的识别和防控。这种行为实际上是不尽责或履职不足的表现，长期如此将严重影响信贷资产的质量。

相反，一些信贷人员将本不符合融资条件的借款企业通过合规性包装，以满足银行的合规性要求，欺骗银行获得贷款，留下潜在的风险隐患。

3）监管部门信贷业务罚单案由

近年来，各地监管部门关于信贷业务的罚单案由主要是违规发放贷款，涉及各种类型的贷款，包括流贷、固贷、个贷、开发贷、按揭、涉农贷款、扶贫贷款等。

罚单的具体案由包括：

（1）向不具备借款主体资格的借款人发放贷款，违规向关系人发放贷款；

（2）未执行贷款相关的面签程序；

（3）出账时未落实批复的要求；

（4）不按项目实际进度发放贷款；

（5）降低信贷条件发放贷款；

（6）超越审批权限发放贷款；

（7）存贷挂钩；

（8）发放虚假他项权证的抵押贷款等；

（9）发放与实际用途不符的贷款以及发放虚假用途的贷款。

案例1.1：违规放款，造成重大损失

2016年7月至2017年7月，HH农业设施加工有限公司实际控制人D，在G农商行C支行利用其名下企业M果蔬种植专业合作社、N果蔬种植专业合作社、L果蔬种植专业合作社及借用顶名人的名义，以当地乡政府根据G农商行的函而开具的大棚物权证为抵押，采取虚构建设大棚基数，多贷款少建棚、漏建棚的方法，提供虚假贷款材料，在未建先批的情况下骗取C支行贷款7 000万元，贷款到期后实际控制人D无法偿还。

法院认为，在贷款过程中，使用大棚物权证做抵押，致该抵押权形同虚设；以虚构借款人的资信状况、还款能力，即虚构借款人的月收入、虚构房屋产权等手段进行欺骗；在贷款评估环节，为使评估价格符合事先设定的贷款数额，实际控制人D授意评估人员将价格做高，从而虚增了抵押物价值；骗取贷款后，一部分用于大棚建设，一部分被实际控制人D转移到其控制的K金属公司，改变了贷款用途，导致G农商行的贷款最终形成不良贷款，法院指出“给该行造成特别重大损失”。

法院认为，实际控制人D以顶名贷款、提供虚假材料的方式骗取银行贷款，给银行造成特别重大损失，其行为构成骗取贷款罪，因此获刑6年。C支行两名工作人员X、Y存在违法行为，X、Y作为银行工作人员违反《中华人民共和国商业银行法》等有关法律法规发放贷款，在贷款发放前不进行贷前核实，明知实际控制人D提供贷款数据造假，虚构抵押物的情况下，仍然发放贷款7 000万元。最终导致发放的贷款到期

无法收回。X是G农商行C支行行长，是贷款调查主责任人，负有对借款人提供的资料进行核实、评定、复测风险度的职责。Y是C支行信贷员，是贷款调查经办责任人，主要负责对借款人的信用等级、借款合法合规性、安全性、盈利性进行调查，并核实抵押物情况。然而，此二人在履职过程中，明知以大棚物权证为抵押不符合规定，明知借款资料中的资信以及还款能力与实际严重不符且存在顶名贷款情形，却仍然同意该笔贷款。二人均构成违法发放贷款罪，被法院判处有期徒刑3年。

1.4.2 定价

1）风险定价原理

合理的贷款利率，要覆盖贷款人的资金成本、业务成本、合理利润以及可能的风险成本。

资金成本，即银行自身的资金成本，主要指存款的成本，同时也要考虑资金无风险运用的机会成本，一般都是把国债的收益率作为无风险利率。

业务成本，即银行营销和调查拟授信客户所需要的运营成本。

合理利润，即银行发放贷款所能获取的合理利润。

风险成本，即贷款违约可能带来的损失，包括信用风险、市场风险、操作风险。

通过风险定价原理来看，降低放款的损失率、减少不良贷款的发生是影响贷款利率的重要因素，只有通过提高风控能力才能够实现贷款的安全性，从而提高贷款的收益性，这是一家银行综合竞争力的体现，也是一名信贷人员业务能力的体现，是一个长期的过程。

2）影响中小企业贷款定价的因素

在具体的中小企业信贷业务中，商业银行面临着如何定价的难题。定价高可以覆盖成本和风险，但在市场竞争中处于劣势，不利于开发新客户，并可能导致原有客户流失。定价低则无法覆盖银行自身的成本和风险，难以可持续经营。因此，商业银行需要在利率上平衡盈利和风险，在两者之间找到合适的定价策略。这就需要创新信贷产品，优化风险管理。

贷款定价的决定因素包括：

（1）信用评级

银行根据借款人的信用状况、还款记录以及其他相关因素进行信用评级。信用评级越高，表示借款人信用越好，贷款利率越低。反之，信用评级较低的借款人则面临较高的贷款利率，以覆盖潜在的违约风险。

（2）信贷产品

产品供需关系决定价格，信贷产品的供需关系决定贷款的价格，如果只是一笔抵押流动资金贷款，借款人通常可以在多家银行得到贷款，那么想做到高利率就很难，所以一旦利率太高，就会被其他银行替代。如果信贷产品是弱担保甚至信用贷，而当地很少银行有这样的信贷产品，那么定价不宜太低。

（3）综合贡献度

可以根据借款人综合贡献度来确定利率，比如借款人的结算、代发工资都在本行办理，购买本行基金产品，转介绍客户等，给本行创造较多的非息收入，综合收益较高，对于这样的借款人可以给予一定的贷款优惠。

（4）参考区域内他行的贷款利率

银行业是竞争充分的行业，一家银行的贷款利率的制定不能与区域内其他银行的利率偏离过大，否则会对信贷业务的开展造成影响。

3）通过利率看风险

贷款利率是一面镜子，借款人贷款利率的商谈、确认过程，可以反映出借款人信贷风险的大小，对于那些对贷款利率和贷款额度不太敏感且频繁更换贷款银行的借款人，需要小心，这类借款人可能由于自身经营陷入困境，资金非常紧张，疲于应付资金周转，也可能财务状况或信用记录有问题，存在潜在的风险。如果借款人以前的贷款利率明显高于市场平均水平，甚至有利率非常高的小贷公司的贷款，则更说明借款人的资格条件存在问题。

案例1.2：A公司为什么以这么高的利率贷款？

A公司向M城商行N市分行申请800万元流动资金贷款，客户经理在对A公司进行信贷调查时了解到，A公司已在4家银行共有贷款3 500万元，其中在B城商行N市分行贷款600万元，贷款利率为6.96%；在C城商行N市分行贷款700万元，贷款利率为6.8%；在N市农商行贷款2 100万元，贷款利率为7.4%；在N市H村镇银行贷款100万元，贷款利率为7.8%，4家贷款行的贷款利率明显高于当地主流银行贷款利率。另外，客户经理还了解到，A公司在当地的一家小贷公司融资200万元，利率为15%，同时A公司的实际控制人的信用卡也长期处于透支状态。A公司贷款需求迫切，实际控制人向客户经理表示，公司的销售利润率较高，可以接受较高的贷款利率。

客户经理分析A公司的融资成本及融资结构，认为A公司的融资成本过高，能够接受这么高贷款利率的原因并不是公司利润好，一定另有隐情；最小一家村镇银行的贷款金额与最大一家农商行的贷款金额相差巨大，融资结构也不合理，存在较大疑点，需要更深入调查。经调查，客户经理发现A公司正在新建固定资产项目，项目资金投入较大，目前A公司资金周转存在困难，资金链非常紧张，容易发生资金链断裂的风险，而且B城商行N市分行600万元贷款即将到期，一旦M城商行N市分行800万元贷款放给A公司，极大可能会置换B城商行N市分行的600万元贷款，将来靠A公司自身所产生的现金流很难偿还贷款，M城商行N市分行将成为接盘侠，所以否决了该笔贷款。

4个月后，客户经理发现该公司已经停产，各家银行的贷款全部逾期。

2 信贷技术与市场营销的关系

我们经常看到一些银行一段时间内拼命抓贷款营销，过一段时间又开始拼命抓不良资产清收，然后再抓营销，然后再抓清收，循环往复无休无止，为什么会这样呢？因为经济是有周期性的，银行贷款具有顺周期性特征。在经济上行期，企业经营顺利，信贷需求大，银行信贷资产质量好；而在经济下行期，企业经营困难，信贷需求下降，不良贷款增加。这就要求我们具备更宽广、更长远的信贷视野，来看信贷周期。

笔者在银行讲课或进行驻行式的信贷指导时，经常有信贷从业人员说，某某银行贷款营销力度大，给企业贷款的条件有多宽松，比如信用贷款、利率下浮、审批速度很快等，而自己所在的银行做不到这些，信贷审批过于严格，所以信贷客户营销工作做得不好。

案例2.1：为什么他行能贷，我行不能贷？

笔者在一次驻行式信贷指导时，和某银行的信贷人员一起去过一家企业，该企业跨行业的多元化投资很多，而且贷款余额已经超过其销售收入的70%，关联企业中有两家处于停产状态，外地的两家小银行给其贷款，而且其中一家还是固定资产贷款，两家外地小银行给其贷款，这本身就很异常。和笔者同去的银行信贷人员想给其增加授信，而笔者建议不要给这个客户贷款，风险很大。支行行长表示：其他行都做了，我们为什么不能做？

这家企业的已有贷款已经很明显地超出了其实际的贷款需求，将流动资金贷款挪用到固定资产的可能性极大，而且关联企业处于停产状态，已经出现风险预警信号，加之当地主流银行都不与其合作，所有这些因素足以说明贷款的风险很大。至于其他银行敢给其贷款，可能是该企业在不同时期反映出来的风险程度不一样，也可能是其他银行在信贷业务上更激进。

这其实就是贷款营销与风险控制之间的矛盾，是信贷业务长期健康可持续发展与短期个体和经营机构业绩的矛盾。每家银行的风险偏好不一样，我们要在信贷资产质量安全性的基础上，去开发授信客户、追求银行的收益性。信贷实践中，经营审慎的银行在信贷业务上短时间内往往体现为市场拓展能力差，竞争力不足。

2.1 贷款营销与商品营销的区别

贷款营销是目前银行界比较热门的词汇，从总行到分行再到支行都很重视贷款的营销工作，围绕着贷款的营销制定了众多考核办法，也经常举办各种培训、沙龙等活动。银行客户经理必须清醒地知道贷款的营销不同于商品营销，商品的营销是商品的所有人既失去了对原有商品的所有权，又失去了对商品的继续管理权和控制权，而贷款营销，本质上不是所有权的转让，而是资产使用权在一定期限内的让渡，是将贷款在一段时间内暂时出借给借款人使用，将来到期时要将贷款收回来，所以贷款营销一定要以贷款的安全收回为前提。

把钱贷出去不是本事，把钱贷出去并安全收回来才是真本事。客户经理就是把好的客户挑出来，然后给他贷款，这个过程既是贷款营销也是一个风险防控的过程（见表2-1）。

表2-1 **贷款营销与商品营销的区别**

贷款营销	商品营销
资产使用权的暂时让渡	商品所有权和控制权的放弃
以贷款的安全回收为前提	以商品的销售为目标
需要风险控制和评估	需要市场调研和推广
以满足客户需求为中心	以创造客户需求为导向

2.2 由国王嫁女联想到的……

从前有一位国王要将他的公主嫁人，有3个小伙子来应征，国王是这样来挑选驸马的：他将公主关进了一个笼子，将老虎关进另一个笼子，把小伙子的眼睛蒙上后，让小伙子到笼子里去找公主，第一个小伙子蒙上眼睛后就大步流星地走进了老虎的笼子，然后就让老虎吃掉了；第二个小伙子眼睛蒙上后，他想第一个小伙子都被吃掉了，于是害怕，就主动退出了；第三个小伙子眼睛蒙上后，他在思考老虎会有什么样的气味？公主会有什么样的气味？老虎会有什么样的声音？公主会有什么样的声音？所以，即使眼睛被蒙上，第三个小伙子依靠分析和其他感官的综合判断选中了公主的笼子，最后迎娶了公主。

第一个小伙子心里面只有公主，他没有充分考虑到老虎潜在的风险，所以被老虎吃掉了。在银行中，有一些客户经理就是第一个小伙子，他们眼睛里只有市场没有风险意识，虽然可能很快成功开发信贷客户，但也很容易形成不良贷款。第二个小伙子心里只有老虎，他没有充分考虑到迎娶公主潜在的收益，所以他就失去了这个当驸马的机会。在银行中，有一些风控人员就是第二个小伙子，他们眼睛里只有风险没有市场，那么这类风控人员就容易使所在银行丧失商业机会。第三个小伙子则很聪明，他的心里既装着公主又想着老虎，他能够充分地评估风险和市场机会。在银行中，信贷从业人员只有像这个小伙子这样，将风险和市场机会综合考虑、充分评估，统一起来，才能使信贷业务更健康、可持续地发展。所以我们在开展信贷业务时，不要将营销和风控割裂开来，因为营销和风控是一体两面的。

案例2.2：从农批市场贷款客户开发看信贷技术与市场营销的关系

某支行坐落在H市最大的农批市场内，笔者在与该支行行长和客户经理座谈时了解到，该支行对市场内的法人企业和个体工商户的贷款仅有几笔，询问其原因，客户经理介绍说，市场内的商户没有贷款需求，都不需要贷款。笔者觉得很奇怪，因为市场内有近6 000个商户，怎么可能都没有贷款需求？于是笔者和支行行长、客户经理到市场内进行走访。在一个卖水产的街区，客户经理问一个商户："我们是某某银行的，请问您需要贷款吗？"商户回答说不需要。又问第二个商户是否需要贷款，回答也是不需要。第三个商户还是不需要。客户经理看看笔者，意思是说，还需要接着问吗？笔者说："不用再问这条街了，换下一条街问问。"客户经理继续问下一条街的商户："我们是某某银行的，请问您需要贷款吗？"商户回答说："我没有抵押。"又问第二个商户是否需要贷款，对方反问道："你的贷款利率是多少？"

第一条街上的商户直接回答不需要贷款，而第二条街的商户，实质上是在和银行谈条件，如果条件合适，还是可以贷款的。

两条街上的商户都是卖水产的，为什么商户的回答差异这么大？是什么决定一个企业或商户是否需要流动资金贷款？需要多少流动资金贷款？这是由存货和应收账款决定的，如果一家企业没有存货和应收账款，就没有流动资金贷款的需求，如果一家企业的存货、应收账款周转速度很快，那么这家企业流动资金贷款需求就少或者没有需求。两条街虽然都是卖水产的，但是是有差别的，第一条街上的商户，卖的是活的水产品，如活鱼、活虾，而第二条街上的商户卖的是冻货，如冻鱼、冻虾。活的水产品，商户不能囤积，存货周转速度快，加之市场内卖货，基本上没有应收账款，商户对贷款的需求就小。而冻货易于储存、囤积，商户的存货相对来说周转速度慢，对贷款的需求就大。所以，如果这个客户经理只是走访第一条街上卖活鱼活虾的商户，他们大概率都是不需要贷款的，客户经理据此下结论，认为市场内商户都不需要贷款，实质上是客户经理选择的样本出现了问题。了解了这个道理后，客户经理应该重点营销市场内的卖冻货、干调、粮油等易储存、易囤积的商户。了解了信贷技术的基本原理，会使贷款营销人员少走弯路。

2.3 贷款营销，规划先行

对于银行的中小企业（包括微型企业）贷款营销来讲，应该围绕以下几个问题来开展：

（1）到底要发展什么客户？

（2）能做多大规模？

（3）开发什么产品？

（4）如何进行风险缓释？

（5）在这个市场上的竞争对手有哪些？

（6）我们的产品、团队有哪些优势和劣势？

这些问题都应该在具体营销之前就做好规划，否则就会出现信贷产品不对路、贷款放不出去、面对同业没有竞争优势，进而导致市场规模占比过低、营销人员积极性不够或出现大面积不良贷款等一系列窘境。所以说，对于整个贷款营销而言，市场规划是至关重要的。要先有充分贴合市场的业务规划，然后按照规划进行有序的信贷投放安排，从行业、区域、商圈、核心企业中挖掘批量客户的共性，再从中筛选出我们的目标客户群。好的规划应该做到目标明确、线路清晰。

银行的中小企业（包括微型企业）贷款营销应该从有效的市场规划开始，银行经营机构应该利用大数据进行分析，充分了解本地的经济状况、产业结构特点、本地中小微企业发展状况等，细分市场，做好规划。规划应该符合国家的产业政策、监管部门的监管政策以及上级行的信贷指导意见；在行业的选择上，应当选择那些发展前景好、符合国家产业政策、处于成长期或成熟期的行业；在客户的选择上，应该选择股东背景良好、股东有一定资金实力和社会声誉的客户，主营业务突出、生产工艺先进、管理水平良好、经营效益较好的客户，有一定的原材料保障能力和销售能力的客户；在财务数据方面，要选择负债率在合理范围内，财务指标良好、信用记录良好的客户。从而形成清晰的行军路线图，确定拟开发客户名单，清晰地告诉一线营销人员谁是我们的客户。然而在信贷实践中很多银行具体的经营机构是没有做好规划，读不透行业、圈不准客群的。

做市场规划要建立在充分了解市场的前提下，从宏观层面来讲，当地的生产总值、一般性财政收入、主要经济特点、主要产业都是必须了解的，同时要将银行所在区域整体经济发展状况与区域经济特色相结合，比如黑龙江省是典型的农业大省，和农业相关的种植业、畜牧业、农产品加工业、农机配件加工业、粮食仓储等行业均具有一定规模，那么，这些行业当中，应该做哪些，不做哪些，原因是什么，要以什么产品来做都是需要调研规划的内容。规划的目的是把一个范围相对比较小的客户规整起来，发现其中的共性，找到行业或者商圈中优秀企业成功的关键因素。在任何一个行业中，企业能立足并发展壮大必然有其成功的原因，如果是行业中多个企业的成功因素相同，那我们就应该认为这个因素的具备应该是银行对该行业的准入门槛。打个比方，一个饭店在美食街上特别火，可能是口味、价格、服务等自身因素，但是如果这条美食街的饭店都很火，则应该是地理位置起到了关键作用，那我们就应该通过地理位置这个维度来细分客户。

找到一定的客户群体以后，并不意味着这个群体中所有的企业都是目标客户，因为任何行业都存在不同程度的优胜劣汰，也都有经营好坏之分，如何从这里面筛选出目标客户，则是规划的目的。

信贷业务规划是在对信贷总量和区域信贷的布局基础上来进行的，是信贷业务的发展战略。要将相应的风险防控措施及资源配置与业务发展的要求相匹配。

2.4 了解市场，细分客户群体

2.4.1 了解银行所在区域市场

银行所在区域市场潜在的中小企业贷款客户数量计算公式为：

$$\text{银行所在区域市场潜在的中小企业贷款客户数量}=\text{该区域内中小企业总数量}\times(\text{通过本行借款融资的企业占全部企业的百分比}+\text{本行正在营销的对贷款有潜在需求的企业占全部企业的百分比}+\text{在他行有正常类贷款的企业占全部企业的百分比})$$

银行所在区域市场潜在中小企业贷款规模计算公式为：

$$\text{银行所在区域市场潜在中小企业贷款规模}=\text{潜在客户数量}\times\text{平均单笔贷款余额}$$

通过上面的公式，银行可以对所在区域进行市场分析，测算该区域的市场容量以及潜在客户数量。

2.4.2 细分市场

细分市场是将整个市场划分为不同的子市场，以便更有效地定位目标客户并制定精准的营销策略。具体做法为：深入了解银行分支机构所处的市场，包括目标客户、竞争对手、市场规模和发展趋势等，根据一系列共同特征，将客户分为不同的群体，再根据银行的业务目标和资源配置情况，选择一个或多个最有吸引力的细分市场，并形成该细分市场的客户名单。针对每个细分市场客户群盈利模式与风险特征定制个性化的营销策略，包括匹配授信产品、授信方案、定价、风险缓释措施等，以满足客群的需求。以细分市场方案来指导客户经理具体营销和信审评审。一个好的细分市场方案，可以取得事半功倍的效果，使客户经理清楚知道自己要开发哪些客户，形成清晰的营销路线图，同时，可以使评审人员清楚地知道客群的主要风险点，提高评审效率。

细分市场是一个持续的过程，需要不断研究和灵活应对，以适应市场变化和客户需求的演变。要密切关注竞争对手在不同细分市场的策略，找到机会和优势来获得市场份额；要定期评估营销策略的效果，并根据反馈进行调整和优化，以确保持续吸引目标客户。

细分市场的客群应该具备以下特点：一是符合国家政策导向，在区域经济发展中有较为重要的作用。二是客户群体数量众多，区域集群、产业集群、产业链上下游具有共同利益或风险控制特征，营销开发模式批量可复制，开发规模效应明显。三是没有短期内不可突破的外部营销障碍。细分市场的客群特点详见表2-2。

表2-2 细分市场的客群特点

细分市场的客群特点	说明
符合国家政策导向	客群的需求和行为与国家的发展战略和规划相一致，能够促进区域经济的增长和转型
客户群体数量众多	客群的规模足够大，能够为银行信贷提供充足的市场空间和潜力
区域集群、产业集群、产业链上下游具有共同利益或风险控制特征	客群具有一定的地理、行业、产品或利益的聚集性，能够形成稳定的市场需求和关系，便于银行业进行批量的营销开发和服务
营销开发模式批量可复制	客群的需求和行为具有一定的相似性和规律性，能够让银行业采用统一或标准化的营销策略和手段，降低营销成本和难度
开发规模效应明显	客群的开发能够带来较高的收益和回报，能够实现规模经济和网络效应，增强银行信贷产品的竞争优势
没有短期内不可突破的外部营销障碍	客群的开发不受法律、政策、技术、竞争等外部因素的严重制约，能够顺利地进入和拓展市场

2.4.3 细分市场开发模式——渠道建设

选择营销渠道是一个重要的决策，它直接影响到产品或服务的推广和销售效果。贷款的营销也是如此，主要是从中小企业经营过程中必经的相关节点着手，寻找具有共同特征的客群进行营销。

1）地域特征

中小企业经营规模相对较小，员工人数不多，通常以本地市场为主要经营对象，更加注重本土化服务和客户需求，而且集中在特定地区，特别是在城市的商业区或工业园区内。这种扎堆经营模式可以更好地聚集人才，共享资源，形成行业聚集效应，有利于形成完善的产业链条，缩短采购半径，降低成本，提高知名度和影响力，提高整体产业的竞争力。

地方政府在行政和公共事务管理中，特别是税务、海关、市场监管、公共事业、教育、医疗、社会管理等方面，积累了大量有价值的数据资源，银行可以围绕这些具有共同地域特征的客群，积极与当地政府部门进行合作，搭建有效的获客渠道。一些地方财政出资设立专项风险补偿资金池，为中小微企业向银行贷款提供增信，通过银政合作，银行可以获取有针对性的企业信息，从而有的放矢地营销客户。比如，银行可以通过税务局获取优质纳税企业名单（A、B级），按名单来营销以纳税信用为基础的“银税互动项目”，做无抵押的信用贷款；通过市场监督管理局了解新注册企业情况，直接将新注册企业导流至银行开户，从源头来获客；通过市场监督管理局守合同重信用企业名单，对接优质的客户；通过经信委对接专精特新企业；通过科技局对接高新技术企业和科技型企业；通过商务局对接商贸流通和进出口贸易企业；通过与农委合作，做支农贷款；通过乡镇政府、街道办事处获取辖区内的客户信息；等等。

商圈、市场是很多企业的集聚场所，尤其是中小微企业的集聚场所，也是银行进行批量获客的传统渠道。应以交易活跃、交易量和现金流较大、市场管理方信誉良好且经营管理规范的专业经营市场为主要目标，最常见的市场包括五金机电、木材、塑料化工、钢材、有色金属、建材、农批、机动车交易等。营销商圈和市场最好能得到市场管理方或物业公司的配合，通过它们宣传推介，效果会更好。

银行可以对接所在区域的电商平台，营销平台上的客群，尤其是以线上信贷产品来营销，效果更佳。另外，当地的会计师事务所也同样掌握大量的客户资源，银行同样可与其合作。

案例2.3：W县米业加工细分市场案例

W县是我国著名的优质水稻产区，那里有米业加工企业近300家，信贷人员通过调查走访发现，当地米业加工行业具有两大特点：一是越大型的米业加工企业经营得越好，而小作坊经营不太稳定；二是W县的300家大米加工企业的产量是当地出产水稻的4倍，也就是说，这些企业很多原材料并不是来源于W县当地出产的优质水稻，周边地区出产的水稻价格和质量在市场上要明显低于W县当地的水稻，W县当地出产的水稻供不应求，经常出现被抢购进而导致价格上涨的情况。根据W县支行调研的数据，当大米加工企业的水稻收购价有波动时，它们的大米销售价格相对稳定，这可以从两个方面理解：一方面是市场上对W县大米的价格有一个较为稳定的认知；另一方面就是如果企业的水稻收购价上涨，它的利润率会受影响，因为企业不能够很好地把成本的上涨转嫁给下游经销商或消费者。

通过对大米加工行业的调研及市场细分，针对客群的上述两个特点，在客群选择上，就可以以销售收入规模为标准来进行客户分层，以在W县当地有自有农田或者与农场主有长期供应关系、在采购价格上能够绝对控制的、销售规模相对大的企业为目标客群，因为这类企业经营稳定，抗风险能力强。在具体的产品设计上，针对这类客群的担保方式就可以适当放宽。

2）行业特征

行业特征是指某个特定行业内普遍存在的共同特点和规律。信贷人员可以从市场规模和增长率、周期性波动、竞争程度、技术水平、人力需求、产业链条、法律法规和监管政策、环境和社会影响等方面来了解行业特征。

不同行业有不同的特征，了解行业特征对银行信贷业务的营销非常重要，银行要针对不同行业的客群制定符合市场需求的信贷产品，以提高竞争力。银行信贷人员应深入研究所在地的优势产业/行业，信贷人员不一定成为一个行业的专家，但一定要成为借款企业所在行业的明白人，只有了解行业的特点，尤其是资金使用的规律，才能针对某一行业客群设计出适用的信贷产品，并能针对这个行业的用款周期，有目标有计划地提前着手营销。比如，家装建材行业，每年的3—10月为旺季、11月—次年2月为淡季，那么银行可以在11月—次年2月间针对辖区内家装建材行业提早进行摸排走访，做好客户的提前授信工作。

围绕具有共同行业特征的客群，银行可以积极与产业园区、行业协会来进行合作。产业园区通常是某类特定行业的企业集聚区，具有以空间为载体、以产业为根基、以服务运营为抓手的特点。银行可以对接园区主要负责人、招商部门、企业服务部门，借力政府产业扶持政策、风险补偿政策等，提供综合金融服务方案，与园区进行深入合作。

银行分支机构所在区域内的集聚行业会有各类行业协会，客户经理可以通过积极参与行业协会组织的活动、会议和展览等，展示银行的信贷产品及综合服务方案，也可以组织一些金融知识专业培训，来增加会员企业对银行的信任和好感。在合作过程中，如发现一些不正规的商会、协会私下为企业做资金中介、贷款中介，则要谨慎对待。

3）产业链特征

产业链是指以核心企业为中心来带动上下游企业，企业之间物流、资金流、信息流的顺畅流动是整个产业链成立的必要条件，涵盖产业链上下游全部企业的流量闭环是产业链生命力的保证。

产业链金融模式是指依托产业链核心企业，以其上游行业或下游行业中的中小微企业为目标客群。目标客群同处于产业链上的一个环节，有着较为相近的特征，银行可以根据目标客群与核心企业之间的交易形式，设计个性化、标准化的金融服务产品，制订金融服务方案，从而提升目标客群与核心客户的满意度、忠诚度、贡献度。银行应了解核心企业的需求，借助核心企业的支持对目标客群采取统一风险控制措施，通过合适的金融服务方案，达成银行、核心企业、目标客群三方共赢。

产业链金融对核心企业的好处主要体现在两个方面：一是帮助其下游企业融资，拓宽核心企业销售对象范围，扩大销售额，加速应收账款的回笼；二是协助其上游企业融资，可稳定供应商，增强供应能力，适当延长付款周期。以此增强上下游企业对核心企业的依存度，加强核心企业的话语权与定价权。

客户经理可以围绕优质核心企业，找寻其上下游客群。在上下游目标客群的选择上，应以中小微企业客户数众多、开发潜力大、与核心客户合作较为紧密、有融资需求的客群为目标，选择具有相同或相近经营特征、结算特征、融资需求特征、风险控制特征的细分客群进行营销。其中，上游行业客群合作模式主要有保理、应收账款质押融资、订单融资等；下游行业客群合作模式主要有核心企业担保、预付账款融资、返利账户质押、法人按揭贷款等。

值得注意的是，通常银行认定的核心企业是大型企业，但是大型企业的进入是比较难的，在信贷实践中，可以将核心企业的范围扩大，只要是在银行有授信且贷款是正常类的企业，都可以作为核心企业，从而带动其上下游客户的开发。产业链金融本质上是围绕核心企业的发散式营销。

案例2.4：N超市上游供应商批量开发方案

N超市是一家大型连锁超市，主营生鲜及农产品、日用百货、服装鞋帽、加工产品，年销售收入为220亿元，净利润为4.8亿元。N超市供应商共有1 000家，其中390家供应商在A分行所在地，对N超市年供货600万元以上的供应商共有120家，A分行选定这120家供应商作为主要目标客群。

客户经理调查了解到，供应商在N超市的应收账款结算天数为50天，在N超市最低存货保有天数为50天，合计资金被N超市占用天数为100天。以每月销售给N超市100万元（年1 200万元）供应商为例，平均应收账款为167万元，平均存货为167万元，则主要占用资金为334万元，供应商实际占用资金为月供应量的3.34倍，占年供应量的27.8%，那么单户供应商的授信额度核定是按照供应商在N超市的平均资金占用量的60%来做，相对风险较低，即27.8%×60%=16.68%，也就是说单一客户授信的额度不超过供应商对N超市年供应量的16%（当然，这是在N超市配合应收账款质押情形下，如N超市确认应收账款，配合银行做应收账款质押，也可以以应收账款金额打折来确定贷款额度）。

针对N超市的上游供应商批量授信方案如下：

供应商条件：与N超市合作两年以上的优质供应商，对N超市年供应量600万元以上，原则上生产型供应商的资产负债率不超过70%，贸易型供应商的资产负债率不超过80%。

授信期限：额度期限1年。

授信品种：流动资金贷款、银承。

授信额度：总额度10 000万元，单户授信不得超过1 000万元，且不超过供应商对N超市年供应量的16%。其中非抵押类单户授信不得超过500万元。

担保方式：

（1）供应商将A分行结算账户作为N超市结算回款的唯一账户；

（2）供应商将“N超市供应商服务系统”的用户名及密码交由A分行保管，A分行有权随时查询供应商与N超市供销存情况；

（3）追加企业主要股东和实际控制人连带责任担保。

案例2.5：M食品公司下游经销商批量开发方案

M食品公司成立于2000年，是农业产业化国家重点龙头企业，主要生产猪肉、鸡肉等肉类产品，建立了完善的生产加工、冷链物流和经销体系，是省内最大的食品加工企业。企业为进一步发展，需要得到银行更大的资金支持。N分行以M公司本地的20家经销商为目标客群进行批量开发，设计了以下服务方案：

经销商与M公司合作两年以上，专门销售M公司食品，租用其冷库，经销商由M公司推荐，且M公司对其有标准化管理及经营指标要求，有较好的信用记录。N分行向经销商提供授信总额度5 000万元，用于其日常经营周转，单户授信金额最高不超过500万元，由核心企业M公司提供连带责任保证担保，承担回购、余额退款责任，追加借款企业实际控制人及主要股东个人连带责任担保。授信以流动资金贷款/银行承兑汇票形式出账，用于支付上游M公司货款和租金，受托支付给M公司在N行开立的结算账户。

4）风险缓释特征

银行贷款的风险缓释是指银行采取各种措施来减少贷款所带来的潜在风险，以确保资产质量和稳健经营。这些风险缓释措施旨在防范可能出现的违约风险、信用风险、市场风险等。银行具体的风险缓释措施有抵押、担保以及增信机构提供的增信服务等。针对具有共同风险缓释措施的客群，银行可以和担保公司、保险公司、监管公司进行合作，搭建营销渠道。

银行可以和担保公司、保险公司、监管公司相互推荐客户，互相提供价格优惠的产品，联合开发有针对性产品，共同拓展渠道。银行与这些渠道合作的同时，也要注意他行客户迁移风险，如果是他行主动退出或拒绝的客户，要审慎接手。

案例2.6：订单+期货+保险+贷款的模式，共担风险，批量开发农业经营主体

农业合作社等新型农业经营主体经营规模大，对贷款的需求大，但是很多经营主体没有可供抵押的资产，银行应如何做才能既满足这类客群的融资需求，又能防控风险呢？

H分行是这样解决的：

首先，由L财产保险公司与农业经营主体签订收入保险保单、与H分行签订履约保证保险保单，H分行依据保单额度与农业经营主体签订贷款合同，以此来保证农业经营主体的收入以及银行贷款资金的安全。其次，L财产保险公司通过在期货市场购买农产品看跌期权进行价格再保险，实现风险分散和转移。再次，加入了订单环节，由N期货公司与农业经营主体签订指定交割库的粮食收购合同，提供“保底收购”，把价格锁定在农业经营主体最低收益水平上，保证他们不会出现亏损。最后，H分行把贷款资金直接受托支付给农业经营主体的上游，农业经营主体销售回款或获得的保险金则由下游客户或保险公司直接打入H分行的结算账户，直到还清贷款。由此形成一个针对新型农业经营主体客群的金融服务方案，实现了银行、保险公司、期货公司等参与方的共担风险和多方共赢。

5）产品特征

细分市场是指将相同或相近的客户合并成同一类客群，银行根据这一类客群的资金使用、资金需求的特点，提供相应的授信产品。比如，银行针对政府供应商名录内的客群开发政采贷产品；为大型商超的供应

商开发商超贷产品，烟草贷、供热贷等均属此类。

案例2.7：A分行政府采购项目批量开发案例

D计算机公司主营品牌计算机销售、网络维护等，年营业收入1.2亿元，其中政府采购金额7 000万元，最大单笔合同曾达到1 200余万元。公司资金紧张。无固定资产用于抵押。以往公司需要资金，都是通过民间借贷，无银行贷款。A分行根据政府采购合同和D公司自身实力，给予D公司1 000万元预授信，由S省信用担保公司担保，并承诺企业中标即贷。D公司后中标两笔，金额分别为650万元和450万元，合计金额为1 100万元，D公司签订采购合同后，A分行按中标金额的70%贷款，即出账770万元。类似D公司这样纳入政府供应商名单的客户，A分行合计授信2亿元，共35户企业。

在政府采购中，供应商一旦中标，融资需求较为急迫，一般为中标后一周到半个月内用款，所以采取预授信、"招标即审中标即贷"的方式，能够满足供应商用款较为急迫的需求。

在政采贷中，对于贷款银行来讲，有明确的授信对象，即纳入政府采购供应商名单中的企业都可以是预授信对象；有明确的融资需求，即贷款资金是为了完成政府的订单；有明确的还款来源，即政府付款。而且，政府采购流程较为规范，履约能力较好，所以政采贷风险相对可控。

2.4.4 批量开发

批量开发，是指对细分市场中具备共同风险控制措施的客群进行集中式的批量授信。就是把同类客户或同类客户需求当作一个整体来对待，进行有针对性的产品设计，确定标准化的准入门槛、必要资料、审查标准、风控措施、操作流程，确定合理的风险损失底线和业务拓展过程的评价考核体系。要求具有明确的授信集群对象、总体授信额度、额度分配原则、定价政策、产品配置策略、风险控制措施及贷后管理方案等。

银行可以针对一个子行业、一个产业集群、一个产业链、一个县域或乡镇产业集群、一个商品或要素交易市场、一个开发园区等进行批量开发。

1）批量开发方案

批量开发模板——××市场批量开发。

（1）市场概况

市场成立时间、地点、出资人、历史沿革、年营业额、所属行业、市场内有多少客户、市场管理方的作用、市场产权情况。

（2）市场主体经营状况（细分客群）

根据销售收入、经营年限、资产实力等将客户分层，锁定本行目标客群。

（3）融资需求分析和融资解决方案

融资需求分析和融资解决方案见表2-3。

表2-3 **融资需求分析和融资解决方案**

贷款金额	贷款用途
利率水平	贷款品种
合作银行	担保方式
贷款期限	还款方式
其他金融需求（包括理财、存款、结算等）： 本行开发渠道： 本行授信方案： 贷后管理措施：	

2）批量开发的路径选择

在批量开发方面，银行会选择不同的渠道，但是由于渠道没选准或方案没做对，有些银行在开发过程中走了弯路。比如，有的银行向政府主管部门收集相关企业名单，如纳税名单，然后下发给各个分支机构进行走访，但是实际效果并不好，转化率不高；有的银行和地方政府、园区管委会联合举办银企对接会，由于类似的活动搞得比较频繁，很多企业老板并不参加，只是派财务人员参会，往往流于形式，效果也不好。

因此，银行在批量开发客户时，必须针对细分市场的特定群体，围绕拟开发的特定群体生产经营过程中必经的相关节点着手进行。

案例2.8：找到节点，批量开发

某市是国家重点商品粮基地，笔者和当地某银行信贷人员一起走访了10余家玉米仓储加工企业，在和这些公司老板的交谈过程中，笔者发现几乎所有的老板都提到××货场这个地名。××货场是当地的一个铁路货场，当地大部分玉米都是从这个货场通过铁路运输方式发往全国各地的，那么，只要对该货场的发货记录进行统计，就能够掌握当地玉米仓储加工企业的真实准确数据。××货场作为当地玉米仓储加工企业销售中最重要的节点，银行与其合作便能掌握行业内客群的真实经营情况，通过货场的转介绍，也能更容易地开发该行业内的客群。现在很多银行根据企业的缴税情况、流水情况等开发了线上产品，笔者建议该银行开发针对玉米仓储加工企业的铁路运单模式的线上贷款产品。

案例2.9：产品设计贴近市场需求，批量开发

某分行对当地某二手车交易市场授信3 000万元，以该市场的土地及地上附着物做抵押，但是该交易市场并不需要流动资金，所以一直没有提款。笔者与该分行信贷人员一同走访这个二手车交易市场，了解到该市场是将场地出租给市场内的二手车经销商，其主要收入是租金收入，自身并不经营二手车的买卖，所以自身资金充裕，没有贷款。该市场内大约有200个经销商，他们或多或少有不同的资金需求，于是笔者提出一个新的授信方案：将授信主体由二手车交易市场变更为二手车交易市场内的经销商群体，由交易市场进行担保，以交易市场所在的土地及地上附着物为抵押，总额度还是3 000万元。也就是说，将原来对交易市场的流动资金贷款额度转换为担保额度，在经销商的选择上，由市场推荐，银行审核。此方案一经提出，立刻得到交易市场老总的认可，因为这样就解决了交易市场内的经销商的资金问题，交易就会更活跃，市场未来的租金也有了提高的可能性，且市场还能收到担保费。

这个方案的好处很多：一是盘活了原来一直不启用的额度；二是将一个借款人变为多个借款人，分散了风险；三是由于最后的保障都是以交易市场的土地及地上附着物做抵押，风险并没有增加；四是营销了多

个借款人，为银行下一步发散营销、交叉销售提供了机会。

3）批量开发与散单开发对比

批量开发与散单开发的不同之处在于：批量开发的对象是目标客群，散单开发的对象是单个客户，批量开发的营销效率明显高于散单开发；批量开发是在充分调研、规划的基础上，结合本行的授信政策与资源进行的，散单开发则大多具有随机性；批量开发是对目标客群的集群融资，可以分摊作业成本，并取得贷款收益+品牌效益，达到规模经济的效果，散单开发的收益则仅是单户的贷款收益；批量开发可以获取更多的相同或相近客群的信息，能够更好地交叉验证，识别客户的风险，散单开发获取的信息量则相对较小；在不良资产处置上，由于批量开发中银行有更多的客户资源，不良贷款的处置也会更有优势。

2.5 了解客户

2.5.1 中小企业（含微型企业）的特征

大多数中小（微）企业没有建立现代企业制度，而是采用家族式经营管理模式，尤其是一些微型企业更是以家庭为核心，甚至从某种意义上讲是“自雇谋生者”，算不上“企业”；中小（微）企业多从事传统行业，投资少、规模小、经营品类单一；很多企业贷款需求具有“短少频急”的特点；小型、微型企业一般无法提供银行认可的抵押物；企业的财务不规范，信息不透明，财务真实性判断难度大。

2.5.2 中小企业（含微型企业）主要集中的行业

中小（微）企业广泛分布在各个行业，常见的主要集中在商贸（批发零售）、服务（包括餐饮娱乐、装修）、生产加工（小规模制造业、农产品加工）、运输（物流）这几个行业。这些行业对流动资金的贷款需求也是不一样的，其中，服务类、运输类企业存货、应收账款较少，对流动资金贷款需求小，在资金的需求上更多体现在固定资产贷款上。而贸易类和生产加工类企业由于存货和应收账款的占用较大，对流动资金贷款的需求较大，所以，客户经理在流动资金贷款营销上，就应该以贸易类和生产加工类企业为主要目标。

2.5.3 原生态客户——首贷户

这里所讲的原生态客户是指从来没有在银行贷过款的客户，监管部门号召银行开发首贷户就是指对原生态客户的授信。企业从来没有从银行贷过款的原因：一是不能贷，即企业历史上有过不良记录、企业主有过违法犯罪记录或从事政府监管部门或银行限制进入的行业；二是贷不到，即企业不能满足银行信贷的准入条件；三是不愿贷，企业认为向银行申请贷款手续过于烦琐，不愿意贷款，偶尔缺钱就向熟人借；四是不想贷，就是企业主思想较为保守，基本的想法是有多少钱办多大事，从来没有想过贷款。那么，除了第一种“不能贷”的情况之外，后三种情况，银行都可以通过信贷产品的设计、服务的提升来解决这些原生态客户的贷款问题。

如何选择原生态客户？第一，企业已经度过初创期，能够应付目前状态下企业自身的日常经营。第二，企业发展态势良好，具有成长性，未来有做精做深、做大做强的可能。第三，目前的资金短缺成为企业进一步发展的瓶颈。第四，大股东或管理团队具有与银行规范合作的意愿。第五，经济下行时期，银行尽可能选择与居民生活紧密相关的行业客户。

2.5.4 挖掘客户的贷款需求

企业在经营发展中，往往会遇到一些资金上的困扰，比如在原材料价格上涨通道中，由于流动资金不足，而错失大量采购、降低成本的机会；应收账款增加，使企业现金流紧张等。这些问题，实际上就是企业隐藏的贷款需求，客户经理在调查访谈中，如果发现客户在资金使用上有类似的困难，就应该意识到，这是隐藏的贷款需求，应该及时加以引导，推出信贷解决方案。

除了通过调查访谈了解客户潜在的融资需求之外，银行还可以购买第三方的大数据，对客户进行精准营销，通过第三方提供的数据，圈定符合设定条件和要求的中小微客户群，将授信产品通过网络推送给有潜在需求的客户，达到精准营销的目的。

案例2.10：挖掘客户潜在的贷款需求

笔者曾经的一个客户向笔者抱怨：

“我记得清清楚楚，20年前，有朋友向我借1 000万元，我第二天就借给他了。”（说明他的企业当时的现金流非常好）

“现在，我的生意比那时大了很多，但是，要是再向我借钱，我是真拿不出来。你说为什么？”（有点抱怨、不满，现金流紧张，有隐藏的贷款需求）

笔者问道：“你现在公司的资金都用到什么地方了？”（启发、挖掘隐藏的贷款需求）

他回答道：“现在原材料价格一直上涨，货卖出去后，钱又不能及时收回来，资金都压死了。”（陈述现状）

笔者继续问道：“如果原材料价格继续上涨，应收账款越来越大，会怎么样？”（直击痛点）

他答道：“亏损，周转不灵。”（存在经营危机）

笔者说：“你现在就应该向银行申请授信，以解决现在因多囤积原材料以及应收账款带来的资金短缺问题。”（针对隐藏的贷款需求，发起主动贷款营销）

他答道：“对，你说得对，可是我现在没有抵押物。”（提出融资面临的困难，同时也渴望得到解决方案）

笔者答道：“有的银行可以用存货做质押，也有的银行可以用应收账款做质押。”（更进一步根据客户的实际情况，提出针对性贷款的产品）

他表示尽快向银行申请授信事宜。

2.5.5 了解贷款客户关注点

授信客户在选择银行时，往往优先选择贷款额度能够充分满足融资需求、贷款审批速度快的银行，如果银行能够满足上述两点，即使贷款利率高，企业也愿意接受，还款方式则排在客户关注度的最后。额度>速度>利率>还款方式，了解了这个顺序，客户经理在营销客户时，就不要一味地打价格战，要深入了解企业的资金需求特点，在充分防范信贷风险的前提下，尽可能满足贷款客户的资金需求及提高贷款审批速度。

2.5.6 让授信客户成为你的客户经理

银行客户经理要将自己定位为授信客户的财务顾问、金融顾问，而不是一个简单的销售人员。客户经理要具备扎实的金融理论知识和丰富的实践经验，要能为客户提供建设性意见，通过信贷产品和服务，提高授信客户的满意度，客户对客户经理的服务满意，就有向他人分享的意愿。客户经理应该具有强烈的转介绍意识，要善于将你现有的授信客户变成你的客户经理，不要低估任何一个客户的人脉资源，“物以类聚、人以群分”，授信客户的周围，一定存在大量潜在的客户资源，或是同行业者，或是上下游企业从业者，或是亲朋好友。多让客户了解银行的产品及服务的价值，提供超过客户预期的服务，更易获得客户转介绍的可能，当客户成为你的客户经理，你的业务就会源源不断。

2.6 了解竞争对手

俗话讲，知己知彼，百战百胜。了解竞争对手是促成业务的重要一环，可以从以下几个方面深入了解竞争对手。

（1）产品和服务：研究区域内其他银行的产品和服务，包括线上和线下产品，了解其他银行的特点、优势和不足之处。比较自己银行的产品与竞争对手之间的差异，找到你的独特卖点。

（2）市场定位：分析区域内其他银行在市场中的定位和目标客群，了解其他银行是如何与你的业务相互竞争的。

（3）定价策略：研究分析区域内其他银行的定价策略，包括不同授信产品、不同授信对象、不同担保方式的利率水平。这可以帮助你制定具有竞争力的价格策略。

（4）营销和品牌：观察区域内其他银行的营销活动、广告宣传和品牌建设，了解它们是如何吸引和保留客户的。

（5）销售渠道：了解区域内其他银行的销售渠道，包括线上和线下渠道，以及它们与合作渠道的关系。

（6）经营情况：了解区域内其他银行的经营情况，重点了解其他银行的授信政策的稳定性以及不良贷款变动，这可以提升客户对你的信任度。

（7）客户反馈：收集客户对区域内其他银行的反馈和评价，了解他们的满意度和不满意之处。

（8）领导团队：了解区域内其他银行的领导团队成员及其团队的稳定性，以及他们对业务发展的影响。

深入了解这些方面，就能更好地把握竞争对手的情况，发挥比较优势，进行差异化的营销，为业务决策提供更准确的信息。

2.7 了解自己

客户经理就像一个挑扁担的人，扁担的一头是银行，另一头是授信客户，要想挑着扁担走得更远、更稳，客户经理必须具备以下素质：

（1）了解本行的授信政策。哪些是本行优先支持的行业，哪些是本行积极支持的行业，哪些是限制、退出的行业，都要熟知。

（2）了解产品。知道本行的优势产品在哪里，对于本行优势产品的了解，不应只局限于信贷产品，也应该包含其他的产品，比如结算、票据、理财等，因为客户的金融需求是多样的，其他产品的优势也会给信贷产品的营销带来帮助，银行的优势往往体现在综合金融服务上。要将本行的信贷产品与他行的信贷产品进行比较，找出具有优势的地方，营销中要突出本行优势。

（3）充分了解自身的能力。客户经理应具备一定的营销能力、财务分析能力、客户管理能力、报告撰写能力、压力管理能力、产品设计能力以及风险识别与管控能力。

2.8 信贷产品

目前各行信贷产品的同质化是很严重的，尤其在小微贷款产品上，有的甚至连产品名称都一样。信贷产品的设计，对于贷款的营销成功与否至关重要，有的银行的信贷产品贴合市场，能够吸引大量的授信客户；而有的银行由于设计上的缺陷，导致产品很难适应市场需求，没有客户选择，甚至有的信贷产品造成大量的不良贷款，不得不叫停该产品。

2.8.1 信贷产品开发原则

一个信贷产品有六大要素，即种类、期限、金额、利率、担保方式、还款方式，这六大要素要与授信客户的资格条件、资金使用特点相匹配。信贷产品的开发应该满足当地市场需求，弥补现有市场供给空白，应该与当地中小微企业产业特征契合，同时要将合规要求、风控标准体现在产品中。信贷产品的开发一定要与企业的业务特点、资金使用特点相匹配。比如，在贸易背景真实的前提下，可以结合企业自身供应链资金使用特点，设计自偿性的供应链融资产品，在风险可控的情况下，适度降低对中小企业财务状况的门槛要求。一个核心企业给它的上游企业通过商业承兑汇票付款，那给这个上游企业推荐商票贴现明显比开立银行承兑汇票要更合适；对一个承接政府工程的施工企业，非融资性保函的风险显然要比流动资金贷款的风险小一些。

2.8.2 线上信贷产品

线上信贷产品是指运用互联网和移动通信等通信技术手段，基于风险数据和风险模型进行交叉验证和风险管理，线上自动受理贷款申请及开展风险评估，并完成授信审批、合同签订、贷款支付、贷后管理等核心业务环节操作，为符合条件的借款人提供的用于消费、日常生产经营周转等的个人贷款和流动资金贷款。近几年，受益于互联网技术的发展和大数据技术的广泛应用，很多银行都开发了依靠税务、发票、流水、海关数据做数字化风险决策的线上贷款产品，经营正常真实、没有不良记录的小微企业，贷款更加方便快捷，这些线上产品加快了小微企业的信贷投放，对小微企业贷款的数字化转型起到推动作用，小微贷款的数字化风控，也成为流行词汇。

大数据的运用，可以提高工作效率，帮助评估借款人的风险，但是完全依赖大数据进行风控管理也并不可取。大数据可以了解借款人过去经营状况，但不能改善和提高借款人的还款能力，也不能提高借款人的道德水平和信用水平。很多信贷产品是无法完全做到标准化的，流程可以标准化，但风控只能相对标准化，因为人的因素很难避免。

例如，“云税贷”产品（各行叫法不一样，就是以缴税记录为贷款依据的产品），其原理是纳税的多少反映了企业经营的好坏，纳税额越高，说明企业营业收入越高。其具体做法是，银行与税务局系统连接，经过拟贷款企业授权后，即可查询该企业3年的增值税、企业所得税纳税额以及该企业的纳税等级。以过去两年的年平均纳税额，按照不同的纳税等级给予不同的放大倍数（一般为5~10倍），进行贷款额度测算。贷款额度一旦获批，企业线上支用，客户经理即便发现潜在的风险，也很难控制企业的贷款支用行为。银行多以此产品来营销新客户，客户经理仅依赖大数据系统取数，在不了解经营、看不到账户结算流水的情况下发放线上信用类贷款，一旦贷款逾期，银行由于并不了解企业的其他情况（如流水信息、财产信息、他行账户信息等），无法向法院提供财产证据来支持法院执行，造成清收困难。因此，审批及放款过程中无人工适度干预，银行对贷款企业可能存在的风险点就无法进行进一步的预防，那么，实际工作中就要加强贷后检查，来补充完善风险缓释。

几十万的微贷除外，一二百万以上的小微贷款还是要将线上与线下相结合，线上授信与线下贷后相结合。而更大金额的中小企业贷款则应该以线下的信贷调查、风险识别、风险缓释为主，以线上的数据收集、整理、分析为辅。

案例2.11：线上信用贷款的贷后检查

笔者有一次在做驻行式的信贷指导期间，和G分行工作人员一起去一家有线上信用贷款的企业做贷后检查，G分行根据这家企业的交税情况，为其核定200万元的“云税贷”信用贷款额度，贷款的准入完全符合这家银行线上信用贷款的标准，但是在贷后检查中，我们发现这家企业将几家银行的大量流动资金贷款挪用到固定资产投资上，而且是跨行业的新项目投资，企业的现金流非常紧张，存在很大的隐性风险。

3 信贷调查

3.1 信贷风险

信贷风险是指在金融机构（银行）向借款人发放贷款或授信时，由于借款人无法按时或全部偿还贷款本金和利息，导致金融机构（银行）可能遭受经济损失的风险。这种风险可能由借款人的偿还能力下降、经济环境不稳定或贷款用途不当等而引发，也可能是借款人的还款意愿差、自身信用不好造成的。

信贷业务的尽职调查就是要尽最大可能规避信贷风险，信贷人员要在充分了解、掌握借款人信息的基础上，选择风险可控的客户。一线的客户经理在营销客户时，一定要在防控风险的前提下去开发市场，要一只眼睛看市场，一只眼睛看风险。

3.2 中小微企业主要的风险特征

大多数的中小微企业所从事的行业处于产业链末端，市场准入门槛不高，行业内的企业数众多，竞争激烈，营收波动大；这些企业普遍面临经济波动的周期性风险，无序竞争和产能过剩的威胁长期存在；多数为家族企业，个人意志决定了企业行为；很多企业的交易不留痕，账外经营和现金交易的现象较多，造成信息不对称；有些企业存在过度投资、过度扩张、过度负债的情况；有一些企业参与民间借贷或处于担保圈中的一环。这些特征决定了中小微企业的贷款风险要比大型企业高，那么商业银行的信贷从业人员出现惜贷的做法也是可以理解的。针对这种现象，监管部门也多次提出银行要敢贷、愿贷，而敢贷、愿贷的前提应该是会贷，是要在能够进行风险识别、风险防控的基础上把钱贷出去。

3.3 信贷调查内容

仔细看，图3-1中的柱子是圆的还是方的？

图3-1　柱子是圆的还是方的？

我们来看图3-1中的柱子，从一个角度看，柱子是圆的，从另一个角度看，柱子是方的。这张图片上的柱子就是授信客户，信贷人员要从多个角度去审视授信客户。

当客户经理第一次面对借款申请人时，应重点关注以下问题：如何进行信贷调查？信贷调查要从哪些方面入手？借款人有哪些潜在风险？如何进行风险缓释？调查重点是什么？

对于信贷调查内容，不同的客户经理给出的答案是不同的，有可能是具体的调查项目不一样，有可能是给出的答案顺序不一样。由于要调查的内容繁多，即便是同一个客户经理，也会存在第一次答案和第二次答案不同的情况，面对众多的调查内容，客户经理会不会在信贷调查时有遗漏项？这个遗漏项会不会成为不良贷款产生的原因？如果是，那么这个客户经理有没有责任？答案是有责任。因为贷款是尽职免责，而这笔不良贷款是该客户经理在信贷调查时并没有调查了解到的事项造成的，他是没有做到尽职的，也就谈不上免责。

这看上去是一个无解的问题，那么，如何才能全面了解借款企业，在信贷调查中不缺项呢？又如何通过信贷调查识别风险，防范信贷风险发生？概括地说，就是一个框架，两大核心，三条主线，四大风险（如图3-2所示）。

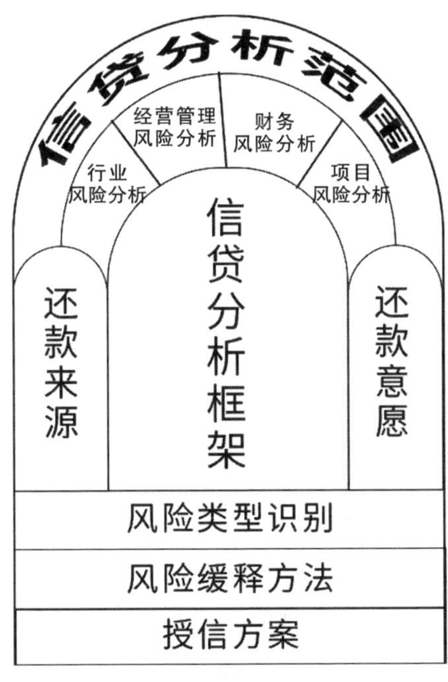

图3-2　信贷分析框架图

图3-2的信贷分析框架，可以清晰地告诉信贷人员信贷调查所涉及的全部内容，如果客户经理每次调查时脑海中都有这个清晰的框架，就不会出现调查内容不全的情况。

1）两大核心

贷款出现风险，不外乎两大原因：一是借款人还款来源不足；二是借款人还款意愿差。这是信贷调查的两大核心内容，信贷人员对借款人的分析应从还款来源和还款意愿两个核心方面入手。还款来源指的是借款人用来偿还借款的资金来源，主要体现借款人财务稳健性。还款意愿指的是借款人愿意并有能力按时履行其借款合同中规定的还款义务的意愿，这反映了借款人对债务的责任感。

2）三条主线

三条主线具体指以下三个问题：借款企业的钱是从哪里来的？钱要干什么用？以什么做还款保障？也就是说，信贷调查人员要知道借款企业的资金是来源于负债还是权益，比例是否合理，贷款资金的用途是什么，第二还款来源是什么。

3）四大风险

四大风险指行业风险、经营管理风险（包括还款意愿）、财务风险、项目风险，信贷调查人员应在划准信贷分析范围的情形下，从以上四个维度来分析，识别其显性和隐性的风险，并提出有针对性的风险缓释方法，最终设计出合适的授信方案。

3.4 贷款准入管理

谁是我们的授信客户？这是信贷工作的首要问题，当问到“把钱贷给谁”这个问题时，上到行长，下到客户经理，答案应该是一致的，如果答案五花八门，体现在信贷营销上就会效率低下，事倍功半；体现在信贷风控上就是风控理念混乱，管理粗糙。有一些客户经理上报信贷项目，由于是总行不支持的行业或授信条件，所以被否决，连续被否决两三个项目后，就开始抱怨审查部门这也不批，那也不批。聪明的客户经理在营销信贷客户前，一定仔细研读过本行的信贷指导意见及信贷考核指标，从中选择符合总行信贷业务偏好的行业、客户去营销，只有这样，报上去的项目获批的可能性才高。

贷款准入管理是信贷风险管理的第一步。贷款准入管理是指银行在充分了解客户、评估其信用风险的基础上，结合银行自身的发展战略和经营定位，对有贷款需求的客户进行选择和营销。贷款准入是决定信贷资产质量的重要因素。银行应该结合当前的宏观经济形势与区域经济特点，从战略上制定本行优先支持、积极支持、适度支持、限制退出行业和企业的市场定位。

好的授信客户普遍具有以下特征：

（1）行业发展前景好，行业处于成长期或成熟期；

（2）股东背景良好，有一定资金实力和社会声誉；

（3）主营业务突出，生产工艺先进，管理水平良好，经营效益较好，有一定的原材料保障能力和销售能力；

（4）负债率在合理范围内，财务指标良好；

（5）有良好的信用记录。

具备以下特征的客户，贷款准入时要审慎：

（1）征信有无法解释的不良记录；

（2）贷款用途不明；

（3）还款来源于过桥资金或银行滚动贷款，借款人自身的经营性现金流长期为负；

（4）由第三方提供资产抵押；

（5）异地抵押担保，跨区域贷款的客户，尤其是非主动营销的客户；

（6）同一担保公司担保的借款人频繁发生贷款逾期情况；

（7）产业链上下游企业互保、联保；

（8）高风险行业客户；

（9）借款企业不具备成功的关键因素；

（10）借款企业跨行业跨地区集聚投资、快速扩张；

（11）借款人长期进行高风险投资，如大额股票、期货投资；

（12）借款人涉案、涉诉，实际控制人有赌博、吸毒等不良行为；

（13）贷款企业存在隐形实际控制人；

（14）高负债、低净资产客户。

3.5 授信客户信息获取渠道

客户经理在信贷调查时，可以直接向授信客户索取所需信息资料，也可以通过借款人上下游客户、同行、政府相关部门进行查询。公开查询主要网站：中国人民银行征信中心、国家市场监督管理总局“国家企业信用信息公示系统”、全国组织机构统一社会信用代码数据服务中心、国家税务总局纳税人状态及资格查询系统、中国执行信息公开网。

3.6 信贷调查的关键点

下面结合水泊梁山橡胶有限公司（以下简称水泊梁山公司）信贷调查案例，从信贷调查内容、风险类型分析、风险缓释方法到调查报告撰写，展开全面深入的讲解。

案例3.1：W银行：L市水泊梁山橡胶有限公司调查报告（呈报时间：2019年2月）

1）申请人基本信息

公司名称	水泊梁山橡胶有限公司		联系电话		
注册地址	山东省梁山县		实际办公地址	县工业园区	
成立日期	2008年8月	注册资本	1 387.6万元	实收资本	1 387.6万元
股东	宋江	从事本行业年限	40年	是否存在不良信用记录	□是 √否
股东	卢俊义	从事本行业年限	3年	是否存在不良信用记录	□是 √否
注册经营范围	生产、销售汽车橡胶（塑料）配件，汽车及零配件销售、磨具制造和销售				
实际主营业务	生产、销售汽车橡胶（塑料）配件				

主要股东名称	股权比例	出资形式	主营业务	年销售收入
宋江	50%	货币		
卢俊义	50%	货币		

2）股东简介

宋江，总经理，男，1953年出生，大学学历，山东省郓城县人。宋江早年为郓城县化工局职员，后调到梁山县橡胶厂，从技术员做起，一直到厂长，后又跳槽到一家大型的外资橡胶企业任主管生产、销售的副总。在橡胶行业中工作40年，在生产和销售方面拥有丰富的经验。

卢俊义，董事长，男，1973年出生，初中学历，河北省大名府人。卢俊义从十几岁便开始经商，旗下另有模具公司、塑料公司、运输公司、广告公司、房地产公司、外贸公司、橡胶机械公司等7家公司，是大名府知名的企业家。

3）经营管理情况

水泊梁山公司现有员工150人，其中管理人员21人，技术工人129人。主要管理人员专业素质较高，设备先进，公司的技术具有一定的优势。

宋江和卢俊义早年便认识，两人是忘年交，2008年，宋江看到国内汽车行业发展迅速，而且车用橡胶件是汽车必不可少的零部件，市场前景广阔，便邀请卢俊义一起创立生产橡胶件的公司。公司成立后，宋江利用自己在橡胶行业中广泛的人脉关系，带来了很多客户，使公司销售收入快速增长。目前公司的最大客户AD汽车制造股份有限公司（以下简称AD汽车公司）是国内排名前十的一家大型汽车制造公司，为上市公司，该公司购买的橡胶件几乎占水泊梁山公司总销量的80%，另外总销量的20%来自其他中小客户（主要是一些汽车修理厂）。公司给予下游大客户AD汽车公司的账期为90天，小客户约60天。公司的原材料主要是从国内外购买的橡胶原料，获得上游供应商的账期是60天。

水泊梁山公司在南方银行有授信额度3 500万元人民币。2019年2月，该公司与我行联系希望从南方银行转到我行，与我行进行全面合作，条件是我行需要置换水泊梁山公司在南方银行的所有贷款。原因是南方银行审批信贷的时间长、服务差，导致错失商机。由于公司销售收入增长过快，为进一步扩大产能，需要新增设备，导致公司短期内资金压力较大。除了置换原有贷款外，水泊梁山公司申请新增1 000万元授信额度，其中增加500万元流动资金贷款、增加500万元固定资产贷款用于进口设备，合计申请授信4 500万元。

水泊梁山公司近三年财务报表

单位：万元

	项目 \ 年份	2016年报	2017年报	2018年报
借款人财务状况与指标	流动资产合计	4 480.9	6 031.9	7 010.7
	其中：货币资金	524.8	633.2	753.0
	短期投资	0	0	0
	应收账款	1 713.5	1 715.1	2 110.2
	其他应收款	108.9	83.3	85.0
	预付账款	131.9	288.7	126.0
	存货	2 001.8	3 311.5	3 936.4
	其他流动资产	0	0	0
	固定资产净值	1 437.6	1 247.6	1 456.3
	在建工程	1 672.3	1 801.1	1 631.1
	无形资产	62.5	58.7	54.8
	其他非流动资产	288.3	544.5	541.6
	资产总计	7 941.6	9 683.8	10 694.5
	流动负债合计	4 950.2	5 097.1	7 591.5
	其中：银行借款（短期借款）	1 761.2	1 733.0	2 100.0
	应付票据	177.5	100.0	70.0
	应付账款	1 081.8	1 079.2	2 460.2
	预收账款	221.8	1 022.3	856.5
	其他应付款	1 224.1	771.0	650.7
	其他流动负债	0	0	1 155.0
	长期借款	60.2	1 604	0
	其他非流动负债	0	0	21.3
	负债合计	5 010.4	6 701.1	7 612.8

续表

借款人财务状况与指标	所有者权益合计	2 981.6	3 019.7	3 139.3
	其中：实收资本	1 387.6	1 387.6	1 387.6
	资本公积	866.0	849.2	849.2
	未分配利润	348.4	372.9	466.9
	主营业务收入	6 264.1	5 364.3	7 801.3
	主营业务利润	798.9	929.8	971.6
	其他业务利润	53.4	0	0
	投资收益	49.4	13.2	0
	利润总额	179.0	160.7	232.4
	净利润	125.8	120	174
	经营活动现金净流量	−676.2	−766.2	870.6
	投资活动现金净流量	262.5	−266.3	−332.3
	融资活动现金净流量	188.8	1 140.9	−418.5
	现金净流量	−224.9	108.4	119.9
销售收入增长率（Sales Growth）		−6.5	−14%	46%
毛利润率（Gross Profit Margin）		13%	17%	15%
净利润率（Net Margin）		2%	2.2%	2.23%
资产负债率（Assets-liabilities Ratio）		63%	69%	71%
流动比率（Current Ratio）		0.9	1.2	0.9
速动比率（Quick Ratio）		0.5	0.5	0.4
应收账款周转天数（A/R Days）		98	116	97
存货周转天数（Inventory Days）		132	269	215
应付账款周转天数（A/P Days）		71	88	134
EBITDA		616.7	485.7	675.5

请您回答以下问题：

（1）如果您是客户经理，对于水泊梁山公司的贷款申请，您在信贷调查时需要了解哪些重要信息？

（2）水泊梁山公司的核心竞争力是什么？

（3）水泊梁山公司的信贷分析范围有哪些？

（4）通过征信系统查询，宋江和卢俊义个人资产负债方面的信息如下。通过这些信息，您对两个股东的个人财富会有哪些疑问？

宋江个人征信情况

资产	金额（元）	个人征信查询	银行	额度（元）	状态
银行存款	100 000	信用卡	东方银行	50 000	正常
房产	1 500 000	信用卡	南方银行	50 000	正常
其他资产	500 000	信用卡	北方银行	30 000	正常
资产合计	2 100 000	信用卡	中原银行	30 000	正常
		合计		160 000	

卢俊义个人征信情况

资产	金额（元）	个人征信查询	银行	额度（元）	状态
银行存款	51 000	信用卡	东方银行	100 000	正常
房产	7 600 000 （按揭贷款280万）	信用卡	南方银行	100 000	正常
其他资产	0	信用卡	北方银行	100 000	正常
资产合计	7 651 000	信用卡	中原银行	100 000	正常
		合计		400 000	

（5）根据对橡胶行业信息的研究，您认为此类企业成功的关键因素有哪些？

（6）研究贷款申请人所处行业的风险在信贷分析中非常重要，客户经理应该了解研究国内外有关橡胶行业或相关行业的信息，请您指出您对借款人所处行业风险水平的看法及理由。

（7）请您查阅水泊梁山公司的财务报表，通过对周转天数的分析，企业销售收入增长会对公司的资金产生什么影响？

（8）假设2019年水泊梁山公司销售收入比2018年增长30%，EBITDA（息税、折旧及摊销前收入）比率保持2018年的水平，2019年应收账款、存货、预付账款、应付账款、预收账款的周转天数与2018年相比也不变，请计算企业运营的现金会有何变化？

（9）通过水泊梁山公司的对账单，能分析出什么？

	流出		流入	
月份	笔数	金额（万元）	笔数	金额（万元）
2018.08	126	801	82	745
2018.09	132	704	73	656
2018.10	140	652	66	612
2018.11	118	507	71	545
2018.12	120	449	62	513
2019.01	111	630	76	601
平均	124	623	71	612

（10）通过水泊梁山公司的报表分析其未来的贷款偿还能力并指出理由。

（11）请评估水泊梁山公司的财务风险（包括财务弹性）。

（12）客户经理调查时，该公司的财务总监预测：2019年和2020年公司的销售收入会有大幅增长，而后，公司将进入稳定期，发展速度将慢下来，公司管理层经营理念比较谨慎，并不追求盲目扩张。对这样的预测有何想法？

（13）请指出水泊梁山公司的主要风险因素（财务风险除外）。

（14）对于第（13）题中的风险，如何进行缓释？（风险缓释的资格条件）

（15）请对水泊梁山公司的第二还款来源进行分析，并指出其变现的可能性（高、中、低）。

（16）您是否同意水泊梁山公司的贷款？请说明理由。如是有条件同意，那么还要增加什么条件或信息？

（17）请分析以下授信方案的合理性。

同意水泊梁山公司综合授信4 500万元。其中流动资金贷款及银行承兑汇票敞口额度为3 500万元，银行承兑汇票保证金比例为30%，期限1年；固定资产贷款额度为1 000万元，期限5年。以公司名下的土地及厂房、办公楼为抵押物，抵押物的评估值为5 000万元，抵押率为70%，不足部分由卢俊义旗下的7家公司提供担保，同时追加股东宋江、卢俊义的个人连带责任担保。

3.7 信贷调查方法详析

案例3.1第（1）题：如果您是客户经理，对于水泊梁山公司的贷款申请，您在信贷调查时需要了解哪些重要信息？（这里主要回答信贷调查的框架。具体分析内容及如何分析，在其他题的答案中详解）

（1）信贷分析范围：需要了解卢俊义旗下其他公司、主要客户AD汽车公司以及两位股东及其配偶。

（2）行业风险：水泊梁山公司行业地位、主要竞争对手、原材料价格的波动。

（3）经营管理风险：两个股东各占50%股份，无法确定谁是实际控制人；当两个股东发生意见不一致时，如何处理？下游客户集中度过高；股东个人财富需要进一步验证；需要进一步了解企业及股东的信用记录，以便分析判断还款意愿。

（4）财务风险：了解贷款置换原因、经营活动现金流、销售收入、第一还款来源、财务弹性、合同、存货、应收账款等。

（5）项目风险：新进设备的用途、资金来源、未来市场。

通过以上五大方面进行信贷调查，形成水泊梁山公司的清晰画像，这样，在信贷调查中就不容易有遗漏项，不会有硬伤。

3.8 企业的核心竞争力分析

企业的核心竞争力是一个企业在与其他同类企业进行竞争时，该企业独有的、而竞争对手难以模仿、能经得起时间考验的能力。一个企业在市场竞争中能否占有一席之地是由其是否具有核心竞争力来决定的。

企业核心竞争力体现在以下几个方面：

（1）市场定位和目标群体：确定企业所在的市场以及目标客户群体，了解市场需求、竞争格局和客户喜好是评估核心竞争力的基础。

（2）资源和能力分析：分析企业的资源，包括物质资产、知识、人才和品牌，评估企业在技术、运营、市场营销等方面的能力，以确定是否具备优势。

（3）独特性和差异化：确定企业在产品、服务或市场上的独特卖点，包括独特的技术、创新、品质、定价策略等，使企业在竞争中脱颖而出。

（4）企业的创新能力：包括是否能够不断推出新产品、服务或解决方案，以满足市场需求并保持竞争优势。

（5）客户价值：分析企业如何为客户创造价值，解决客户问题或满足其需求，核心竞争力通常与企业提供的客户价值紧密相关。

（6）市场份额和表现：考虑企业在市场上的份额以及其在竞争中的表现，高市场份额和强劲的表现可能表明企业拥有较强的核心竞争力。

（7）长期可持续性：考虑企业的核心竞争力是否能够长期维持，这需要关注市场变化、技术进步以及企业自身的战略规划。

信贷人员可以从以上几个方面评估借款企业的核心竞争力，核心竞争力突出的借款企业，在竞争中具有优势地位，抗风险能力强，贷款风险小。

下面结合案例3.1，说明借款企业核心竞争力与银行贷款的关系。

案例3.1第（2）题：水泊梁山公司的核心竞争力是什么？

表面上看，水泊梁山公司总经理宋江在行业内浸润多年，具有丰富的生产、经营管理经验及人脉关系，但是这并不是其核心竞争力，人脉关系只能解决第一步，即给你接触或进入的机会，但是如果水泊梁山公司的产品不合适，比如说密封胶条漏水、雨刮器刷不干净，那么即便再好的人脉关系，下游AD汽车公司也不会购买它的产品。水泊梁山公司的核心竞争力是能够生产出质优价廉的产品。

水泊梁山公司是以生产汽车密封胶条和雨刮器为主的汽车配套企业，是一家传统的工业企业，相对来说不属于资金密集型和技术密集型企业，它的市场准入门槛并不高，那么水泊梁山公司想在市场中占有一席之地，就必须持续地为客户创造价值，满足客户的需求，这就需要水泊梁山公司不断地通过创新，生产出质优价廉的产品。那么如何才能生产出质优价廉的产品？这就需要达到一定的生产规模，具有规模效应。如何才能形成规模效应？就必须扩大产能，所以水泊梁山公司在机器设备、厂房场地等固定资产投资方面有强烈的内在需求，水泊梁山公司向W银行申请1 000万元的固定资产贷款额度便很容易理解。

为了保证水泊梁山公司的持续竞争力，该公司明年还会向W银行申请增加固定资产贷款，后年可能还要增加，那么您作为W银行的客户经理，明年、后年会同意增加固定资产贷款吗？如果同意，那么该公司的资产负债率就会进一步增加，信用风险将加大；如果不同意，那么水泊梁山公司在同行业中的竞争力就会下降，会使原贷款的潜在风险增加，这样使银行处于两难境地。

很多信贷人员在对原有客户授信续作时，会左右为难，若继续贷款，则担心风险越来越大，若不继续贷款，又很难压缩，担心风险马上暴露，如何解决这样的两难境地？信贷人员就应该在首次授信时，对企业进行充分调研，了解客户的核心竞争力、行业特点、经营特点以及资金使用特点，制定较长时间的授信规划，而不是只考虑一年内的授信。

3.9 信贷分析范围

3.9.1 什么是信贷分析范围

信贷分析范围是非常重要但是又常常会被忽视的内容，当我们面对一家企业进行信贷调查时，如果信贷分析范围不准确，就会面临方向性的错误，所做的很多工作都是无益的，甚至是错误的。概括来说，信贷分析范围是对借款人之外的关联方的分析，包括股权关系关联、关联交易、交叉持股。

关联企业指的是两个或多个企业之间存在一定程度上财务、经营或控制的关联。这种关联可能是直接的或间接的，通常涉及一方能够对另一方的决策或经营活动产生影响。这种关联可以通过多种方式实现，包括但不限于共同持股、共同控制、经营协议、股权投资、财务投资等。关联企业之间通常存在共同的商业利益或目标，可能共享资源、技术、市场、供应链或客户关系等，也可能在贸易、合作项目、资本投资等方面展开合作。这种关联关系不同于母公司与子公司的关系，母子公司关系更强调母公司对子公司的直接控制，而关联企业的关系可以更灵活和多样化，不一定需要绝对控制。对于股权关系复杂的集团性质企业，一定要画出股权结构图，以便清楚各成员企业之间的关系（如图3-3所示）。

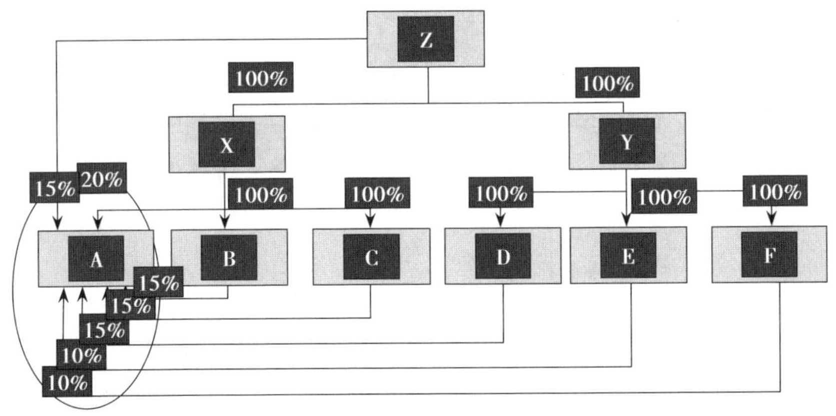

图3-3　股权结构图

通过工商信息查询，A公司有7个股东，分别是B公司、C公司、D公司、E公司、F公司、X公司、Z公司，股权从10%到20%不等，股权分散，没有一个控股股东。画出股权结构图，通过穿透，可以发现，B公司、C公司是X公司的全资子公司，D公司、E公司、F公司是Y公司的全资子公司，而X公司、Y公司是Z公司的全资子公司，那么A公司实质为Z公司的一家全资孙子公司，结论与之前完全不一样。如果贷款追加个人连带责任担保，就不应该追加A公司的董事长、法定代表人做担保，因为他可能仅是Z公司实际控制人的打工者，而应该追加Z公司实际控制人的个人连带责任担保。

有些关联企业从法律关系上看不出关联，但存在实质隐秘关联关系。比如，一套人马两块牌子，两家公司共用一个场地，两个借款人有同一个担保人（不是担保公司），抵押物为第三方提供等。现今社会，除非类似街边的小超市这种极微型企业，稍微大一点的企业，其实际控制人名下都往往不止一家公司，如果只就借款企业自身来进行信贷调查，而不了解其关联企业，就看不清实际控制人的全貌，会让信贷人员陷入盲人摸象的境地。信贷分析范围划不准，就不会有有针对性的风险缓释方法，甚至不知道借款企业是谁。

案例3.1第（3）题：水泊梁山公司的信贷分析范围有哪些？

水泊梁山公司信贷分析范围应包括：

（1）卢俊义旗下的模具公司、塑料公司、运输公司、广告公司、房地产公司、外贸公司、橡胶机械公司等7家公司。重点分析7家关联公司经营是否正常、是否涉诉、是否存在关联交易、彼此之间资金相互占用以及财务状况是否正常。

（2）宋江、卢俊义及其配偶和成年子女。重点了解他们的个人资产负债状况和信用记录。

（3）如果W银行拟做应收账款质押、保理等融资品种，还要将主要下游客户AD汽车公司纳入分析范围。重点了解AD汽车公司与水泊梁山公司合作的历史、合同执行情况、应收账款回款情况以及AD汽车公司财务状况是否健康和发展前景如何。

3.9.2 关联企业套取银行贷款的手法

关联企业套取银行贷款的手法主要表现为：企业集团成立多家关联企业，建立股权关系复杂的关联企业组织网，相互参股、控股，一套人马同时在多家公司任职；多头开户、多头融资、反复融资、资金规模难以控制；交易风险始终在同一集团客户内，主要交易合同当事人均为关联企业；伪造虚假贷款申请材料，采取交叉担保的方式骗贷、挪用贷款资金。由于关联企业之间资金往来频繁，资金在成员内企业间相互挪用的现象普遍存在，导致潜在的债务链十分脆弱，加上关联企业间贷款互保、联保现象较为普遍，一旦某个企业生产经营出现风险，就有可能影响到整个企业集团的贷款安全。

针对在同一实际控制人控制下的关联客户群体，原则上要对集团进行统一授信，不单独对集团内单个企业授信。如果针对关联客户授信，没有建立统一综合授信管理，容易导致过度授信的问题，银行贷款总额会远超其整个集团所能承受的负债能力，造成集团整体的信用膨胀，助长其盲目扩张的欲望，由于盲目扩张失败而导致企业破产的情况也很多。有些企业不是钱少饿死的而是钱多撑死的。对企业过度授信问题不仅存在于大企业、好企业中，也存在于中小企业中。

案例3.2：从B公司的授信看信贷分析范围的重要性

B公司是一家服装加工企业，它只有一个下游客户C服装贸易公司，B公司生产出来的服装全部卖给C公司，再由C公司在市场上销售。B公司所需的原辅料全部通过C公司来采购，B公司和C公司是一个老板A。现在B公司向银行申请贷款，那么信贷人员只分析B公司的经营管理状况、财务状况可以吗？当然不可以。因为B公司和C公司是同一个老板A，B公司只需要和C公司签订一个销售合同，即可以想要多少销售收入就有多少销售收入，B公司想要多少利润就有多少利润，B公司产品高价卖给C公司、原辅料低价从C公司采购即可以完成，对于实际控制人老板A来讲，不过是将钱从左腰包放在右腰包里。所以借款人B公司向银行申请贷款，信贷分析范围不只是B公司，看B公司的财务报表作用不大，信贷分析范围应该包括老板A、B公司、C公司，只有这样，才能真正看清楚B公司，否则做出的信贷决策就有可能是错误的（如图3-4所示）。

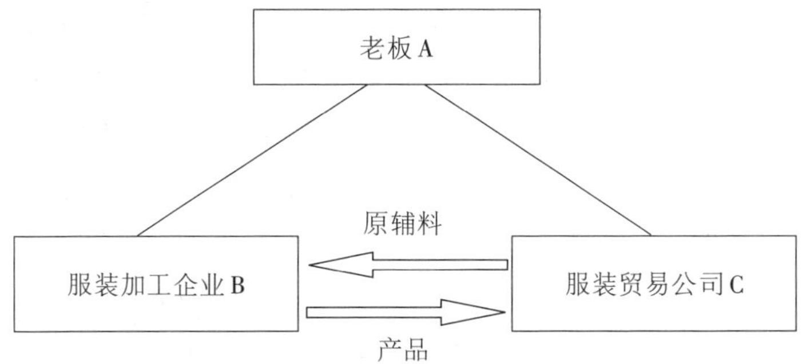

图3-4　老板A、B公司、C公司关联关系图

3.9.3 企业实际控制人信贷分析

信贷分析范围一定要包括实际控制人，调查中小民营企业实际控制人个人财富是非常重要的，因为企业实际控制人个人财富状况决定了企业成立初期的资产负债率，也决定了未来实际控制人对企业继续投入的能力，要将企业实际控制人纳入信贷分析范围。在信贷调查时，可以通过了解实际控制人个人财富积累的过程，来大致判断实际控制人的财富状况。正常情况下，实际控制人的财富都是从少到多一点点积累的，如果一个实际控制人突然之间成长起来，拥有大量财富，一定要了解他财富的真实性。

信贷人员要将企业实际控制人的资产负债情况与企业的资产负债情况一并分析，不可以割裂开来。要分析企业实际控制人和主要股东的成长经历，从而判断他们是否有能力对企业出资，判断企业的资本金是否真实。企业的资本金是这家企业的第一笔资金，如果资本金是假的，那意味着这个企业在存续期间的财务报表都是假的。

案例3.3说明了个人财富验证的重要性。

案例3.3：不寻常的F食品加工有限公司老板

F食品加工有限公司是一家新建企业，注册资本6 000万元，实缴6 000万元，业务范围很单一，就是为当地的中小学配餐。F食品加工有限公司有两个自然人股东，非家族式企业，大股东A占比95%，33岁，研究生毕业后留校工作5年，后到南方创业2年，然后回到家乡创办了该公司。工厂的厂房、设备都是新的，很漂亮。在其投产3个月后，笔者曾经到访过该公司。问其财富积累过程，闪烁其词，逻辑不通。

A的成长经历并不足以支撑他有6 000万元，他的钱是从哪里来的？一种可能，人是假的，他是表面上的大股东，是代持股份，背后有真正的老板，那么真正的老板为什么不出面？如果信贷人员不知道借款企业是谁的就发放贷款，那么贷款的风险是不是很大？另一种可能，钱是假的，6 000万元的资本金是借来的，是负债，那么F食品加工有限公司真实的资产负债率会不会很高？而且借来的钱早晚要还，银行会不会成为接盘侠？所以信贷调查时要先将这个问题搞清楚，而不仅仅是看房产证有没有、抵押率是否合适，否则，会给未来带来风险和留下隐患。

了解了企业实际控制人信贷分析的重要性，下面回答案例3.1的第（4）题。

案例3.1第（4）题：通过征信系统查询，宋江和卢俊义个人资产负债方面的信息如下。通过这些信息，您对两个股东的个人财富会有哪些疑问？

宋江个人征信情况

资产	金额（元）	个人征信查询	银行	额度（元）	状态
银行存款	100 000	信用卡	东方银行	50 000	正常
房产	1 500 000	信用卡	南方银行	50 000	正常
其他资产	500 000	信用卡	北方银行	30 000	正常
资产合计	2 100 000	信用卡	中原银行	30 000	正常
		合计		160 000	

卢俊义个人征信情况

资产	金额（元）	个人征信查询	银行	额度（元）	状态
银行存款	51 000	信用卡	东方银行	100 000	正常
房产	7 600 000 （按揭贷款280万）	信用卡	南方银行	100 000	正常
其他资产	0	信用卡	北方银行	100 000	正常
资产合计	7 651 000	信用卡	中原银行	100 000	正常
		合计		400 000	

股东个人财富的多少与其成长经历是紧密关联的。我们来看宋江的个人财富状况：宋江有银行存款10万元，不是很多；150万元的房子，在梁山县应该是一个中等偏上的住宅，但一定算不上豪宅；其他资产50万元，可能是一些股票、基金或银行理财等。案例中介绍说“宋江早年为郓城县化工局职员，后调到梁山县橡胶厂，从技术员做起，一直做到厂长，后又跳槽到一家大型的外资橡胶企业任主管生产、销售的副总”，说明宋江在成为水泊梁山公司股东之前都是打工的，没做过老板，打工人退休后，也就是拥有一套房子，几十万元存款、理财，所以说，宋江资产合计210万元，这与其成长经历基本上是吻合的。

我们再来看卢俊义的个人财富状况：卢俊义有银行存款51 000元，应该说是很少的；760万元的房子，在当地应该是豪宅，但是是按揭贷款购置的；没有其他资产；卢俊义的个人财富状况有点奇怪，这与他是7家公司的实际控制人、是当地知名企业家的身份显然是不吻合的。

这两位自然人股东是否有能力出资1 387.6万元成立水泊梁山公司？这存在很大的疑问。会不会是股份代持或资本金造假？

信贷调查人员看到两人这种财富状况后，要马上查询卢俊义太太及子女的个人财富状况（因为宋江的个人财富状况与其成长经历基本吻合，他一定是没有能力出资的，所以不用进一步查询），如果卢俊义太太及子女的个人名下有很大的财富，则说明卢俊义爱老婆、爱子女，把资金都放在他们名下，这个问题就可以解释。如果卢俊义太太及子女的个人名下没有很大的财富，则很可能是股份代持或资本金造假。

3.10 企业成功的关键因素

企业成功的关键因素是指能够直接或间接影响企业长期繁荣、持续发展以及达到其设定目标的重要因素或条件。企业成功的关键因素分为内在因素和外在因素。

内在因素，指一家企业能否成功是可以通过企业实际控制人、股东、高管团队来左右的因素，包括战略规划、生产条件或营业地点、经营规模、筹资能力、技术水平、成本控制能力、产品质量、上下游关系、人力资源管理等。

外在因素，指一家企业能否成功不能由企业实际控制人、股东、高管团队来控制，是他们不能左右的因素，主要包括竞争者数量、不可抗力、政府对价格的干预等。

案例3.4：企业成功的内在因素——二龙山家具有限公司

二龙山家具有限公司（以下简称二龙山公司）前身是位于北方A市的一家以出口家具为主的外贸公司。由于外贸行业竞争激烈，利润率很低，为摆脱困境，公司老板决定在东南沿海B市新建一家生产家具的工厂，产品主要销往国外。老板之所以决定在距离A市1 500公里以外的B市建厂，一是因为B市是家具生产的主要聚集地，当地聚集了大量同行业企业，上游配套企业众多，原材料采购在半径10公里内基本可以解决；二是由于B市聚集了一大批家具生产企业，当地经常组织相关的展会，有很多国外客户会来B市选择供应商，在B市设厂本身便有利于市场的开发；三是当地有家具行业所需要的大量熟练工，招工方便；四是B市为海港城市，便于二龙山公司产品出口；五是B市当地的银行对于家具生产企业的授信比较积极。总之，在B市设厂，企业成功的关键因素中的内在因素是具备的。

5年后，该公司老板又在北方的C市建立了一个新的工厂，是被当地招商引资过去的。但是新工厂的经营非常困难，原因如下：一是由于当地只有它一家家具生产企业，没有配套企业，原材料还要从B市采购，原来半径10公里内就可以解决的原材料采购，现在变成了1 500公里；二是C市没有相应的展会，也没有国外客户到C市来选择供应商；三是C市没有合适的熟练工人，老板需要从B市的工厂调熟练工人来支援；四是C市到最近的港口有400公里，运输距离增加；五是当地银行没接触过这类企业，授信并不积极。总之，在C市设厂，企业成功关键因素中的内在因素不具备。

案例3.5：企业成功的外在因素——祝家庄贸易有限公司

祝家庄贸易有限公司主要从事进口鱼粉生意，从南美洲的秘鲁进口鱼粉后销售给国内的饲料生产企业。一次，拉载该公司鱼粉的货轮在航行中遇到风浪，临时避港，耽误了10天才到达国内港口，到港后赶上春节放假，由于下游饲料厂多半在农村，大多是正月十五后才开工，所以又耽误了半个月，这样前后共计比原来的计划销售时间延长了20多天。正月十五开工后，鱼粉的市场价格暴跌，销售不畅，也造成了银行信用证被迫垫款。这种情况是不可抗力造成的，属于企业成功的外在因素。

企业成功的内在因素和外在因素可以在一定程度上相互转化，比如，企业不能左右国家的宏观经济政策、汇率、税率等外在因素的变化，但是企业可以根据经济现象来预测汇率、税率等外在因素的变化趋势，如果预测准确，企业就可以未雨绸缪，规避风险，获取收益，就相当于将外在因素转化成内在因素。银行信贷人员先要评估企业成功的内在、外在因素是否具备，如果具备，再进一步评估其他风险类型，如果不具备，则贷款就可以直接否决，这样可以提高贷款的工作效率。

下面回答案例3.1的第（5）题。

案例3.1第（5）题：根据对橡胶行业信息的研究，您认为此类企业成功的关键因素有哪些？

水泊梁山作为汽车橡胶件生产企业，成功的关键内在因素，从技术角度看，需要掌握橡胶配方设计、模具设计与制造、生产工艺优化等方面技术，需要具备技术研发能力和创新能力，不断改进和优化产品设计和生产工艺，以满足市场需求并保持竞争优势。从资金角度看，由于这类企业的规模大小直接影响到竞争力的强弱，未来需要不断加大资金投入，特别是在购买生产设备、研发新产品、开展市场营销和品牌建设等方面。从经营角度看，要优化供应链管理，提升成本控制与效率，洞察行业发展趋势，做好市场营销策略。

水泊梁山公司成功的关键外在因素包括：一是由于原材料橡胶主要依靠进口，汇率的变化对价格影响很大。二是橡胶加工和处理过程中可能释放出挥发性有机化合物和其他气体，废水处理和固体废物处理也可能会产生环境污染，更严格的环保法规、处罚力度会给企业带来影响。三是汽车橡胶件的下游汽车行业受宏观经济基本面影响较大，也会波及汽车橡胶件生产企业。

4 四大风险类型之行业风险分析

4.1 行业风险分析方法

信贷人员可以从行业的周期性、市场特征、生命周期、主要依赖的生产要素、驱动力等5个方面进行风险分析。

4.1.1 行业的周期性

周期性行业是指经济绩效在一定时期内会出现定期波动的行业，这些波动通常与经济周期有关。这些行业的表现会随着经济的不同阶段而变化，包括繁荣、衰退、复苏和萎缩。典型的周期性行业有房地产、钢铁、建筑建材、汽车制造业等。

非周期性行业是指行业经济绩效相对稳定，不容易受到经济周期波动的影响的行业。这些行业的需求和表现不会因为经济的不同阶段而出现明显的波动，通常在经济衰退时仍然表现相对稳定，是与居民生活紧密相关的行业。典型的非周期性行业有食品饮料、医疗保健、公共事业

（如电力、水务等）、生活用品制造业等。

对于信贷人员来说，理解周期性行业、非周期性行业的特点以及如何在不同经济环境下应对变化非常重要，以便更好地做好信贷规划、市场定位、风险管理。

4.1.2 行业的市场特征

行业的市场特征是指在某个特定行业内普遍存在的共同特点和规律，这些特点可以影响该行业的运作、竞争格局和商业环境。了解行业的市场特征有助于信贷人员更好地了解该行业的运行规律、风险特征。行业市场特征从以下几个方面分析：

（1）竞争格局：行业内主要竞争者的数量、规模和市场份额；替代产品或服务对行业的潜在威胁，以及如何应对竞争；是垄断行业还是自由竞争行业。

（2）供需关系：行业内供应和需求之间的关系，以及供应和需求的变化如何影响价格和产量。

（3）行业盈利性：行业的成本结构对其行业风险、盈利性及竞争性均有重要的影响。一个所在行业普遍不盈利的借款企业，其未来的经营状况和还款能力显然是值得关注的。

（4）市场准入门槛：包括资本需求、技术要求、法律约束等。

（5）市场规模和增长率：衡量行业的市场容量以及在未来一段时间内预计的增长幅度。

（6）技术和创新：行业是否处于技术创新的前沿，以及新技术如何影响市场格局和产品。

（7）供应链：行业内不同环节之间的关系，从原材料供应到最终产品的销售。

（8）风险和不确定性：行业所面临的潜在风险，如政策变化、市场波动、技术变革等。

4.1.3 行业的生命周期

行业的生命周期是指一个行业从初始阶段到成熟阶段再到衰退阶段

的不同发展阶段。生命周期理论可以帮助信贷人员理解行业不同阶段面临的挑战、机遇和资金运用特点。行业生命周期通常可以划分为4个阶段：引导期、成长期、成熟期和衰退期。

（1）引导期。引导期行业的产品或服务是新的，市场规模相对较小，通常有少数的先行企业进入市场，前期投入较大，创新性强。该阶段的企业处于产品研发、市场培育阶段，一般利润较低，甚至亏损。引导期的企业处于建设期或者刚刚度过建设期，产品刚投放市场，尚需市场的认可。对于银行来讲，这一时期的企业风险高，不宜介入。

（2）成长期。成长期行业的市场开始扩大，市场需求逐渐增加。新的竞争者进入市场，市场竞争加剧，行业的盈利能力可能会提高，企业通常会加大投资以满足市场需求。处于这一时期的企业迅速扩张，产品得到市场的认可，销售收入和利润快速增长，由于增长速度快，可能面临流动资金的短缺。银行应该选择处于成长期的企业。

（3）成熟期。成熟期是行业生命周期中市场最大和最稳定的阶段，市场饱和，竞争激烈，市场份额基本稳定。盈利能力可能达到最高点，但增长速度减缓。处于这一时期的企业的经营管理、技术、产品、市场份额处于相对稳定的阶段，企业对于资金的需求也处于相对稳定的状态。成熟期的企业往往是银行竞争的客户。

（4）衰退期。衰退期的市场需求开始下降，行业的盈利能力逐渐减弱，技术陈旧，市场份额缩小，一些行业可能会在衰退阶段逐渐消失。衰退期的企业，产品需求减少、销售下滑、利润下降，面临市场竞争压力、技术变革等问题，需要做出调整或转型。一些企业可能开始退出市场或减少投资。对于银行来讲，这一时期的企业风险高，不宜介入。

行业生命周期阶段特点如表4-1所示。

表4-1　**行业生命周期阶段特点**

发展阶段	阶段特点
引导期	资金缺少，市场规模相对较小，人才少
成长期	快速增长，行业的盈利能力强，人才动力强
成熟期	市场占有率高，支付能力较强
衰退期	人员流失，行业萎缩

了解行业生命周期可以帮助贷款银行更好地理解借款企业所在行业的当前状态和未来趋势，制定适合的信贷战略，根据不同阶段的特点来调整市场定位，进行产品创新和资源配置。信贷人员可以更客观地进行风险评估，更准确地分析公司的各类指标，评估还款能力，制定相应的贷款条件，提供定制化贷款解决方案。

4.1.4 行业主要依赖的生产要素

生产要素是指用于生产商品或提供服务的资源和要素。主要的生产要素包括资本、劳动力、土地、技术、数据等。

（1）资本。资本密集型行业中的企业运营所需的实物资产较多，高度依赖资本投入，如制造业或基础设施建设，通常需要大量的资金来购买机器设备、土地等，可能需要较长时间才能实现投资回报。通常所说的重资产行业便属于此类。

（2）劳动力。劳动力密集的行业，如服务业、教育和医疗行业，可能更加依赖人力资源和人员培训，而资产投入相对较低。

（3）土地。行业中需要大量土地和房产，如房地产业、农业和采矿业等对土地有较高的依赖程度。

（4）技术。高度依赖技术和创新的行业，如科技和信息技术行业更注重知识和人才，而非传统实物资产。

（5）数据。主要依赖数据资源的行业包括搜索引擎、社交媒体、电子商务、云计算、市场营销和广告等行业，这些行业都需要大量数据来支持用户体验、个性化推荐和业务决策。

（6）物流和供应链。对物流和供应链高度依赖的行业，如零售和制造业，需要投入大量资金用于仓储、运输和库存管理。

（7）品牌价值。某些行业，如奢侈品、消费品和餐饮业，对品牌价值和知名度的依赖较大，资产中的品牌价值可能超过实物资产。

（8）能源消耗。如冶金、火电、石化等能源密集型行业，在生产过程中对能源资源的依赖较高。

信贷人员综合考虑这些因素，可以更准确地分析不同行业对不同生产要素的依赖程度，从而了解行业运营和资金特点，为贷款的营销和风控提供更好的指导。

4.1.5 行业的驱动力

信贷人员分析一家企业的业绩增长，要看是来自行业驱动还是来自企业自身经营。来自行业的增长，就是行业的驱动力。行业的驱动力是指影响和推动某一行业发展的因素。这些因素可以影响行业的增长、变革和竞争格局。比如资本投入、技术创新、市场的需求变化、价格因素、政策和法规、宏观经济变化、自然资源和环境等。

4.2 行业信息获取渠道

获取行业信息的渠道多种多样，信贷人员可以通过以下途径来获取行业信息：

（1）政府部门和监管机构。政府部门和监管机构发布的数据和报告可以提供关于行业统计、法规变化、市场趋势等方面的信息。

（2）行业协会和组织。行业协会通常会定期发布关于行业发展、最佳实践、技术创新等方面的信息。加入行业协会可以获取更详细的行业内部信息。

（3）行业报告和研究机构。许多机构专门从事行业研究，发布行业报告和趋势分析，如市场研究公司、咨询公司等。

（4）商业媒体。商业新闻、杂志和在线平台会报道行业动态、企业新闻、市场趋势等。

（5）社交媒体和专业网络。在社交媒体平台上关注行业专家、从业者和相关组织，可以获取行业内部的动态和见解。

（6）行业展会和会议。参加行业展会和会议可以了解最新产品和技术，有利于获取行业内部信息。

（7）公司财报和年报。上市公司的财报和年报会提供有关公司业绩、战略方向等信息。

（8）在线数据库。一些在线数据库会提供行业数据、统计和研究报告，如市场数据平台、图书馆数据库等。

如何选择合适的信息渠道取决于信贷人员的需求和关注点，通常可以结合多种渠道获得更全面的行业信息。信贷人员可以重点收集所在区域内主要聚集行业的信息，建立相应的数据库。

4.3 行业风险分析

行业风险是指影响某一行业或行业参与者的不确定性和潜在威胁。在同一行业中的企业往往要面对同样的风险，这些风险可能影响企业的盈利能力、稳定性和发展前景。行业风险一旦出现将影响极大，并将对行业内的每个企业都带来冲击，表现在销售收入下降及利润下降、行业内的大量企业关停等方面。行业风险可以由各种内外部因素引起，以下是一些常见的行业风险：

（1）市场准入门槛低，新公司容易加入竞争。行业内竞争加剧会导致价格战，造成整个行业的盈利能力下降。

（2）易受法律法规变化影响。法律法规、税收政策和监管要求的变化会对行业经营产生影响，甚至改变市场规则。比如，对环境和可持续性发展的关注可能引发法规变化，增加环保成本，或者影响产品的市场接受度。

（3）易受经济不景气影响。经济衰退、通货膨胀等外部经济因素会影响市场需求和消费者购买能力。

（4）产量过剩且无法迅速降低。行业由于产量过剩而面临供需不平衡，导致价格下降、库存积压等情况。比如钢铁、煤炭、汽车制造等行业。

（5）易受不可抗力影响。比如种植、养殖行业可能受到自然灾害的影响。

（6）容易被控制销售价格。一些行业的产品销售价格可能受到政府的调控，使得企业有限制地制定销售价格。比如房地产行业。

信贷人员掌握了行业的特征、表象和风险程度，知道借款企业在行业中处于什么样的位置，对银行贷款的可持续发展至关重要，信贷人员可以从行业的基本状况和发展趋势来判断借款企业的基本风险。

案例 4.1：错误预测行业发展趋势，贷款形成不良

A分行于2022年8月向B服装服饰有限公司发放流动资金贷款2 500万元，该公司将这笔贷款用于新开120家门店的房租和装修，在终端市场直销该公司自产服装服饰。A分行在贷款调查中没有全面评估该公司所面临的行业风险。从生产端来看，由于服装市场面临着激烈的竞争、劳动力成本增加、受棉花等大宗商品价格波动影响等，服装生产整体进入饱和状态；从服装零售端来看，受到市场准入门槛低、经济不景气影响以及电商的冲击，服装线下零售市场长期萎靡。B服装服饰有限公司错误预测行业发展趋势，逆势盲目扩张，造成自身经营陷入窘境。在2023年该公司贷款尚能付息，A分行压降300万后续作，2024年B公司经营进一步恶化，利息不能按时偿付，2 200万贷款形成不良。

4.4 行业产业链位置

产业链分析是对整个产业链进行纵向分析，分析的思路是：一个行业，它的上游是什么，下游是什么，上下游之间的关系如何，话语权掌握在何处。

一条产业链，从源头到终端，一般来说总有一个行业环节利润是最丰厚的，这个环节的企业要么是拥有某种特别的资源，如稀土、金矿等资源；要么是拥有强大的品牌，如茅台、格力等品牌；要么是拥有终端渠道，如淘宝、京东等。总而言之，要想攫取产业链上最丰厚的利润，必须拥有特定的竞争优势。产业链分析有助于信贷人员加深对整个产业的理解，从而开发优质的信贷客户。

4.5. 不同行业的特征及贷款的主要风险点

4.5.1 制造业的特征及贷款的主要风险点

制造业是指将原材料或部件经过一系列生产加工、组装、装配、测

试等工序，转化为产品的经济活动。这个过程通常包括物质和能源的转化，以及人力和设备的运用。制造业可以涵盖多个领域，包括但不限于机械制造、电子制造、化工制造、食品加工、纺织制造等。这些行业的共同特点是通过生产过程将原材料转化为最终产品，以满足市场需求。制造业主要特征和贷款的主要风险点分别见表4-2见表4-3。

表4-2 **制造业主要特征**

生产产品	经过一系列生产加工程序，将原材料转化为最终产品，以满足市场需求
投入大	制造业的企业由于生产的需要，通常保有适量存货和必要的固定资产，以及科技投入，相对其他行业，投入大
周期长	需要研发、设计、采购、生产、销售等多个环节
专业化和标准化	产品的研发、生产、质量保证的专业化，生产过程中的标准化

表4-3 **制造业贷款的主要风险点**

市场风险	制造业高度受市场需求和竞争影响，需谨慎评估市场前景及企业市场定位
经营风险	制造业经营受制于原材料成本、生产效率和劳动力等因素，可能影响企业盈利能力
技术风险	制造业需要不断更新技术，应对市场要求，技术陈旧会导致竞争劣势
政策风险	制造业受宏观政策、法律法规影响较大，政策变化可能对企业产生影响
贷款挪用的风险	制造业企业想在竞争中占有一席之地，扩大再生产是其内在的动力，若想扩大再生产，就必须建设厂房、购买设备，当它的长期资金来源不足时，就会存在挪用短期的流动资金贷款，运用到固定资产投资的现象，这种现象普遍存在

制造业中的企业把原材料变成可供销售的产品，这些企业通常有很多的存货和固定资产，贷款用途主要是购买原材料、负担应收账款、添置机器设备和建设厂房等，所以这些企业既需要流动资金贷款又需要固定资产贷款。

4.5.2 批发业的特征及贷款的主要风险点

批发业，是商品流通领域的一个组成部分，其主要目的是在生产者（制造商）和零售商（或其他企业）之间进行商品的买卖，以实现产品从制造阶段向最终销售阶段的过渡。批发商通常以大宗、批量购买商品为特点，然后以较低价格向零售商、其他企业或机构出售，从而赚取利润差价。批发业主要特征和贷款的主要风险点分别见表4-4和表4-5。

表4-4 **批发业主要特征**

大宗购买	批发商以大量购买商品为特点，以获得更低的采购价格
中间环节	批发商处于生产者（制造商）与零售商之间的中间环节，进行商品的集中采购和分销
分散销售	批发商将购买的大宗商品分散销售给多个零售商或其他企业，实现商品的分销
提供增值服务	除了销售商品，批发商还能提供储存、配送、市场信息反馈等增值服务

表4-5 **批发业贷款的主要风险点**

市场风险	批发业高度依赖市场需求，经济波动、市场变化或竞争激烈可能导致销售不稳定，影响偿还贷款能力
信用风险	批发业常涉及大宗交易和信用销售，客户付款能力不足或拖欠可能影响现金流，增加违约风险
库存风险	批发商常需维持大量库存，如果产品无法及时销售或降价，可能导致库存积压和资金周转不畅
采购风险	批发商采购成本、供应链中断或变化的风险，包括原材料涨价、供应商违约等，影响经营稳定性和利润率
经营风险	经营策略不当、管理不善、运营风险等也可能影响企业的贷款偿还能力
法律和政策风险	受法律法规和政府政策的影响，如贸易限制、税收政策等可能对批发行业产生负面影响

批发业在商品供应链中起着重要作用，连接了生产者和零售商，促进了商品的流通和市场的稳定发展。贷款用途主要是购买存货、负担应收账款，以流动资金贷款需求为主。没有特殊原因，固定资产贷款需求很少。

4.5.3 零售业的特征及贷款的主要风险点

零售业是指以最终消费者为目标，将产品或服务以小批量、零售价销售给个人或家庭的经济活动。这种销售是直接面向消费者的，旨在满足他们的个人需求和购买意愿。零售业是商品流通领域中的重要一环，连接制造商或批发商和最终消费者，零售业的主要特征和贷款的主要风险点分别见表4-6和表4-7。

表4-6 **零售业的主要特征**

小批量销售	零售业以小规模、分散的销售为特点，与批发业相对应
面向消费者	零售商直接向最终消费者销售产品或提供服务，满足个人或家庭的需求
直接接触消费者	零售商通过零售点（如商店、超市、电商平台）直接接触消费者，提供购物场所和交易平台
定价差异	零售价通常高于批发价，零售商通过销售差价赚取利润
品类广泛	零售业覆盖广泛的产品和服务，包括日用品、服装、食品、家电、文化娱乐等多个领域

表4-7 **零售业贷款的主要风险点**

市场风险	零售业受市场需求、经济波动和消费者购买能力影响，市场不稳定可能导致销售下滑，影响贷款偿还能力
季节性和周期性风险	零售业常受季节性和周期性波动影响，需谨慎应对不同季节或周期的销售波动
库存风险	零售商需维持适当库存水平，但库存积压可能导致货物降价或滞销，影响贷款偿还能力
竞争风险	激烈的市场竞争可能降低售价和利润率，进而影响盈利能力和贷款偿还能力
供应链风险	零售业依赖供应链保持产品供应，但供应商不稳定、运输延误或原材料短缺等供应链问题可能影响经营
技术和数字化转型风险	零售业随着科技发展需不断进行数字化转型，不适应新技术可能失去竞争力
消费者信心和行为风险	消费者购买行为的变化或不确定性，以及消费者信心的波动可能对零售业产生不利影响

零售业对于满足消费者需求、推动经济增长和创造就业起着重要作用。贷款用途主要是购买存货（特别在销售旺季之前），扩张营业场所。以流动资金贷款需求为主，固定资产贷款应用于购买营业场所。

4.5.4 农林牧渔业的特征及贷款的主要风险点

农林牧渔业，是指以农业、林业、牧业和渔业为主要内容的经济部门，涵盖了种植养殖、加工等多个领域。农林牧渔业的特征和贷款的主要风险点分别见表4-8和表4-9。

表4-8 **农林牧渔业的特征**

农业（农作物种植、加工）	包括谷物、蔬菜、水果、种子、经济作物等的种植、加工、种子繁育等
林业（林木种植）	包括人工林、天然林和林木种苗的培育、采伐、加工等
牧业（畜牧养殖）	包括牛、羊、猪、家禽等畜禽的饲养、繁殖、加工、销售等
渔业（捕捞和养殖）	包括海洋捕捞、内陆捕捞、水产养殖、水生动植物的捕捞、养殖和加工等

表4-9 **农林牧渔业贷款的主要风险点**

自然灾害和气候变化风险	农林牧渔业受天气和自然灾害的影响较大，如洪水、干旱、台风、疾病等，可能对产量和质量造成影响
市场价格波动风险	农林牧渔产品价格容易受到市场供需、国际市场价格波动等因素影响，影响企业和种养殖户的收入，进而影响贷款偿还
市场需求不确定性风险	农林牧渔产品的需求受季节性和市场波动影响较大，不确定的市场需求可能导致库存积压和销售不畅
政策和法律风险	政府政策、法律法规的变化可能对农林牧渔业产生直接或间接的影响，影响企业经营和贷款偿还
季节性和周期性风险	农林牧渔业具有季节性和周期性特征，导致贷款偿还能力不稳定，需要考虑现金流和负债结构的合理安排

农林牧渔业属于基本的民生行业，产供销的季节性较强，流动资金贷款易受行业季节性的影响而产生波动，固定资产贷款主要用于基础设施的建设。

4.5.5 服务业的特征及贷款的主要风险点

服务业指的是以提供各种服务为主要经营内容的产业领域。这类产业以提供服务、技能、专业知识或劳动力为主要目标，以满足客户需求并创造附加值为经营目的。服务业广泛涵盖了多个领域，包括但不限于餐饮、金融、医疗、教育、旅游、娱乐、咨询、运输、物流、信息技术等。服务业的主要特征和贷款的主要风险点分别见表4-10和表4-11。

表4-10 **服务业的主要特征**

非物质性	服务业主要提供非物质性产品，以知识、技能、经验或专业服务为主，而非实物产品
直接面向消费者	服务直接面向消费者或企业，满足他们的需求，提高生活质量或商业效率
交互性	服务通常需要直接与客户进行互动，客户体验和满意度对服务质量至关重要
不可存储性	服务一般不能储存，需要即时提供，难以积累库存
不可分割性	服务的生产和消费同时发生，不能分割为不同的生产和消费环节

表4-11 **服务业贷款的主要风险点**

需求波动风险	服务业的需求可能受季节性、经济周期等因素影响，造成不稳定，可能导致收入波动，进而影响贷款偿还
市场竞争风险	服务业常存在激烈的市场竞争，可能导致价格战、利润率下降，影响企业盈利能力和贷款偿还
技术变革风险	服务业往往受新技术、数字化转型的影响，技术更新可能让传统服务很难适应，影响财务状况
人员稳定性风险	服务业高度依赖员工的专业能力和服务态度，员工离职、不稳定或不专业会影响服务质量，进而影响客户满意度
法律法规风险	服务业受到法律法规、行业监管的影响，变化会导致企业需调整经营方式，影响贷款偿还能力
声誉和信誉风险	服务业声誉和信誉对业务至关重要，一旦出现负面事件，会导致客户流失、信任破裂，进而影响企业运营和贷款偿还

由于大多服务业企业没有存货，固定资产规模也不大，所以服务业企业对贷款的需求不大，银行对这类企业贷款的用途审查非常重要。

案例3.1第（6）题：研究贷款申请人所处行业的风险在信贷分析中非常重要，客户经理应该了解研究国内外有关橡胶行业或相关行业的信息，请您指出您对借款人所处行业风险水平的看法及理由。

从原材料角度看，水泊梁山公司所处的行业是橡胶行业，虽然我国海南、广东、广西、云南等地出产天然橡胶，但产量有限，天然橡胶的进口依存度较大且稳定，年进口依存度在75%左右。我国每年需要从东南亚、巴西等地进口橡胶。橡胶作为国际大宗商品，它的价格是随国际市场价格而变动的。

水泊梁山公司是汽车橡胶件生产企业，主要产品是密封胶条、雨刮器，原材料主要是橡胶，橡胶主要的用途是轮胎、造船、医疗，相对这些应用，密封胶条、雨刮器的用量比例极低，加之橡胶又是国际大宗商品，它的价格并不会因为水泊梁山公司采购量的多少而发生大的波动，换句话讲，水泊梁山公司只能被动接受橡胶价格的波动，对于上游原材料的价格，没有多大的议价能力。

从产品角度看，水泊梁山公司所处的行业是汽车配套行业，而对于汽车生产厂商来说，密封胶条、雨刮器占整车价格比例极低，所以水泊梁山公司对于下游汽车生产商AD公司也没有议价能力。

水泊梁山公司对上游、对下游都没有议价能力，它就不会获得较高的利润率，这是它所处的行业特点决定的。它的经营同时面临来自上下游的双重挤压，这种类型的企业，被称为“三明治”企业。

5　四大风险类型之经营管理风险分析

不同于行业风险，经营管理风险是个体风险。在信贷实践中，信贷人员可以将借款企业与竞争对手进行比较，进而发现借款企业在经营管理中的优势、劣势、机遇、风险。信贷人员可以从以下几个方面入手对企业的经营管理进行分析。

5.1　商业模式分析

商业模式是指企业提供哪些产品或服务，如何运作，如何与客户互动以及如何获得盈利，是企业用来创造价值的方式。商业模式通常涉及产品或服务的设计、定价、营销和盈利模式等方面。企业可以根据其产品、市场、资源和目标来选择适合的商业模式。成功的商业模式应能够创造价值、满足市场需求，并为企业带来可持续的盈利。不同的商业模式也可以相互组合，以适应不断变化的市场环境。

了解借款企业的商业模式，可以帮助信贷人员评估借款企业的盈利模式、偿还能力和风险水平，并预测其未来的经营表现，所以，分析借款企业的商业模式对信贷人员非常重要。商业模式涉及企业如何创造价值、获取收入以及管理成本，这些因素都直接关系到企业的盈利能力和财务稳定性。通过了解借款企业的商业模式，信贷人员可以选择更好的信贷客户，制定更明智的贷款决策，防范信贷风险。

5.2 市场分析

信贷人员对借款企业的市场分析可以从以下几个方面进行：

（1）市场规模与趋势分析。将借款企业自身数据与行业数据对比，了解借款企业市场地位、规模占比，并预测未来市场发展，包括预计的市场规模、变化和机会。

（2）竞争能力分析。将借款企业与主要竞争对手对比，分析它们的优势、劣势、市场份额和战略，分析借款企业在市场中的定位和差异化策略，判断借款企业在市场中的竞争力。

（3）供需平衡分析。了解借款企业产品在市场上的供求状况，考察产品能否适应市场的波动和需求变化，确保借款企业供应链顺畅。

（4）市场风险评估。识别市场风险，如市场饱和度、政策法规变化、技术进步等因素对借款企业的影响。

通过这些分析，信贷人员可以更好地评估借款企业的市场前景和潜在风险，从而使贷款决策更正确。

5.3 供应链分析

企业的供应链是与企业采购、生产、销售相关的活动和流程。它涵盖了从原材料采购、生产制造、产品销售，到最终交付给客户的整个过程。供应链管理旨在优化这些活动，以实现更高效的生产、降低成本、提供更好的产品质量，以及满足客户需求。供应链包括上游供应商、下游客户以及中间的物流运输、仓储。

5.3.1 上游供应商分析

上游供应商分析主要是了解借款企业原材料采购和市场供应情况，包括上游供应商的数量，原材料产量、质量、价格、结算方式以及主要原材料市场供需状况、发展趋势。结合借款企业生产能力，来判断原材料储备的合理性。

信贷人员在流动资金贷款调查时，会查看销售合同，销售合同是核定流动资金贷款金额的一个重要因素。但是，信贷人员往往忽视查看采购合同，事实上，查看采购合同也是非常重要的一个环节。信贷人员要将采购合同上的采购单价与原材料价格的波动进行对比，分析判断借款企业的原材料是在价格波峰时购买的还是在波谷时购买的。如果是在波峰时购买的，那么原材料一旦转化成生产成本，借款企业就会面临亏损，还不上贷款就是大概率事件。如果是在波谷时购买的，那么原材料一旦转化成生产成本，借款企业将取得较大盈利，它的还款能力就会增强。如果采购合同上看不出原材料购买时是波峰还是波谷，没有明显的大批采购，而是不同价格多批次采购，说明借款企业的原材料成本控制是高来高走、低来低走、快进快出的方式，并不去赌原材料价格的波动，那么它的经营相对来说就比较稳定，不会大起大落。

5.3.2 下游客户分析

企业为完成销售合同会产生流动资金贷款需求，所以信贷人员了解借款企业产品销售和产品市场情况是非常重要的。信贷人员要了解借款企业的销售模式；了解主要下游客户名称、合作时间、销售量、销售价格、结算方式等；将企业产品市场需求量与市场供应量比较，判断该产品市场供求状况。

5.3.3 中间的物流运输、仓储分析

信贷人员要了解企业的物流运输流程，从供应链的起始点到终端客户，包括仓储、运输和配送等各个环节；评估物流运输成本、运输效率、运输模式；评估仓储的位置、容量和管理方式，确保产品能够在需

要的时候及时供应。

5.3.4 原材料价格风险和产品销售风险

原材料成本在产品总成本中占比较高，原材料成本的变化决定了企业的盈利水平和经营风险。产品的销售风险主要取决于市场需求，当市场对企业产品需求旺盛，产品供不应求时，企业销售利润高，经营风险小。当企业产品不符合市场需求，产品供大于求时，会失去市场份额，企业销售利润会下降甚至亏损，增加经营风险。稳定的采购、销售渠道，对于企业经营稳定性至关重要。信贷人员应该详细了解借款企业的前十大供应商或客户，了解它们之间的合作历史、关系的稳定性、原材料及产品的单价、销售量、批次等。除此之外，对于借款企业新增、异常的上下游更要特别关注，尤其是新注册公司成为新增大客户、大供应商的情况。

对于借款企业来说，上下游集中度过高是有一定风险的，一旦出现问题，可能直接造成借款企业不能持续经营。比如，水泊梁山公司对AD公司的销售占水泊梁山公司总销售收入的80%，如果AD公司不再采购水泊梁山公司的产品，对于水泊梁山公司就是毁灭性的打击。一般来讲，企业销售范围越广，客户越分散，风险相对就越小，如果企业把所有销售都集中在一两家客户，那么，其潜在风险就非常大。

一个高效的供应链可以帮助企业减少成本，提高生产效率，缩短交付周期，提高客户满意度。信贷人员评估借款企业供应链的稳定性和效率十分必要。

案例5.1：从D水产加工公司看上下游集中度的风险

D公司是水产加工公司，主要从事进口鳕鱼加工，经过去除鱼头和内脏、整理分割、速冻包装等工序后，成品出口美国。D公司以开立进口即期信用证的方式，向上游供应商挪威M公司采购，收到M公司的提单后，D公司要在7个工作日内付款。D公司向下游客户美国N公司是以赊销方式来完成的，美国N公司收到货物后，在美国继续向它的下游赊销，N公司的分销商卖出货物后，付款给N公司，N公司收到货款后再电汇给D公司。因为D公司购买原材料要及时付款，而收款的时间是没有保障的，所以生意做得很累。随着销售收入的扩大，D公司的现金不是越来越多，反而是越来越少。可怕的是，D公司的上游供应商只有一家，就是挪威的M公司，下游也只有一家客户，即美国N公司，而实际上，D公司的上下游是一个老板A，那么D公司实质上已变成老板A的生产车间和融资平台，老板A可以通过D公司套取大量资金，所以，D公司的贷款风险极大。

5.4 战略规划分析

企业的战略规划，包括企业的长期目标、定位和成长计划。这些目标和愿景应当是具体且可行的，应在充分调研的基础上，具有前瞻性。信贷人员要对借款企业战略设计的合理性和可行性进行评估，结合企业现有可利用资源（包括资金、人力资源、技术等）和市场环境进行深入分析，防止借款企业由于战略规划失误出现方向性错误而陷入困境，以确保信贷资金安全。

在度过初创期，解决了生存问题后，战略方向的选择就成为很多中小企业能否成功的关键，中国企业平均寿命2.5年，除行业和自身经营出现问题外，也有相当数量的中小企业没有量体裁衣，盲目贪大求全，犯了战略性错误，而使企业陷入困境。

5.5 人力资源管理分析

有效的人力资源管理可以提升企业的竞争力，促进企业的可持续发展，实现员工和企业的共赢。信贷人员可以通过了解借款企业的员工数量、部门分布、岗位设置，来分析借款企业的规模和组织结构；通过了解员工的教育背景、专业技能、工作经验，来评估员工的素质和企业的管理水平；通过了解企业的人力成本占比，来评估企业的竞争力；通过调查企业与员工之间的劳动关系，来评估企业的风险和稳定性。

对于中小型企业或依赖特定关键人才的企业来说，员工流失可能对企业产生不利影响，甚至导致企业关停。另外，员工的满意度会转化为客户的满意度，员工不满意，客户一定会不满意，因为员工会将情绪传导给客户，最终导致企业失去客户、失去市场。所以，信贷人员要通过上述几个方面的分析，全面了解借款企业的人力资源状况，从而更准确地评估企业的经营管理风险。

5.6 创新和研发能力分析

创新和研发能力是企业保持竞争优势和实现可持续发展的重要动力，对于适应市场变化、满足客户需求、提高经济效益都具有重要意义。信贷人员可以从以下四个方面了解借款企业的创新和研发能力：

（1）投入产出分析

调查企业在创新、研发方面的投入（包括人力、资金、资源）与产出（新产品）之间的关系，以及这些产出对企业利润的影响。通过技术开发人数占比、研发费用占比、研发产品投入产出率、技术装备更新水平等具体指标精准分析。

（2）技术评估

评估企业所涉及的技术水平、专利数量和质量，以及技术创新对市场竞争力的影响。对企业的技术水平要从静态和动态两个方面进行分析，不仅要看现状，还要评估发展趋势。

（3）竞争对手比较

将借款企业的研发投入和创新成果与竞争对手进行对比，了解借款企业现有技术在同行业中的地位。

（4）合作伙伴关系

分析企业与其他组织（大学、研究机构、合作伙伴）之间的合作程度，以及这些合作对创新能力的影响。

5.7 可持续发展分析

ESG是全面评估企业在可持续发展方面绩效的框架，具体指环境

（Environmental）、社会（Social）和治理（Governance）。

环境维度：信贷人员重点关注借款企业在环境保护和可持续资源利用方面做出的努力。具体包括：应对气候变化、提高能源和水资源的使用效率、有效的废物管理、减少碳排放以及促进生态保护等。

社会维度：着眼于企业对其员工、社区以及其他利益相关者的影响。具体包括维护员工权益、推动多样性与包容性、劳工权益保护、人权尊重、社区参与以及负责任的供应链管理等。

治理维度：强调企业在管理和决策过程中的透明度、诚信和责任感。具体包括公司治理结构的完善性、董事会的独立性、内部控制机制的有效性以及薪酬政策的透明度等。

ESG框架的目标在于促进企业全面、综合地考虑可持续性发展问题，满足社会、投资人和其他利益相关方对企业社会责任的期望。许多银行也将企业的ESG表现作为贷款决策的考量因素。

5.8 声誉分析

信贷人员要了解借款企业在市场上的声誉与形象，并认识到声誉对企业运营的深远影响，对于维护企业的长期成功以及信贷资金的安全性至关重要。企业声誉的评估可以通过以下两个关键维度进行：

声誉评价指标：利用诸如声誉指数、品牌价值、市场份额等定量指标来衡量企业的市场地位和竞争力。这些指标提供了一个量化的视角，以便于信贷人员精确评估企业声誉的强度和范围。

舆情分析：通过监控媒体报道、社交媒体动态等多渠道信息，深入了解公众、同行、上下游对借款企业的看法，及时捕捉可能的声誉风险。舆情分析能够揭示企业形象在公众心目中的实际表现，以及其随时间的变化趋势。

5.9 产品分析

信贷人员对借款企业的产品进行分析，包括评估产品的市场需求、竞争优势、质量等方面。产品分析可以从以下五个方面进行：

（1）了解目标市场的需求和趋势，确认产品是否符合市场的实际需求以及目标客户群体；收集市场对企业产品的反应包括销售情况、用户反馈等；评估产品在市场中的份额，同时预测未来的增长潜力。

（2）了解产品的质量、技术含量、先进程度等是否具有独特卖点，以及下游客户对该企业产品的依赖程度，了解产品可替换性。

（3）了解产品的定价策略，与竞争对手比较产品的销价、成本、利润等是否具有优势，通常来讲，毛利率高、可以占用上游资金、对下游收款能力强的企业，其产品更具竞争力。

（4）了解产品的销售渠道，包括线上、线下、分销等，以确保产品能够顺利进入市场。

（5）分析产品的生命周期阶段，确定是否需要进行升级、调整或淘汰。

5.10 设备分析

信贷人员要了解借款企业拥有的设备种类、数量，查询、评估设备的自动化程度和先进性，拥有先进设备的企业通常能够实现更高的生产效率和更好的产品质量，更容易在竞争中形成优势。另外要了解借款企业是否定期进行设备的技术更新和升级。

上述十个方面能够较全面地分析借款企业经营管理，经营管理风险有可能是其中一个方面存在问题，也可能是几个方面的问题同时并存，常见的经营管理风险是下游需求减少、上游支持政策变化、替代产品出现、关键人脉资源丧失、核心团队离职等。

5.11 实际控制人分析

由于绝大多数中小企业贷款没有建立现代企业制度，企业的经营受实际控制人个人因素影响极大，所以信贷人员对实际控制人的分析是非常重要的，这既反映了企业的还款意愿，也是评估企业经营管理风险的重要一环。

5.11.1 一个优秀的实际控制人应该具备的素质

1）战略思维能力

优秀的实际控制人应当能够制定清晰的企业长期发展战略，确保企业沿着可持续的发展方向前进。这包括对市场趋势和竞争环境的敏锐洞察，以便灵活调整战略。

2）团队协作与激发员工

实际控制人应当有能力促进团队协作，鼓励员工充分发挥潜力。这有助于提高企业的生产力和效率，从而增强偿还贷款的能力。

3）创新思维与行业洞察

实际控制人需要具备创新思维，对所在行业有深刻理解和洞察力。这有助于更好地把握市场机会和应对挑战，从而增加企业盈利能力。

4）人际沟通与关系管理

良好的人际沟通和关系管理技能对于建立合作伙伴关系、吸引投资以及解决潜在冲突都至关重要。这有助于维护企业的声誉和信誉。

5）冲突解决与危机处理

实际控制人需要具备冲突解决和危机处理的能力。这些技能在面对商业挑战和突发事件时是不可或缺的，可以减轻潜在的风险。

6）财务管理与风险控制

实际控制人必须有效管理企业财务、控制风险，确保稳健经营。这包括财务规划、成本控制和资金管理等方面的能力。

7）社会责任感与道德观念

一个杰出的实际控制人应当具备社会责任感和高度的道德观念。这有助于建立可靠的商业声誉，提高企业的可持续性。

从某种意义上讲，实际控制人的素质就是企业的素质，信贷人员评估实际控制人的人品和对借款企业的调查同样重要。

5.11.2 如何评估实际控制人（企业主）的人品

实际控制人的人品（即个人品德和道德）在很多方面影响着企业的

成功与发展。它不仅影响企业的内外部关系，还直接关系到企业的长远发展和社会声誉以及银行贷款的安全性。在信贷调查分析中，对实际控制人人品的分析评估，是风险评估中的重要内容。

1）选准对象，评估其作用和责任

首先，信贷人员一定要选准对象，信贷人员要评估的是实际控制人的人品，而不是表面上的大股东或企业的董事长、法定代表人等。如何才能区分评估对象是否为实际控制人呢？最基本的方法就是看评估对象的成长经历，从而判断他对企业的出资能力。要深入了解评估对象背景、发家史、原始积累过程，进而判断他的财富多少。一些企业的实际控制人不走到前台，而是让其非常信任的人来做表面上的老板，这个表面上的老板，可能只是实际控制人的亲属、司机、办公室主任等，从其年龄、经历，信贷人员能够大体判断他是否具备出资能力。

其次，要看实际控制人在企业管理中的作用、责任。老板对企业的管理可以分为多种类型，每种类型在管理风格、决策方式以及与员工的互动方式上都有所不同。授权型的老板倾向于委托权力给下属，鼓励员工自主决策和创新。他们相信团队成员的能力，更注重结果而不是过程。指令型老板喜欢制定明确的指导和规定，期望员工严格遵循。他们通常更注重执行和效率，可能较少鼓励员工的主动性，这类老板往往事必躬亲。

2）评估股东间的关系，是否有决裂的风险

中国很多中小企业并没有建立现代企业制度，都是朋友式进入、仇人式退出，股东之间因为股权分配和管理权的分歧、经营的理念不同、分配问题等，可能导致严重的内部矛盾。股东在创业初期合作紧密，但随着公司发展，他们的意见分歧逐渐加剧，造成股东之间打架。股东之间不和，导致了管理混乱，公司的战略规划和执行受到影响，内部矛盾扩大，影响了团队合作和创新，内部冲突经常被曝光，给外界造成了不稳定的印象，可能影响业务合作伙伴信心和品牌声誉，最终造成公司经营陷入困境。

中小民营企业的股东大多为自然人股东，而非公司股东。股东之间的关系大致分为两种：一种是朋友式的或合作伙伴式的；一种是家族式的。

朋友之间成立公司时，设计合理的股权结构至关重要，在公司初始阶段，应明确每位创始人的角色、职责和贡献，这有助于决定股权分配的合理性。如果朋友们在公司成立初期投入了不同数量的资金或资源，可以考虑根据每位创始人投资金额、为公司投入的时间和精力、未来可能的贡献、愿意承担的风险程度来分配股权比例。考虑引入绩效奖励机制，以便在公司取得成功时，能够根据贡献和业绩调整股权比例。要在股权结构中加入回购权和转让限制，以防止股权无法平稳地流动，或者防止不合适的投资者介入。制定详细的股东协议，明确股权分配、决策权、退出计划等方面的规定，以防止未来的纠纷和误解。总之，股权比例设计应该综合考虑多个因素，旨在确保创始人之间的公平、透明和合理的合作关系。

对于朋友式的股权关系，如果每个股东之间的股份均等，可能导致决策变得烦琐和缓慢，导致股东之间的关注点和利益分散，使企业难以集中精力实施一致的战略和决策。很难想象企业里如果没有一个明确的企业家，一个企业会取得成功。如水泊梁山公司案例，股东宋江、卢俊义两人各占50%股份，这种股权结构表面上看是股东之间相互平衡、相互制约，但实际上很脆弱，试想如果宋江、卢俊义意见不合，冲突不断，那么水泊梁山公司将很难持续经营下去。

家族企业的股权关系通常与家族成员之间的关系紧密相关。家族企业的创始人通常拥有较大比例的股权，这使他们在企业决策和战略方面具有重要影响力。家族的其他成员可能持有股权，持有的股权根据家族成员的角色、贡献和地位而有所不同。股权比例可能影响家族成员对企业事务的参与度，持有更多股权的家族成员可能更有动力参与企业的管理和决策。家族企业中的股权分配可能导致家族成员之间的纠纷，特别是在代际交替、利益分歧或管理不当的情况下。家族企业需要设计适当的治理结构，以确保股权关系不会影响企业的决策效率和长期发展。有些家族企业引入非家族成员的高管，以提供专业的管理和领导，但如何平衡家族成员的权力与非家族高管的作用往往是一个头痛的问题。

3）实际控制人提供资金支持的能力

中小民营企业的资金管理相对来说较为混乱，很难将企业的资金与实际控制人（企业主）的资金区分开来，尤其是家族式的企业。有的时候，企业账上没有资金，并不代表实际控制人（企业主）个人账户上也没有资金。企业资金紧张，甚至经营性现金流难以偿还贷款，但是实际控制人（企业主）个人账户上有资金，他可以以个人账上的资金代替企业来还贷款，所以评估股东个人的财务状况，包括资产、负债、现金流等就非常重要，同时也要考虑股东的社会关系和业务网络，因为这可能影响到他们获取资金的途径和能力。信贷人员通过查看实际控制人（企业主）过去是否在企业中投入过资金（非资本金），以及投入的规模和频率来判断企业主提供资金支持的能力。

对于中小企业的资金分析，有些信贷人员从法律角度来划分资金的属性，认为这是企业的资金，那是个人的资金，实际工作中思维不能僵化，因为，在很多实际控制人那里资金是混用的，他们认为企业的钱就是我的钱，我的钱也是企业的钱，所以，审慎的信贷人员，在计算企业的资产负债率时，要将实际控制人的资产负债与企业的资产负债一并考虑。

4）实际控制人的教育背景、经验背景

信贷调查时，要了解实际控制人的学历和专业背景，实际控制人具有高等教育背景能为企业带来更多专业知识和综合能力。要了解实际控制人的职业经历，包括曾在哪些公司工作，担任过哪些职位，是否有过创业经验以及创业经历，是否在相关行业中具有从业经验，是否有专业认证、获奖或其他荣誉，在行业内的声誉和地位如何。在同一行业有丰富经验的实际控制人更能了解市场动态、竞争情况和商业模式。

在一些高新技术、科创类的企业中，创始人往往是相关领域中具有高学历的科技型人才，在这类企业中，实际控制人的教育背景尤为重要。在一些传统行业中，实际控制人的经验更重要，信贷人员要重点关注实际控制人是如何一步步发展起来的，同时了解他是否持续进行自我学习和成长，是否关注行业趋势和新兴技术，是否具有领导力，而不局限于他是否有高学历。

5）实际控制人的平衡技能

企业的实际控制人要和同行业、上下游、员工、政府部门等方方面面的人打交道，这就需要他们具有很强的平衡技能。平衡技能涉及多个方面的能力，主要体现在多任务处理能力、适应能力，在面对复杂情况时能够权衡各种因素的决策能力，能够有效地与不同人群合作和沟通。信贷人员通过与实际控制人的交流、观察和询问，来了解平衡技能，从而判断其是否具备有效地经营管理企业的能力。做企业，能否长袖善舞，有时候决定着企业的生死。

6）实际控制人的年龄、健康情况、继承人

中小企业经营好坏与实际控制人个人条件密切相关，信贷人员了解实际控制人的年龄、健康状况和继承人的问题是很重要的。实际控制人的年龄与其社会经验、经营管理经验是正相关的，通常情况下，年龄偏小的实际控制人阅历浅，社会经验不足，稳定性差，在经营过程中缺乏管理经验。年龄偏大的实际控制人思想保守，或因健康状况不佳，可能会面临医疗支出或无法工作的风险，影响他的工作能力和企业管理的稳定性，进而影响到贷款的安全性和还款能力。很多中小企业实际控制人没有明确的继承计划或继承人，一旦他们出现变故，企业就很难持续经营下去，从而导致信贷风险。

从信贷经验数据来看，35~55岁这一年龄段的实际控制人年富力强，既相对稳定成熟，又有一定的经验积累，是经商的黄金年龄段。

案例5.2：企业主因健康问题导致企业停止经营

在案例3.5中，祝家庄贸易有限公司由于不可抗力造成了银行信用证被迫垫款，但是该公司的老板非常注重自己的信用，只要有人买鱼粉，不管赔多少钱，他都卖，收到货款就及时还款，历时5个月，将银行垫款全部还清。之后，他又向这家银行申请开证进口鱼粉，但是银行没有同意。因为在清收的五个月中，信贷人员与该公司有了更深入的接触，发现公司基本上都是老板一个人在打理，上下游都是老板自己亲自营销，员工只是负责维护，而当时老板已经69岁，身体不是很好，信贷人员担心企业会受到老板个人身体状况的影响。后来，老板因病住

院，在国外的儿子不愿回国继承公司，造成公司经营陷入停顿，该银行躲过由此造成的信贷风险。

7）实际控制人随形势变化而调整的能力

由于中小企业多数处于产业链末端，市场准入门槛低，竞争激烈，所以很多中小企业经营波动大，针对这样的特点，企业实际控制人的前瞻性、随形势变化而调整的能力就显得尤为重要。信贷人员可以通过了解实际控制人过去的决策和行动，分析判断其是否成功地应对了不同的市场环境和行业变化；通过了解企业的市场状况，分析判断其是否敏锐地察觉到市场趋势的变化，并是否采取了相应的措施来适应这些变化；也可以与竞争对手进行比较，看企业是否在适应市场变化方面表现得更出色或更差；评估企业是否持续不断地进行创新，包括产品、服务、营销和业务模式等方面的创新，创新能力是适应变化的重要因素之一；观察实际控制人在危机时期的表现，是否能够迅速做出决策、采取行动并有效地应对危机，如财务危机、自然灾害或声誉风险等；评估企业的组织结构和流程是否具备足够的灵活性，能够快速适应新的情况和需求；收集客户反馈和满意度数据，了解企业是否能够满足客户不断变化的需求，并及时做出改进。

实际控制人在以往企业经营中会积累一些惯性思维，这些惯性思维可能曾经是对企业经营有效的经营思维，但是随着内外部环境的变化，这些惯性思维可能反而禁锢了企业主的思想，变成了阻碍企业发展的僵化思维，在这些惯性思维指导下制定经营管理决策，出现决策失误就在所难免了。一些优秀的实际控制人总是能够与时俱进，不断修正自己，最终带领企业不断发展。

8）实际控制人的财务纪律

实际控制人的财务纪律是指他们在管理和运营企业财务方面所遵循的一系列规则和原则。这些纪律有助于确保企业的财务健康和可持续性。制定和遵守预算是财务纪律的基础。实际控制人应确保收入和支出的预算合理，并努力控制成本，以保持财务平衡；应遵守所有适用的税收法规，并按时向税务部门提交所需的文件和款项；要识别和管理与财务风险相关的问题，采取适当的措施来减轻风险，以保护企业的财务利益。

现实工作中，银行信贷人员会经常遇到财务纪律不好的实际控制人，主要表现在将大量资金用于非企业生产经营中去。企业的资产分为核心资产和非核心资产，与企业生产经营紧密相关的资产就是核心资产，比如企业的厂房、场地、生产设备、专利技术等，与企业生产经营不紧密相关的资产就是非核心资产，比如老板办公室的豪华装修、红木家具、法拉利汽车、用于其个人的投资等。当一个企业的非核心资产占比过大，说明实际控制人的财务纪律不好，给这样的企业贷款往往风险较大，因为财务纪律不好的实际控制人，有了钱之后，首先想到的是他奢靡的享受，而非投入到企业的经营发展中。

9）实际控制人的诚信

实际控制人的诚信状况，对于贷款银行来说非常重要，实际控制人的诚信记录是评估信用风险、还款意愿的重要因素之一。信贷人员可以通过人民银行的征信系统查看企业和实际控制人的征信报告，以了解他们的信用历史。这包括了解过去的贷款偿还记录、信用卡账单支付情况；通过全国法院被执行人信息查询系统，检查实际控制人是否有涉嫌欺诈、破产或其他法律问题的历史记录；对实际控制人进行个人背景调查，以验证其身份和诚信，重点观察他的行为规范、做事风格、有无不良嗜好以及个人在社会上的形象和口碑。

评估实际控制人的诚信，并决定是否批准贷款以及贷款的条件。如果实际控制人表现出诚信和可信赖性，贷款银行可能更愿意与他们建立长期的信贷合作关系，包括提供更多的融资选项和更有利的贷款条件。如果实际控制人过去有不诚实或不守信用的记录，信贷人员要审慎贷款。笔者曾经看过一份贷款调查报告，报告中写明："实际控制人的信用卡逾期26次，原因是工作繁忙。"这其实就是信用不好的实际控制人。对于一些实际控制人来讲，信用不好是一种病，在一定的条件下，就会犯病，信贷人员要尽可能地不和历史上有过信用不好记录的实际控制人建立信贷关系，因为和这样的人打交道很累。

信贷人员从以上9个方面对企业实际控制人的人品进行评估，可以清晰地为实际控制人进行画像。信贷人员在进行信贷调查中，除了通过网络、征信系统及企业自身提供的背景材料评价实际控制人的信贷风险状况外，还要有意识地通过对实际控制人、企业管理层、相关员工的访谈来了解评估实际控制人的人品，也可以通过企业的主管部门、同行业、上下游来了解。

5.12 还款意愿分析

借款企业的财务信息解决的是还款来源的问题，非财务信息解决的是还款意愿的问题，主动的还款意愿取决于实际控制人的人品和道德，被动的还款意愿取决于借款人的违约成本。违约成本高低的判断相对人品好坏的评估更容易把握。款企业的违约成本包括：按照借款合同约定，支付相应的违约金或罚息，承担诉讼费、律师费；在诉讼过程中，对借款企业的经营产生影响；银行降低借款企业信用评级或拒绝授信；负面的征信记录；借款企业和实际控制人的社会声誉及评价受到重大影响。

违约成本高的实际控制人，还款意愿更强。从信贷实践经验上看，实际控制人已婚且有子女的比单身的违约成本高，个人财产多的比个人财产少的违约成本高，本地人（本地有房产、子女在本地入学）比外地人（本地没有房产、子女不在本地入学）违约成本高，受教育程度越高违约成本越高，社会声誉及评价越高违约成本越高。

6　四大风险类型之财务风险分析

银行信贷业务中对借款企业的财务风险分析是指信贷人员对借款企业的财务数据、报表和交易记录进行系统、全面、深入的研究、评估和解释，以便了解其财务状况、经营绩效、偿债能力、盈利能力、现金流状况等方面的情况，评估财务风险，从而判断能否贷款以及确定贷款金额。其主要手段是进行财务分析。财务分析中最具技术化的部分就是对借款企业的财务报表分析，财务报表分析是指对企业财务报表（资产负债表、利润表、现金流量表）中所包含的财务信息进行分析、解释和评估的过程。

6.1　信贷财务分析中普遍存在的问题

6.1.1　财务分析与宏观环境及行业分析互相独立

有的信贷人员在对借款企业进行财务分析时，往往孤立、静止地去分析财务数据。如果脱离了行业背景去看企业的财务数据，是很难看得懂的，因为不同行业有不同的财务特征和业务模式。只有了解行业标准和趋势，信贷人员才能判断借款企业的财务指标是否健康，资源配置是否优化，是否具有竞争力。信贷人员要将借款企业的财务指标与同行业的标准值进行比较，评估该企业在同行业中的相对表现，识别其优势和劣势。了解行业特点对财务指标的解释至关重要，要在行业背景下，结合企业所处的经营环境和经营战略，识别成功关键因素和风险，并考虑企业的资金收付结算特点，来评价企业的财务指标。

6.1.2 财务分析时，对于借款企业提供的财务报表很少进行会计调整

借款企业为获得贷款而提供给银行的财务报表也往往是经过包装的，甚至是造假的。财务报表造假是指企业故意篡改、虚构或隐瞒财务数据，以误导投资者、债权人、监管机构或其他利益相关者，使企业的财务状况看起来更好或更稳定。

有的借款企业为获取银行贷款，会对自身的财务报表进行美化，主要方式包括虚构营业收入、资产、利润，隐瞒负债、费用、损失等。常见的手段有夸大营业收入、虚增资产、操纵净利润等。

有一些信贷人员认为“中小企业普遍存在财务报表造假的现象，所以，做贷款时不用看财报”，这是一个极大的误区，因为即便财报造假，也不是财报上的所有会计科目、所有数据都是假的，财报造假会在报表上留下蛛丝马迹，关键是信贷人员能否发现财报上的哪些科目造假，假到什么程度，对授信决策产生什么样的影响。

一份经过包装的财务报表，它上面的数据是由真实数据、误差数据、操纵数据三部分组成的。真实数据，是指报表上没有造假的那些会计科目余额，比如，资产负债表中的短期借款科目余额1 000万元，这通常不会是假的，因为银行不会配合企业在这上面造假，造假也很容易识别出来。误差数据，是财务报表中包含的不准确、错误或失实的财务数据。这种误差可能是无意的，即错误发生的原因可能是疏忽、技术失误或沟通问题。比如，一家粮食贸易公司，仓库里有1 000

万元货值的玉米存货，其中有20万元货值的玉米已经发生了霉变，那么是仓库保管员更了解这个情况还是企业的财务总监更了解？显然是仓库保管员更了解，但是仓库保管员没有将这个情况报告给财务总监，那么财务总监在报表上就不会计提20万元的存货跌价准备，而是体现1 000万元的玉米存货，这不是财务总监有意造假，而是内部沟通引起的误差造成的。操纵数据，是指企业故意篡改、虚构或隐瞒财务数据，以制造虚假的财务信息，使企业的财务状况、业绩或现金流量看起来比实际情况更好或更稳定，这种行为旨在误导贷款银行做出更有利于其贷款的信贷决策。

在信贷业务实践中，有相当大比例的中小企业的财务报表是经过粉饰包装的，信贷调查工作的一项重要内容就是对借款企业财务报表上的信息进行验证、还原，然后将还原后的相对真实信息进行分析，掌握企业是否具备还款能力、是否能够持久发展、是否存在潜在风险等，进而决定是否可以贷款。有些信贷人员直接用财报上的数据来计算各种财务比率，从而得出借款企业财务指标是否健康，能否贷款。试想，财务报表上的基础数据若是假的，那么由此产生的各种财务指标也是假的，这种假的财务指标怎么可以被用来作为分析判断能否贷款的依据？

能否识别财务报表造假，能否通过信贷调查验证财务信息、还原财务报表，能否准确利用财务数据、指标评估借款企业的经营业绩、偿债能力，是每一位信贷人员的基本功。掌握这一基本功的前提是要学会会计，只有会真的，才能识别假的。

6.1.3 财务报表分析体系零散，整体把握感不强

财务报表是一个整体，它综合了企业的各个财务信息，包括资产、负债、所有者权益、收入、费用和现金流等方面的数据。这些信息以标准格式呈现，以展示企业在特定时间范围内的整体财务状况和经营成果。财务报表中的各项指标和数据相互关联、相互影响，具有勾稽关系，例如，利润表中的净利润会影响到资产负债表中的所有者权益。这种关联性使得必须综合考虑所有报表，才能全面了解公司的财务状况，

从而做出准确的信贷决策。

有些信贷人员在财务报表分析中，缺乏将借款企业不同财务报表以及财务报表中的不同数据、不同财务指标作为一个整体看待的能力，缺乏对借款企业整体财务状况的深刻理解和把握，对财务报表的分析是零散的，即只关注特定财务指标，而未将所有重要信息综合考虑，这可能导致对借款企业整体财务状况的评估不全面、不准确。

6.1.4 欠缺对企业财务前景的预测分析

企业的财务报表反映的是企业的昨天，贷款是今天发生的，还款来源是明天的钱，昨天有钱并不代表明天就有钱，所以要对借款企业明天是否有钱进行预测。预测借款企业的财务前景可以帮助信贷人员评估贷款的信贷风险，判断其偿还贷款能力，从而决定是否批准贷款以及确定贷款的条件。财务预测要以未来的经营性现金流为核心，确保借款企业有足够的偿还能力来按时归还贷款本金和利息，这有助于信贷人员确定合适的贷款额度、利率和还款期限。但是，由于财务预测需要很强的技术能力和大量的时间，实际工作中，信贷人员往往忽略了这项工作。

6.1.5 切勿机械套用固定模式

一些客户经理在授信调查报告的撰写上，对于企业的财务分析确实存在一定的套用模式，但是每个企业由于自身行业、经营环境、战略规划等因素不同，会使财务分析呈现千差万别的特征。不同行业具有不同的财务特征，如制造业、服务业、科技公司等，其财务指标和关注重点会有所不同；不同的企业规模和业务模式也会使财务状况、财务比率存在显著差异；企业的战略规划、经营决策对财务状况产生直接影响，这也会在财务分析中反映出来。因此，不能简单地套用通用模式，而应结合企业自身的情况进行深入分析和评估。

6.2 信贷财务分析是逻辑推理的过程

逻辑推理过程是基于一系列逻辑原则和规则，从已知事实或假设出发，推导出新的结论或判断的推理过程。这种推理过程建立在逻辑学的基础上，遵循特定的推理规则，以确保推断的准确性和合理性。财务分析是一个逻辑推理过程，因为它涉及收集、分析和解释财务数据，以推断企业的财务健康状况、经营绩效和未来发展趋势。信贷人员通过分析财务报表、财务比率、变化趋势等信息，可以推断企业的财务状况、盈利能力、偿债能力和流动性等重要方面。信贷人员研究资产负债表、利润表、现金流量表以及其他相关报表，以推断企业是否能够按时偿还债务、支付利息，并评估其信用可靠度。这种逻辑推理过程有助于制定信贷决策、评估贷款风险和制订授信方案。

信贷人员在审阅借款企业财务报表时，如发现财报上的数据存在疑点、不符合常识、不符合逻辑，就要进一步结合其所在行业特点和自身经营特点去验证。基本的方法就是要从财务数据存量和流量两个角度去看，存量要了解真实状况，流量要能解释变化原因。

存量数据分析，比如，一家企业资产负债表上的总资产是1亿元，其中固定资产是5 000万元，这5 000万元的固定资产是办公楼，而这个企业是一家贸易公司，那么显然，这并不合理，因为贸易型企业不应该保有那么大的固定资产，这么大的固定资产并不能给其创造利润，反而会使企业的ROA下降。另一家企业的资产负债表上的总资产也是1亿元，其中固定资产是1 000万元，这家企业是一家混凝土供应商，而这类企业是拼设备的，它需要混凝土搅拌设备、储存设施和很多的运输车辆，这些设备通常需要较高的投资，尤其是大型、先进的设备，那么1 000万元的固定资产就说明这家企业没有很多的设备，就揭示了它的竞争力不够强。

流量数据分析，比如，一家企业利润表上的销售收入比去年同期增长了30%，它是一家煤炭贸易公司，而同时期同类企业的经营并不景气，那么这家企业能逆势增长30%，就显得突兀，所以信贷人员就要调查了解其中的原因。

问题一，销售收入增长30%，是销售价格增加30%造成的，还是销售量增加30%造成的？答案是销售量增长了30%。

问题二，是新客户增长30%还是老客户增长30%？答案是今年新增了某市火电厂客户。

问题三，上游供应商（煤矿）有没有新增？答案是没有，原来老的供应商就能满足。

问题四，对新增下游客户，是采用铁路运输还是水路运输？答案是铁路运输。

问题五，请提供铁路运输单据、发票、银行流水等。如不能提供，则为造假。就这样，发现疑点后，进行逻辑推理、交叉验证。

6.3 不能迷信审计报告

审计报告的作用主要是确认财务报表的可信度和准确性，使信贷人员依据审计报告来确定借款企业的财务状况，以决定是否贷款和授信额度大小。但是，在信贷业务实践中，几乎看不到出具否定意见或保留意见的审计报告。有一些审计报告是失真的，甚至是帮助借款企业进行财报美化，信贷人员不能完全依赖审计报告，而需要进行独立的财务分析，以确认报表的真实性。要结合多方面的信息，包括审计报告、财务报表、行业研究、企业调查访谈等，来进行综合而全面的财务分析，以评估借款企业的信用风险。

6.4 企业贷款用途

企业因为出现资金短缺而产生贷款需求，即借款企业的自有资金不能满足其未来一段时间内的资金运用，就会产生贷款的需求。企业有了贷款需求，向银行申请贷款用于其资金不足的方面，便是贷款的用途。借贷双方应约定明确、合法的贷款用途。贷款用途是银行授信的基础和前提，加强对贷款用途的审核及监督，是防范信贷风险的基本要求。企业贷款用途分为两大类：一类是短期的，即补充流动资金的贷款需求；一类是长期的，即固定资产的贷款需求。

6.4.1 企业流动资金贷款用途

1）费用型

在一个生产周期能摊销的成本支出为费用型。企业在日常经营过程中，由于订单的增加、旺季备货等原因，可能会遇到短期资金缺口，向银行申请流动资金贷款购买存货。对于费用型的贷款用途，信贷人员应分析销售合同的真实性、合理性、现有存货数量、现在资金紧缺原因及自有流动资金比例；了解拟采购货物的种类、数量、采购渠道、单价、总价，拟采购货物是否符合借款企业的生产经营；反映借款企业采购事项的合同是否真实、有效；分析进货量与销售额关系；借款企业日常存货保有量与销售收入的比例关系。需要注意的是，新增下游客户的大额订单如果没有合理的解释，往往存在虚假的可能。

一些行业存在淡旺季会产生季节性需求，需要临时性借款以支持这段时间的运营，信贷人员应重点分析其贷款用途是否符合借款企业所在行业的季节性特点，分析并预测未来价格走势。对于经营激进、大量囤积、豪赌存货价格上涨的企业需要格外注意。

2）结算型

与生产周期无关，因结算周期导致的资金困难为结算型。

企业为扩大销售收入，给下游客户账期，从而产生应收账款，由于应收账款的增加，而造成其资金紧张，日常周转困难，因此向银行申请流动资金贷款。信贷人员应重点关注交易真实性、账款金额、账期、质量、款项支付方式与日期。

置换贷款是指新发放一笔贷款偿还他行已经存在的另一笔贷款，置换贷款偿还的是短期借款或长期借款。此类贷款往往尚未到期，银行为了营销优质客户，通过降低贷款条件，如贷款利率、贷款期限等方式置换他行贷款。对于置换贷款，信贷人员应重点关注原有债务金额、期限、担保方式、贷款偿还是否正常，有无不良还款记录。特别注意，不可以以流动资金贷款置换固定资产贷款，不可以置换已经形成逾期的贷款，不可以置换不合规的贷款，不可以置换银行承兑汇票垫款，不可以以贷收息。

6.4.2 企业固定资产贷款用途（资本型）

在一个生产周期不能摊销的成本支出为资本型，比如固定资产购建，企业为扩大生产规模而购买设备、购买或新建厂房等。对于资本型的贷款用途，信贷人员应结合借款企业新上项目的可行性，分析贷款用途是否违反相关法律、法规；是否超越其经营范围；了解项目审批手续是否完善；信贷人员根据实地考察，测算借款企业新建项目资金总投资金额、企业自有资金比例、资金缺口；核实借款企业拟扩大的生产规模与现有规模的比例、项目的可行性、未来的市场、预期收益、还款来源等。

了解企业贷款真实用途非常重要，因为这是确定贷款期限、还款方式甚至所有的风险控制方案的基础。

6.5 贷款需求测算

6.5.1 流动资金贷款需求测算

国家金融监督管理总局颁布的《流动资金贷款管理办法》附件给出了流动资金贷款需求量的测算示例：

流动资金贷款需求量应基于借款人日常经营周转所需营运资金与现有流动资金的差额（即流动资金缺口）确定。一般来讲，影响流动资金需求的关键因素为存货（原材料、半成品、产成品）、现金、应收账款和应付账款。同时，还会受到借款人所属行业、经营规模、发展阶段、谈判地位等重要因素的影响。银行业金融机构根据借款人当期财务报告和业务发展预测，按以下方法测算其流动资金贷款需求量：

1）估算借款人营运资金量

借款人营运资金量影响因素主要包括现金、存货、应收账款、应付账款、预收账款、预付账款等。在调查基础上，预测各项资金周转时间变化，合理估算借款人营运资金量。在实际测算中，借款人营运资金需求可参考如下公式：

$$营运资金量=上年度销售收入\times(1-上年度销售利润率)\times(1+预计销售收入年增长率)/营运资金周转次数$$

$$其中：营运资金周转次数=360/(存货周转天数+应收账款周转天数-应付账款周转天数+预付账款周转天数-预收账款周转天数)$$

周转天数=360/周转次数

应收账款周转次数＝销售收入/平均应收账款余额

预收账款周转次数＝销售收入/平均预收账款余额

存货周转次数＝销售成本/平均存货余额

预付账款周转次数＝销售成本/平均预付账款余额

应付账款周转次数＝销售成本/平均应付账款余额

2）估算新增流动资金贷款额度

将估算出的借款人营运资金需求量扣除借款人自有资金、现有流动资金贷款以及其他融资，即可估算出新增流动资金贷款额度。

新增流动资金贷款额度=营运资金量－借款人自有资金－现有流动资金贷款－其他渠道提供的营运资金

3）需要考虑的其他因素

（1）应根据实际情况和未来发展情况（如借款人所属行业、规模、发展阶段、谈判地位等）分别合理预测借款人应收账款、存货和应付账款的周转天数，并可考虑一定的保险系数。

（2）对集团关联客户，可根据合并报表估算流动资金贷款额度，原则上纳入合并报表范围内的成员企业流动资金贷款总和不能超过估算值。

（3）对小微企业融资、订单融资、预付租金或者临时大额债项融资等情况，可在交易真实性的基础上，确保有效控制用途和回款情况下，根据实际交易需求确定流动资金额度。

（4）对季节性生产借款人，可以每年的连续生产时段作为计算周期估算流动资金需求，贷款期限应根据回款周期合理确定。

案例6.1：流动资金贷款额度测算

E公司新签订500万元销售合同，预计当年销售收入比上年增长

10%，为完成订单，需要采购原材料，由于资金短缺，向银行申请流动资金贷款300万元用于购买原材料。

E公司资产负债表、利润表 单位：万元

行次	项目	期初数据	期末数据
1	货币资金	135.35	136.26
2	应收账款	1 839.7	964.74
3	预付账款	1 364.13	1 496.96
4	存货	777.45	620.35
5	固定资产	343	321
6	短期借款	1 842	1 842
7	应付账款	197.84	284.15
8	预收账款	143.71	133.89
9	长期借款	0	0
10	营业收入	4 646.28	5 995.91
11	营业成本	2 582.92	2 956.39
12	利润总额	390.36	482.5
13	所有者权益	2 917.45	3 297.85

流动资金贷款额度测算如下：

应收账款周转天数=360/（营业收入/平均应收账款余额）

=360/｛5 995.91/［（1 839.7+964.74）/2］｝

=84.19（天）

预收账款周转天数=360/（营业售收入/平均预收账款余额）

=360/｛5 995.91/［（143.71+133.89）/2］｝

=8.33（天）

存货周转天数=360/（营业成本/平均存货余额）

=360/｛2 956.39/［（777.45+620.35）/2］｝

=85.11（天）

预付账款周转天数=360/（营业成本/平均预付账款余额）

=360/｛2 956.39/［（1 364.13+1 496.96）/2］｝

=174.2（天）

应付账款周转天数=360/（营业成本/平均应付账款余额）

=360/｛2 956.39/［（197.84+284.15）/2］｝

=29.35（天）

平均余额=（期初余额+期末余额）/2

$$\text{营运资金周转次数}=360/\left(\text{存货周转天数}+\text{应收账款周转天数}-\text{应付账款周转天数}+\text{预付账款周转天数}-\text{预收账款周转天数}\right)$$

=360/（85.11+84.19−29.35+174.2−8.33）=1.18（次）

销售利润率=利润总额/营业收入×100%=482.5/5 995.91×100%=8.05%

$$\text{营运资金量}=\text{上年度销售收入}\times(1-\text{上年度销售利润率})\times(1+\text{预计销售收入年增长率})/\text{营运资金周转次数}$$

=5 995.91×（1−8.05%）×（1+10%）/1.18

=5 139.46（万元）

自有流动资金=所有者权益−非流动资产+非流动负债

=3 297.85−321+0

=2 976.85（万元）

$$\text{流动资金贷款额度}=\text{营运资金量}-\text{借款人自有流动资金}-\text{现有流动资金贷款}-\text{其他渠道提供的营运资金}$$

=5 139.46−2 976.85−1 842−0=320.61（万元）

经过测算，E公司的资金缺口为320.61万元，新增流动资金贷款控制在320万元以内较为合理。

6.5.2 简易流动资金贷款需求测算

在信贷实践中，信贷人员在调查、访谈时，可以通过借款企业对存货、应收账款、预付账款、应付账款、预收账款的预测，快速评估借款企业流动资金贷款需求的真实性。

案例6.2：贷款需求真实性测算

A公司在M银行有短期贷款2 000万元，银行承兑汇票敞口1 000万元，客户经理与A公司财务总监访谈时了解到，由于本年的订单情况较好，预计销售收入会有大幅增长，流动资产、流动负债都会比上一年度有所增长，A公司预测本年存货2 000万元，应收账款3 000万元，预付账款3 000万元，应付账款2 000万元，预收账款2 000万元，为缓解资金紧张，故向N银行申请流动资金贷款1 000万元。

A公司的流动资金占用=存货+应收账款+预付账款

=2 000+3 000+3 000

=8 000（万元）

A公司的流动资金来源=应付账款+预收账款+短期贷款+银行承兑汇票敞口

=2 000+2 000+2 000+1 000

=7 000（万元）

预测流动资金占用大于流动资金来源1 000万元，也就是资金缺口1 000万元，所以，A公司有流动资金贷款需求1 000万元。如果N银行同意贷款1 000万元，补充上资金缺口，表面上看A公司流动资金来源与占用是平衡的，但是，同时也存在问题，A公司是没有自有流动资金的，其自身经营完全依靠银行负债和商业负债。所以，虽然A公司的贷款需求的真实性是存在的，但是贷款的风险是较大的。

这种方法可以快速验证借款企业流动资金需求的真实性，但是具体需求的金额测算不会很准确，因为存货、应收账款、预付账款、应付账款、预收账款使用的是预测数据，不可能很准确。

借款企业流动资金需求测算主线：借款企业的总体资金需求是多少？其自有资金有多少？需要银行贷款多少？如银行贷款不能覆盖流动资金需求，剩余资金如何解决？

案例3.1第（7）题：请您查阅水泊梁山公司的财务报表，通过对周转天数的分析，企业销售收入增长会对公司的资金产生什么影响？

流动资金占用天数=应收账款周转天数+存货周转天数+预付账款周转天数

=97+215+11

=323（天）

流动资金来源天数=应付账款周转天数+预收账款周转天数

=134+43

=177（天）

水泊梁山公司流动资金占用天数大于流动资金来源天数146天，公司的资金被应收账款和存货大量占用。该公司的下游客户具有较强的议价能力，可以推断未来依然是赊销账期长于赊购账期，随着销售收入的扩大，公司的资金还会被应收账款、存货大量占用，资金会越来越紧张，需要外部资金（银行贷款）的不断注入，才能缓解资金压力。

案例3.1第（8）题：假设2019年水泊梁山公司销售收入比2018年增长30%，EBITDA（息税、折旧及摊销前收入）比率保持2018年的水平，2019年应收账款、存货、预付账款、应付账款、预收账款的周转天数与2018年相比也不变，请计算企业运营的现金会有何变化？

预测2019年流动资金来源增长：

2019年EBITDA增长=675.5×30%=202.7（万元）

2019年应付账款增长=2 460.2×30%=738（万元）

2019年预收账款增长=856.5×30%=257（万元）

2019年流动资金来源比2018年共增加1 197.7万元。

预测2019年流动资金占用增长：

2019年应收账款增长=2 110.2×30%=633（万元）

2019年存货增长=3 936.4×30%=1 180.9（万元）

2019年预付账款增长=126×30%=37.8（万元）

2019年流动资金占用比2018年共增加1 851.7万元。

2019年资金缺口=预测2019年流动资金占用增加−预测2019年流动资金来源增加

=1 851.7−1 197.7

=654（万元）

通过水泊梁山公司案例第（7）题、第（8）题，可以看到，当销售收入增长，带给水泊梁山公司的不是现金的增加，而是现金的减少，因为公司的现金被非货币形态的流动资产所占用，因此，公司就需要外部资金（贷款增加）的补充。很多中小企业销售规模越来越大，银行贷款越来越多，都是这个原因造成的。

有一些客户经理在调查报告里将借款企业的销售收入作为第一还款来源来分析，这是不准确的，企业是要用货币资金来还款，而财务报表上的销售收入，只是权责发生制下体现出来的数字，和是否有货币资金无必然联系。

6.6 贷款挪用

贷款挪用是指贷款企业将贷款用于与原定用途不符的其他用途，违背了贷款合同中的约定。这可能涉及将银行信贷资金用于个人消费、投资或其他不符合贷款用途的行为。贷款挪用最主要的表现是"短贷长用"，企业的资金运用应与其资金来源相匹配，短期资金运用应该通过短期融资来满足，长期资金运用应该通过长期融资来满足。所谓"短贷长用"是指借款企业的资金使用期限错配，将银行向其发放的短期流动资金贷款用于固定资产构建等长期投资项目。

在信贷实践中，由于大多数中小企业很难从银行获取中长期的固定资产贷款，所以"短贷长用"现象在生产企业中也是普遍存在的，贷款挪用会增加贷款银行的风险，因为贷款银行原本是根据贷款用途和借款企业的信用风险来评估贷款条件和利率的，被挪用的流动资金贷款到期后，很难依靠自身的现金流来偿还，只能依靠银行续贷或采用"过桥资金"来还款。

流动资金贷款在确保借款企业贸易背景真实性并控制好资产负债率的前提下，是不太容易出现不良贷款的，银行大量不良贷款的产生都是由于借款企业"短贷长用"造成的。

案例6.3：挪用流动资金贷款到固定资产建设，最终形成不良贷款

A公司是一家建材贸易企业，两个自然人股东E、F是夫妻关系，在M银行有2 000万元流动资金贷款，A公司在支用贷款时，利用关联企业伪造交易背景，将这笔流动资金贷款挪用到同为实际控制人E的在建墙地砖生产企业，后期因墙地砖生产项目资金占用过大，造成资金链

断裂，无法按期归还银行贷款，形成不良贷款。

A公司在申请流动资金贷款时，就已设计好要将贷款挪用，经办信贷人员在信贷调查时，未能准确评估企业经营是否需要信贷资金支持以及财务报表的真实性，未能在账户交易行为中发现关联企业的真实存在及资金占用，最终造成不良贷款。

案例6.4：如何分析生产型企业贷款挪用

X公司在Y银行已有4 000万元流动资金贷款，现在该公司向Y银行申请增加授信4 000万元，其中流动资金贷款2 000万元；固定资产贷款2 000万元，用于购买一套价格4 000万元的设备。该公司预测明年销售收入可提高到3.6亿元，目前该公司的销售成本率为70%，预测应收账款和应付账款周转天数均为60天，预测存货周转天数为60天。

经测算：

X公司的应收账款（预测）=3.6/（360/60）=6 000（万元）

X公司的存货（预测）=3.6×0.7/（360/60）=4 200（万元）

X公司的应付账款（预测）=3.6×0.7/（360/60）=4 200（万元）

X公司的流动资金占用=存货+应收账款

=4 200+6 000

=10 200（万元）

X公司的流动资金来源=应付账款+短期贷款

=4 200+4 000

=8 200（万元）

X公司流动资金占用大于流动资金来源2 000万元，该公司存在资金缺口2 000万元，所以该公司有流动资金贷款需求2 000万元，但是，如果Y银行同意新增流贷2 000万元，那么X公司在营运资金上是完全依赖于银行负债和商业负债，并没有自有流动资金，这对于Y银行来讲，风险较大。

X公司申请2 000万元固定资产贷款拟购买4 000万元的设备，说明其购买设备的自有资金有2 000万元，那么，如果X公司不购买4 000万元的设备，该公司是否需要2 000万元流动资金贷款？答案是不需要，因为其自有资金2 000万元就会用于公司的营运资金中。那么，X公司的2 000万元流动资金贷款是不是挪用？如果认为是，该公司的2 000万元流动资金贷款确实是用于购买原材料，也可以受托支付给其上游；如果认为不是，X公司的2 000万元流动资金贷款产生需求的原因是将自有资金用于购买固定资产。是挪用还是不挪用都有理由，所以是否挪用并不能明确区分。

所以，对于生产型企业来讲，当银行信贷资金进入借款企业的资金体系后，很难控制其不被挪用。信贷人员对于贷款挪用风险控制的核心还是在于了解企业贷款挪用到哪里去了，有没有突破银行的底线，比如挪用到房地产或进行高风险投资等领域；企业未来的现金流需要多长时间能够覆盖被挪用的贷款；等等。

6.7 财务报表分析

企业财务报表是指企业定期发布的一系列文件和报告，用于展示其财务状况、经营成果以及现金流量情况的信息，包括资产负债表、利润表和现金流量表。财务报表的主要目的是向股东、投资者、债权人和其他利益相关者提供有关企业财务状况和经营成果的透明信息，以评估企业的风险和价值，帮助他们做出决策。财务报表依据会计准则编制，以确保信息的一致性和可比性。

不同利益相关者对于财务报表的分析重点各不相同。企业的股东和投资者更关注企业的成长潜力和盈利能力；债权人更关注企业的偿债能力和资产质量；经营者则着重关注收入、成本、利润以及流动性等方面的指标；而监管者则关注与税务相关的信息等。

本书从银行信贷的角度出发，来分析企业的财务报表。

6.7.1 财务结构——解读资产负债表

1）资产负债表表达了什么？

资产负债表反映在某一特定时点企业的财务状况。资产负债表分为两个主要部分：资产（资金占用方）和负债与所有者权益（资金来源方）。资产负债表反映企业经济实力、偿债能力以及经营的安全性，使用者可以通过资产负债表了解企业资产的规模和结构、负债与所有者权益的规模和结构。

资产是指企业过去的交易或者事项形成的、由企业拥有或者控制的、预期会给企业带来经济利益的资源，包括现金、应收账款、存货、固定资产等。按照是否在一年内或一个营运周期内，分为流动资产和非流动资产。

负债是指企业过去的交易或者事项形成的、预期会导致经济利益流出企业的现时义务，是企业对外部债权人的债务，包括应付账款、短期借款、长期借款等。负债按照到期时间的不同分为流动负债和非流动负债。

所有者权益是指企业资产扣除负债后，由所有者享有的剩余权益，公司的所有者权益又称为股东权益。所有者权益是企业可长久使用的资金来源，除非发生减资、清算，企业不需要偿还所有者权益。企业在清算时，所有者权益的清偿列在负债之后。

资产负债表会计等式：资产=负债+所有者权益

2）流动资产

流动资产是指企业在一定时间内（通常为一年）可以迅速转化为现金或现金等价物的资产，或者在经营过程中会逐渐耗尽的资产。这些资产具有较高的流动性，可以在需要时快速变现，以支持企业的日常经营活动。流动资产通常包括现金、银行存款、应收账款、预付账款、短期投资、存货等项目。企业需要根据其经营模式和行业特点来管理和优化流动资产，以确保具备足够的流动性来满足短期经营需求。

（1）现金及现金等价物

现金及现金等价物是指企业拥有的、以货币形式存在的资产，包括企业持有的现金、银行存款等。由于其流动性最强，所以位于资产负债表第一行。

银行信贷人员可以从三个方面对货币资金进行分析：

①货币资金的总量分析

一个企业拥有多少货币资金合适？不同的行业、不同的企业差异很大，并没有一个固定的比例，需要结合企业所处行业特点来分析。比如一些重资产行业、大型批发行业，它们往往需要大量的现金储备，季节性明显的行业在旺季备货时占用资金较大，而一些轻资产运营行业中的企业则往往不需要大量的货币资金。信贷人员分析借款企业货币资金总量的合理性时，需要了解企业所在行业的一般货币资金总量平均水平，掌握该行业货币资金运用的规律性，也可以通过借款企业与同行业竞争对手比较来实现。从一般的规律来看，过低的货币资金会影响企业的流动性，而过高的货币资金会造成资金的浪费。

②货币资金的结构分析

信贷人员要在行业背景下结合企业资金收付结算的特点，分析借款企业货币资金结构，要特别关注借款企业定期存款、其他货币资金的变化，是否存在大额、异常等情况，因为定期存款有可能已经质押或对外提供了担保，其他货币资金是银行承兑汇票或开立信用证的保证金，这些名义上的货币资金，实质上是受限资金，企业不能随意使用。信贷人员在审查货币资金科目时，可以将货币资金科目与应付票据科目结合在一起来看，比如，货币资金科目余额是2 000万元，应付票据余额是4 000万元，那么货币资金2 000万元，大概率就是4 000万元银行承兑汇票的50%保证金，借款企业财报上虽然有这2 000万元货币资金，但是不能使用，是受限资金。

③货币资金变动原因分析

信贷人员要了解借款企业货币资金的主要来源和主要支出，例如营业收入、借款、股票发行、利润、采购原材料、偿还银行贷款、公司分红、其他投资等，都可以引起企业货币资金发生变化。

营业收入的变动会造成企业货币资金的变动，在信用政策不变的情况下，营业收入增加则货币资金增加，营业收入减少则货币资金减少；信用政策的变动会造成企业货币资金的变动，企业给下游客户的账期缩短则货币资金增加，账期延长则货币资金减少；为大笔现金支出做准备造成企业货币资金的变动，比如，3月31日企业的资产负债表上有货币资金2 000万元，但有可能该企业正处于到处借钱的状态，因为该企业4月3日有3 000万元贷款到期；筹集资金尚未使用造成企业货币资金的变动，比如，3月31日企业的资产负债表上有货币资金2 000万元，这是因为银行在3月29日刚给该企业发放了一笔2 000万元的贷款，企业还没来得及使用。

信贷人员要将资产负债表中的现金和现金等价物项目与现金流量表中的现金流状况比对来进行分析，以详细了解现金的净流入和净流出以及经营、投资和筹资活动对货币资金的影响，从而了解现金的来源和用途。当发现报表中的不合理之处，可以要求借款企业提供报告日各账户各类存款的银行对账单加计汇总并相互核对；要考虑借款企业的债务水平，包括短期债务和长期债务，高额的债务会对货币资金产生一定的压力；了解企业的货币资金管理策略和规划；分析企业货币资金的稳定性和风险。

（2）交易性金融资产

交易性金融资产是指企业在购买后用于短期内（一般不超过一年）的以实现交易目的而持有的金融资产。这些金融资产包括各种股票、基金和债券等，如购买其他股份公司发行的股票、政府或其他企业发行的债券（国债、国家重点建设债券、地方政府债券和企业融资债券等）。当企业现金暂时剩余时，选择流动性强的国债、股票、公司债券进行投资是一项好的理财方法，当企业现金不足时，再将投资出售获取现金。这些资产是为了获得短期的价差而购买，而非长期持有或将其持有至到期。企业购买交易性金融资产时，通常是预期通过买卖行为赚取资本收益。企业会将这些资产列入财务报表，并根据公允价值计量，记录它们的价值变动。交易性金融资产的市值波动可能对企业的财务状况产生影响。

信贷人员在对借款企业的交易性金融资产进行分析时，必须确保借款企业在购买、持有和交易交易性金融资产时遵守相关法律法规和市场规则。分析借款企业的交易性金融资产类型、数量和风险程度是至关重要的，这包括考虑借款企业是否投资于高风险领域，如股票和期货，或者低风险领域，如国债，以及所持有的交易性金融资产结构对企业的财务稳定性可能产生的影响。另一个关键点是，了解投资资金是来自负债还是权益，以及是否将银行借款用于购买交易性金融资产。还要查明企业是否对持有的交易性金融资产进行了抵押或质押，并评估投资标的的市场价格情况。

此外，了解借款企业的交易策略、投资决策制定流程、风险控制机制以及过去交易性金融资产的业绩也是重要的。分析借款企业过去交易性金融资产的盈利与损失情况，以了解其盈利模式、收益水平和交易成本等因素，这有助于预测未来可能的盈利状况。还要考察交易性金融资产的流动性，关注借款企业是否能够在需要时迅速变现这些资产，以确保其偿债能力。

（3）应收票据

应收票据是企业持有的尚未到期的票据，具有确定支付金额和支付期限的书面承诺，包括银行承兑汇票和商业承兑汇票两种。应收票据要素有付款人（债务人）、收款人（债权人）、金额（本金）、支付期限（到期日）。应收票据的形成通常基于贸易合同。

信贷人员在分析应收票据时，要审查借款企业应收票据余额是多少，如金额过大，是否有真实贸易背景，是否与借款企业正常经营情况相一致；还要审查承兑人是银行还是企业，是大银行还是小银行，票据贴现是否存在障碍等。

（4）应收账款

应收账款是指企业出售商品或提供服务后，客户尚未支付的金额。这些款项代表了企业预期将在未来一定期限内收到的现金或其他等价物。企业会将这些尚未收到的款项记录为应收账款，以明确其资产账面价值，并在适当的时候收取款项。

应收账款的产生在企业销售活动中较为常见，尤其是在企业与下游客户之间建立了信任关系、提供信用购买或服务的情况下。但有些下游客户可能由于财务困难、破产或其他原因无法偿还欠款，产生了应收账款。企业为更准确地反映出可能发生的损失，及时调整应收账款的价值，而设立坏账准备。应收账款在资产负债表上应以扣除坏账准备的可变现净值列示。

①坏账准备

坏账准备是企业为了反映可能发生的坏账损失而提前进行的一种财务准备。它代表了企业估计的尚未收回的应收账款的可能损失。坏账准备根据历史坏账情况、客户信用状况、行业经验等进行合理估计，坏账准备的计提有余额百分比法和账龄分析法两种方法。

余额百分比法，是按照期末应收账款余额的一定百分比估计坏账损失的方法。余额百分比法由企业根据以往的资料或经验自行确定。在余额百分比法下，企业应在每个会计期末，根据本期末应收账款的余额和以往的坏账率估计出期末坏账准备账户应有的余额。

会计制度要求企业按照应收账款余额的百分比来提取坏账准备，坏账准备率一般为3%~5%。

当期应计提的坏账准备=期末应收账款余额×坏账准备计提百分比

账龄分析法，是根据应收账款账龄的长短来估计坏账损失的方法。通常而言，应收账款的账龄越长，发生坏账的可能性越大。为此，将企业的应收账款按账龄长短进行分组，分别确定不同的计提百分比估算坏账损失，使坏账损失的计算结果更符合客观情况。

$$\text{当期应计提的坏账准备} = \sum(\text{期末各账龄组应收账款余额} \times \text{各账龄组坏账准备计提百分比})$$

坏账准备作为应收账款的一个备抵科目，它的计提可以使应收账款更准确，如果不计提，那么本质上就是虚增了应收账款，而应收账款增加，流动资产就会增加，总资产也会增加，那么流动比率就会提高、资产负债率就会下降，就会产生该企业长短期偿债能力强的误判。同样，坏账准备的计提，可以使利润更准确，因为资产负债表中不计提坏账准备，利润表中也不用计提这部分当期的管理费用，本质上就是虚增了利润。

②应收账款周转天数

应收账款周转天数是指企业从取得应收账款的权利到收回款项、转换为现金所需要的时间，企业需要多长时间收回应收账款。通常情况下，周转天数越少，说明应收账款变现的速度越快，资金被下游占用的时间越短。周转天数越多，说明应收账款变现的速度越慢，资金被下游占用的时间越长。

应收账款周转天数=360/应收账款周转率

=平均应收账款×360天/销售收入

=平均应收账款/平均日销售额

平均应收账款=（期初应收账款余额+期末应收账款余额）/2

应收账款的周转次数越多，则周转天数越短；周转次数越少，则周转天数越长。

③信贷人员如何分析应收账款?

A.应收账款的规模

不同行业的企业应收账款规模有其自身的特点，大体上，下游客户是企事业单位的应收账款规模大，而下游客户直接是消费者的应收账款规模小。比如，给市政工程配套的企业应收账款的规模往往大于零售行业。信贷人员要在行业背景下来分析应收账款规模的合理性。

应收账款规模的增加有两种原因：一是企业主动形成的应收账款，应收账款的规模扩大可以促进其销售规模的扩大，所以有的企业会主动给予下游客户更长的账期。二是企业被动形成的应收账款，即应收账款规模的增加，是下游客户的支付出现问题造成的。

在分析应收账款波动时，应将应收账款变动情况与企业营业收入变动情况综合考虑，判断两者是否存在对应关系。可以将企业的应收账款规模与同行业其他企业进行比较，如果企业的应收账款规模明显高于行业平均水平，可能意味着收款效率较低，需要考虑采取措施优化应收账款管理。

B.应收账款的账龄

应收账款账龄时间越长，应收账款收不回的可能性越大，通常认为3年以上的应收账款有极大可能成为坏账，而半年以内的应收账款则较为正常、安全。信贷人员要参考借款企业所在行业标准或最佳实践，了解应收账款周转天数的合理范围，若企业的应收账款周转天数明显超出合理范围，可能需要改进企业的收款流程和策略；分析企业的信用政策，将销售合同上约定的账期与实际的应收账款周转天数相比较，如实际的应收账款周转天数大于销售合同上约定的账期，需要评估应收账款是否有进一步劣化的趋势，若周转天数逐年增加，可能表示收款效率下降，需警惕可能的收款问题。

C.应收账款的债务人

信贷人员要了解借款企业应收账款债务人的资金实力、信誉和稳定性，从而分析判断应收账款的质量，下游债务人实力越强、信誉越好，应收账款的质量越高。

分析时，要特别注意债务人与借款企业是否存在关联关系，如果双方存在关联关系，可能会有借款企业以应收账款的形式将资金拆借给债务人或利用关联交易做虚假销售，形成虚假的销售收入和应收账款，从而操纵利润等情况。信贷人员要特别注意，关联方的应收账款是不能用来做应收账款质押贷款的，因为这种应收账款可以被操纵，可以源源不断地被人为制造出来。

D.应收账款坏账准备计提

绝大部分企业采用账龄分析法计提坏账准备，并参考信用期标准，信用期内的不计提或少计提，超出信用期的再按照不同账龄来加大计提，计提比例的高低可以比照同行业内的其他企业。

通过分析应收账款周转天数，信贷人员可以及时发现借款企业的应收账款管理问题，分析借款企业是否具有良好的流动性和偿付能力。

（5）预付账款

预付账款是指企业因购货或提供劳务，在合同约定下提前支付给上游供应商的货款或工程款，也包括租金、保险费用等。这些款项可以在未来一段时间内通过相应的服务或产品消耗而转化为支出。

在分析预付账款时，信贷人员需要进行以下审查和考虑：

①余额和比例

仔细审查借款企业资产负债表中的预付账款科目，关注其余额以及占总资产的比例。与行业标准或过去的趋势进行比较，以判断是否存在异常或潜在风险。

②产生原因

深入了解预付账款的产生原因，包括与供应商的协议、付款条件、交易历史以及与业务活动相关的因素。这有助于评估企业是否具备在未来按时支付其余款项的能力。

③期限

预付账款一般不应超过一年。如果发现预付账款超过一年，可能表明借款企业的资金被以预付的方式转移给关联公司，这可能存在风险。

通过仔细审查和分析预付款项，信贷人员可以更全面地了解借款企业的财务状况和经营活动，从而支持贷款决策并降低潜在的风险。

（6）其他应收款

其他应收款是指企业因销售商品或提供劳务等营业外活动而产生的应收或暂付款项。这些款项通常源于企业与其他单位或个人之间的非常规业务交易、借贷关系或其他原因，具有短期或中期性质。一般来说，其他应收款的余额不应过大，因为这些款项与企业的正常经营活动无直接关联，若余额过大可能意味着有潜在问题。

有的中小企业存在其他应收款余额较大的情况，信贷人员在分析其他应收款时，要关注借款企业是否存在注册资本金抽逃、关联方占款、将资金拆借给其他企业、大额损失或亏损挂账、手续不完备的对外出资等情况。审慎的信贷人员计算借款企业资产负债率时，可以将其他应收款科目余额从总资产中剔除后再计算，因为其他应收款并不参与企业的经营。

（7）存货

存货是指企业持有的已经生产或购买但尚未销售的商品，包括原材料、在产品和产成品，存货可以通过销售转化为现金。原材料是用于生产过程中的初始物料，尚未进行加工或转化。在产品是已经开始加工但尚未完成的产品，处于生产过程中。产成品是完成加工并准备销售的产品，已经生产完成等待销售。存货的管理和控制对企业非常重要，它涉及资金投入、生产能力、市场需求等多方面。合理的存货管理可以帮助企业降低成本、提高流动性，避免过剩或短缺的情况，并确保及时满足客户需求。

企业购买存货是产生流动资金贷款需求的主要原因之一，所以信贷人员对于借款企业存货的调查是信贷调查中的重要一环。对于存货的调查，要重点了解五个方面的问题：一是关注存货结构以及存货的必要性。如原材料过多，是否有超储积压？在产品过少，是否生产在萎缩？在产品过多，是否生产效率低？产成品过多，是否销售受阻？二是关注存货的用途。存货是否是主营业务范围内的原材料或产成品？三是关注存货的质量。质量是否完好？四是关注存货市场价格波动。原材料和产成品价格的变化对采购和销售的影响有多大？五是存货是否受限。是否做了抵押、质押？变现能力如何？

①存货在资产负债表中的列示

让我们首先思考一个问题：30年前，一家销售电子商品的公司购进一批价值20万元的传呼机，将其存放在仓库中，后来忘记了。现在，这家公司的资产负债表上反映出有20万元的传呼机存货，这是否合理？另一种情况，30年前，一家超市购进一批价值20万元的茅台酒，同样将其存放在仓库中，也忘记了。现在，这家超市的资产负债表上也反映出有20万元的茅台酒存货，这是否合理？

答案是：传呼机的账务处理不合理，而茅台酒的账务处理却是合理的。因为传呼机这种成本价高而市价低、现已淘汰的产品，其实际价值已经大幅下降，只能当作废品出售。假设现在只能以1 000元的价格出售这批传呼机，那么在资产负债表中，应该将其列示为1 000元存货，并同时计提19.9万元的存货跌价准备。如果不计提这部分存货跌价准备，实际上就是虚增了19.9万元的存货。虚增存货就是虚增流动资产和总资产，表面上看流动比率提高，资产负债率降低，从而可能误导信贷人员认为公司的偿债能力很强。此外，不计提存货跌价准备还会虚增利润，因为资产负债表中不计提这部分存货跌价准备，利润表中也不会减掉这部分资产减值损失。因此，传呼机的存货价值应按市价来列示，同时计提相应的存货跌价准备。而对于茅台酒这种成本价低而市价高的情况，根据会计原则，按照成本价来列示存货，因为成本价低，此时不需要计提存货跌价准备。这确保了存货在资产负债表中以较低的成本价值反映，而不会虚增公司的资产和利润。

存货在资产负债表中是按照成本价或净市价孰低法列示。信贷实践中，很多中小企业对于已经跌价的存货不计提存货跌价准备，这样做既美化了资产负债表，也美化了利润表，信贷人员在分析借款企业存货时要注意这一点。

②存货的计价方法

存货计价方法是一种会计账务处理方法。选择不同的存货计价方法将会导致不同的利润和存货价值，并对企业的税收负担、现金流量产生影响。存货计价方法有个别计价法、加权平均法、先进先出法。

A.个别计价法

个别计价法是以每次（批）收入存货的实际成本作为计算该次（批）发出存货成本的依据。即每次（批）存货发出成本=该次（批）存货发出数量×该次（批）存货实际收入的单位成本。

个别计价法是把每一种存货的实际成本作为计算发出存货成本和期末存货成本的基础，成本计算准确，符合实际情况，这种方法一般用于为特定项目专门购入或制造的存货，如古董、珠宝、名画等贵重物品。信贷人员在选择抵质押物时，一般来讲，不应该接受使用个别计价法的存货作为抵质押品，因为是特定的商品，价格不易确定且不易变现。

B.加权平均法

加权平均法是根据期初存货结余和本期收入存货的数量及进价成本，期末一次性计算存货的本月加权平均单价，以此作为计算本期发出存货成本和期末结存价值的单价，以求得本期发出存货成本和结存存货价值的一种方法。一些以大宗商品为原材料的存货，往往以加权平均法来计价，如钢材、煤炭、粮食等，这类加权平均法计价的大宗商品通常被选定为合适的抵质押品。

C.先进先出法

先进先出法是假定先收到的存货先发出或先收到的存货先耗用，并根据这种假定的存货流转次序对发出存货和期末存货进行计价的一种方法。在物价持续上升时，期末存货成本接近于市价，而发出成本偏低，会高估企业库存存货价值和当期利润；反之，会低估企业存货价值和当期利润。

信贷人员要关注借款企业前后期采用的存货计价方法是否一致，如不一致，注意借款企业有无通过不同的存货计价方法来调整财务报表的情况。

③存货的周转天数

存货周转天数是衡量公司存货管理效率的指标，通常用来评估企业的库存管理和运营效率。它是通过以下公式计算的：

存货周转天数=360/存货周转率=平均存货×360天/销售成本

=平均存货/平均日销售成本

存货周转率= 销售成本/平均存货

平均存货=（期初存货余额+期末存货余额）/2

其中，销售成本是一定时期内公司销售商品所发生的成本。

不同的企业由于所在行业的特点不同，存货周转天数也存在差异。一些企业的存货周转天数较长，如大型装备制造、造船等生产周期较长的企业；如供暖公司等因季节性因素而需仓储的企业；如服装店、眼镜店等需要有多个品种、多个型号的企业。而另外一些企业的存货周转天数较短甚至为零，如生鲜类企业由于保质期限制，存货周转天数就很短；如服务或代理企业，由于没有存货，其存货周转天数为零。

有的信贷人员认为存货周转天数高低可以反映公司存货管理的效率，较低的存货周转天数意味着更高的效率，减少库存持有成本和提高资金利用效率，因为存货更快地转化为了销售收入，但是，在没有搞清楚引起存货周转天数变动的原因之前，就下这样的结论，可能是错误的。

存货周转天数降低，一种可能是公司的产品供不应求，生产出来就卖掉，这当然是正面的，说明公司的存货更快地转化为了销售收入，资金利用率高。但是还有另一种可能，就是由于公司没有现金来购买原材料，而造成存货周转天数降低，这就是负面的，是公司的支付能力出现了问题。存货周转天数提高，一种可能是公司的产品积压，卖不出去，资金利用率下降，产品没有市场，这就是负面的，说明公司的竞争力差。但是还存在另外一种可能，即公司在原材料价格低点时进行大量的囤积，造成存货周转天数提高，这就是正面的，意味着公司将来会取得更大的利润。

信贷人员在分析存货周转天数时，要在行业背景下看其合理性，与行业均值比对看其是否正常，注意有的上游厂商过剩存货是通过转嫁给经销商来消化的，这种做法只是暂时掩盖了企业的销售困境，并不能从根本上解决产品滞销问题。

3）流动负债

流动负债是企业在一年内或一个营业周期内需要偿还的债务，包括短期借款、应付票据、应付账款、预收账款、其他应付款等。

（1）短期借款

短期借款是指企业为了满足正常生产经营的需要，向银行或其他金融机构等借入的期限在一年以下的各种借款。

因为比较容易识别，所以企业在短期借款科目上财务造假的情况较少，然而，信贷人员进行短期借款科目的分析时，仍然需要采取一系列审慎的措施，以确保贷款的安全性。

首先，信贷人员需要查看征信系统，重点关注以下几个方面：

①短期借款分布。分析短期借款的分布情况，确定借款用途和频率。这有助于了解借款企业的短期资金需求和借款行为的规律。

②各银行授信金额。查看借款企业在不同银行的授信额度以及已使用的额度。这有助于评估借款企业的信用状况和多头授信问题。确认短期借款余额是否合理，是否超过了借款企业实际生产经营所需的资金。过高的短期借款余额可能表明借款企业面临偿还压力。

③短期借款到期日。若到期日过于集中，则借款企业会出现较大的还款压力。

④短期借款利率水平。比较借款企业的贷款利率与市场上的普遍利率水平，通常情况下，借款企业的贷款利率低于市场上普遍的利率水平，说明借款企业资质较好或有充足抵押品，反之，则资质较差或为信用、保证担保贷款。

其次，信贷人员应合理测算借款人的营运资金需求，审慎确定借款人的流动资金授信总额以及具体贷款的额度。这需要考虑以下因素：

①资本实力。评估借款企业的净资产和财务稳定性，确保其具备偿债能力。

②经营规模。考虑借款企业的规模和经营历史，以了解其未来盈利潜力。

③现金流。确保借款金额与借款期限内产生的能用于还款的现金流相匹配，避免还款风险。

（2）应付票据

应付票据是指由出票人出票，并由承兑人承诺在一定时期内支付一定款项的书面证明。应付票据是在商品购销活动中由于采用商业汇票结算方式而发生的。商业汇票分为银行承兑汇票和商业承兑汇票，实际业务中银行承兑汇票较为普遍。

信贷人员在分析应付票据科目时，应关注票据金额和到期日，以评估企业的短期债务规模和还款压力，评估企业是否有足够的资金来清偿应付票据。还应了解票据具体交易背景，确保这些票据是因正常业务活动而产生，而非异常或高风险的交易。需要注意的是，有的企业将保证金剔除后的净敞口额度作为应付票据额度，同时减少货币资金，以此降低负债率。

（3）应付账款

应付账款是指企业因购买原材料、商品和接受劳务等经营活动应支付的款项。

①应付账款周转天数

应付账款周转天数用于衡量企业需要多长时间付清供应商的欠款。

应付账款周转天数的计算公式为：

应付账款周转天数=360/应付账款周转率

=平均应付账款×360天/销售成本

=平均应付账款/平均日销售成本

应付账款周转率=销售成本/平均应付账款

平均应付账款=（期初应付账款余额+期末应付账款余额）/2

关于应付账款周转天数的理解，确实需要更为细致地分析。有的信贷人员倾向于认为较长的应付账款周转天数是正面的，因为这意味着公司能够更长时间地使用供应商的资金来补充自身流动资金的不足，而无须依赖银行的短期借款。然而，未深入探究其变动原因便草率下结论可能是不妥当的。

当应付账款周转天数增加时，可能反映出企业在供应链中具有主导地位，凭借其强大的实力和良好的信誉，无须立即付款也能得到供应商的货物支持。但是，这种增加也可能是由于企业自身的支付能力出现问题，导致无法及时付款。

应付账款周转天数的减少可能意味着企业账上现金充裕，可以通过即时支付获得更优惠的价格。然而，也可能是由于上游供应商察觉到企业面临某些风险，不愿意赊账，从而导致应付账款周转天数缩短。在这种情况下，如果企业因此向银行申请流动资金贷款，信贷人员应该格外谨慎，以避免不必要的风险。

综上所述，应付账款周转天数的变化既可能是企业经营策略和市场地位的反映，也可能暗示了企业财务健康状况的变动。因此，在分析这一指标时，需要结合企业的具体情况，谨慎解读其背后的真实含义。

②分析应付账款

信贷实践中，信贷人员往往忽略对借款企业的应付账款进行分析，对于应付账款可以从以下几个方面进行分析：

第一，应付账款的结构。了解应付账款组成部分，例如上游供应商名称、合作历史、合同金额、商品品种等。

第二，评估业务关系的稳定性。了解借款企业与供应商之间的关系，包括是否有特殊协议、折扣或延期付款的安排。

第三，账龄分析。观察应付账款的账龄分布，了解欠款的时长，较长的账款可能表明企业支付能力存在一定问题。

第四，应付账款增减变动的合理性。通过计算应付账款对存货的比率、应付账款对流动负债的比率并与以前期间对比分析，来评价应付账款整体的合理性。通过存货、主营业务收入和主营业务成本的增减变动幅度，判断应付账款增减变动的合理性；重点关注应付账款的异常变化。如果企业的购货和销售状况没有发生很大的变化，而应付账款规模却增加，则表明企业支付能力、资产质量和利润质量可能在逐渐恶化。研究过去几年的财务报表，看企业应付账款的趋势，以评估企业的支付习惯和财务稳定性。将企业的应付账款与同行业其他企业进行比较，看其是否符合行业规律，了解是否处于合理范围内。

第五，分析应付账款对企业现金流的影响，是否有操纵应付账款来调整经营性现金净流量的情况。

（4）预收账款

预收账款是指在企业完成销售以前，向购货方预收的购货订金或部分货款，预收账款的释放会带来企业收入的增加，本期的预收账款直接对应着以后期间的收入。由于大多数中小企业在产业链中并不处于主导地位，所以有预收账款的企业并不多，除非处于卖方市场或特种行业。

信贷人员对于预收账款可以从以下几个方面进行分析：

①要查看借款企业预收账款明细，关注预收账款金额与合同约定是否相符，要在借款企业经营模式和与下游客户交易方式的背景下分析其合理性。

②预收账款与营业收入的比例应该是稳定的，如果忽高忽低，大幅波动，则预收账款造假的可能性较大。

③要注意是否存在与其他财务指标背离的情况。预收账款是反映一个公司产品的市场竞争力、行业景气度，以及经营是否回暖的重要指标，除了预收账款之外，毛利率、现金循环周期、存货周转率、应收账款周转率、主营业务收入、销售费用率等财务指标都是反映一个公司对下游客户的议价能力、产品竞争力以及行业景气度的重要指标，这些指标变动趋势应该一致，或者至少保持稳定。如果相关指标的变动出现严重背离，则要警惕财务造假。

④要注意预收账款、产成品存货双高。对于预收账款多，产成品存货也多的情况，推迟确认收入可能性较大。

⑤预收账款作为一种流动负债，一般账龄都在1年以内，如果预收账款中有很高比例1年以上账龄的，则预收账款造假概率大。

（5）其他应付款

其他应付款是企业在主营业务之外所产生的应付款项或暂时保管的其他单位或个人的资金。这类款项通常包括但不限于应付的租金（如租入固定资产和包装物的租金）、存入的保证金等。

由于其他应付款项与企业的核心业务活动并不直接相关，因此，其账面余额理应保持在一个合理的水平。如果发现其他应付款的余额异常高，这可能暗示企业存在占用关联方资金或进行民间借贷的情况。对于信贷人员来说，这是关注借款企业是否有民间借贷的一个信号。在评估企业财务状况和信贷风险时，对这类非常规的财务活动应给予足够的关注，审慎评估。

4）营运资金

营运资金是指企业用于日常经营活动的资金。它表示企业流动资产与流动负债之间的差额，是企业短期资金管理的重要指标。通常，营运资金反映了企业在短期内能够偿还短期债务和支持日常运营的能力。

(1) 营运资金的计算公式

营运资金=流动资产-流动负债

其中，流动资产包括货币资金、应收账款、存货等短期内能够转化为现金或现金等价物的资产。流动负债包括短期借款、应付账款等在短期内需要偿还的负债。营运资金的正值表示企业的流动资产超过了流动负债，表明企业具有一定的短期偿债能力和流动性。反之，负值表示企业的流动负债超过了流动资产，意味着企业可能面临短期资金压力。

(2) 营运资金的特点

营运资金作为企业日常经营活动中不可或缺的一部分，具有以下几个显著的特点：

①来源的多样性

营运资金的来源不仅涵盖流动资产中的各类项目，如现金、应收账款等，还包括流动负债中的各类项目，例如应付账款和短期借款等。这种来源的多样性为企业提供了灵活的资金调配方式。

②短期周转特性

营运资金通常在一年或一个完整的营运周期内周转，这意味着企业可以通过短期筹资途径来满足营运资金的需求，如短期贷款。

③数量的波动性

由于营运资金与企业的日常运营紧密关联，因此其数量会因经营活动的变化而产生较大波动。流动资产和流动负债的变动直接影响着营运资金的规模。

④易变现的非货币资产

一部分营运资金以非货币形态存在，如存货、应收账款和短期有价证券。这些资产通常具有较高的流动性，能够在短期内变现，对企业应对临时性资金需求具有重要作用。

综上所述，营运资金的灵活性、短期周转、数量波动及易变现特性，都是企业在资金管理和流动性规划中的关键因素，信贷人员要了解借款企业营运资金的特点，从而分析借款企业资金管理的能力，并评估借款企业的融资需求以及还款来源。

（3）营运资金的管理

营运资金等于流动资产减去流动负债后的余额，所以营运资金的管理既包括流动资产的管理，也包括流动负债的管理。良好的营运资金管理对企业来说至关重要，它确保了企业能够按时偿还债务、支付应付账款、保持足够的现金流、维持日常经营活动的稳定进行，同时也为企业财务提供了灵活性以应对市场变化和机遇。

请大家思考一个问题：最佳的营运资金管理是否就是没有应收账款和存货，以及获得最长的应付账款期限？

答案是：这种结论绝对化了。对于营运资金的分析，要在企业的行业背景下，结合企业的经营管理特点、运营周期、资金收付结算的特点来进行。比如，应收账款可能导致资金周转不畅，但同时也有利于扩大销售；企业的存货应与生产和销售相符，存货积压会占用过多资金，但企业在低点时囤积，也会创造更大的利润；企业通常无法制定与竞争对手不同的付款信用期，除非在市场上处于垄断地位，而付现将有利于降低成本。

为什么信贷人员要分析借款企业的营运资金？对于银行贷款来讲，为了更好地管控信贷风险，就要向流动资金管理好的企业授信，而通过了解营运资金可以判断企业流动资金管理的好坏。

（4）如何评估一家企业占用上下游资金的能力

信贷人员评估一家借款企业占用上下游资金的能力，可以使用下面的公式：

［（应付票据+应付账款+预收账款）－（应收票据+应收账款+预付账款）］/营业收入

该比值越大，表明企业对上下游话语权越强，占用上下游企业资金越多，但也可能表明企业货币资金紧张，严重失信，拖欠货款；比值越小，表明企业产品是大路货，上下游话语权不强，占用上下游企业的资金越少，但也可能是企业货币资金宽裕，商业道德高尚。

应付款比率=平均应付款（应付票据+应付账款）余额/营业成本

该比率可以作横向或纵向对比分析，分析企业占用上游企业资金的状况。

预收款比率=平均预收款余额/营业收入

该比率可以作横向或纵向对比分析，分析企业占用下游企业资金的状况。

5）非流动资产

非流动资产是指不能在1年或者超过1年的一个营业周期内变现或者耗用的资产。它主要包括长期应收款、长期股权投资、投资性房地产、固定资产、在建工程、无形资产、长期待摊费用等。对于中小企业来讲，长期股权投资、固定资产、在建工程、无形资产、长期待摊费用等科目涉及较为普遍，信贷人员需要特别加以关注。

（1）长期股权投资

长期股权投资是指企业为获取经济利益，通过投资取得被投资单位的股份。长期股权投资通常具有投资大、期限长、风险大以及能为企业带来较大的利益等特点。企业长期股权投资可以通过在证券市场上购买其他企业的股票，以成为被投资企业的股东来实现；也可以以直接投资其他企业，从而成为被投资企业的股东。

当信贷人员对借款企业的长期股权投资进行分析时，有几个关键点需要关注：

首先，如果企业的长期股权投资是为了获得显著的经济利益，并且目标是其产业链中的上游原材料供应商或下游客户，这样的投资通常可以被视为正常且有战略意义的，这种投资有助于企业加强供应链的整合或扩大市场份额。然而，需要注意的是，即使是这种看似稳健的投资也可能伴随着风险。如果被投资企业的经营出现问题，或者陷入破产清算，借款企业也将面临投资损失的风险。因此，对被投资企业的财务状况和市场表现的持续监控是必要的。

其次，信贷人员如发现企业投资于股票、期货等高风险领域，在考虑贷款时应特别谨慎甚至不予贷款准入。因为这类投资的不确定性和波动性很高，可能对企业的财务稳定性构成重大威胁。

再次，对于以实物形态进行的长期股权投资，信贷人员应仔细分析相关资产的估价真实性。这是因为实物资产的估值可能受到多种因素的影响，存在被高估或低估的可能性。

最后，关注长期股权投资的资金来源，借款企业长期股权投资的资金应来源于自有资金，而不是银行贷款，信贷人员要结合借款企业的所有者权益和自由现金流来分析长期股权投资资金来源。

综上所述，信贷人员在审视借款企业的长期股权投资时，应综合考量其投资目的、被投资企业的状况、投资资金来源、投资领域的风险，以及资产估值的准确性，以便做出恰当的信贷决策。

（2）固定资产

固定资产是指企业拥有并且打算在未来使用、期限超过1年的物质资产，这些资产包括但不限于房屋、建筑物、机器、机械、运输工具，以及与生产和经营相关的其他设备、器具和工具等。这些资产通常用于支持企业的运营活动，而不是立即转售。

固定资产在企业的资产负债表中按照其原始成本减去折旧后的净值来列示。固定资产在企业运营中起着关键作用，因为它们支持了生产和服务的连续性，同时也影响企业的财务状况和税务计划。

①固定资产计价方法

A.按原始成本计价

原始成本是指企业购建某项固定资产达到可使用状态前所发生的一切合理、必要的支出，是实际发生并有支付凭据的支出，具有客观性和可验证性，是固定资产的基本计价标准。但是，当经济环境和社会物价水平发生变化时，它不能反映固定资产的真实价值。

案例6.5：这笔固定资产的成本是多少？

（1）设备的发票价格为2 000万元，进口关税为200万元，运输费为20万元，调试安装费为30万元，保险费为10万元，这笔固定资产的成本是多少？

A.2 000万元　　B.2 200万元　　C. 2 260万元

答案选C，因为发票价格、进口关税、运输费、调试安装费、保险费共同构成这笔固定资产达到可使用状态前所发生的一切合理、必要的支出。

（2）航运公司在运输途中损坏了设备的某些零件，设备的购买方必须为修理这些损坏的零件支付额外的费用20万元，那么这笔固定资产的成本是多少？

A.2 260万元　　B.2 280万元

答案选A，因为固定资产的价格不包括非正常费用。

B.按重置完全价值计价

重置完全价值就是对固定资产进行重估，按目前市场价格重新购建同样的固定资产所需要的全部支出。银行对于抵押物的评估实质上便属于这种情况。

信贷人员需要注意的是，固定资产进行重估，只影响资产负债表，并不影响现金流量表。

案例6.6：固定资产重估增值并没有增强企业的还款能力

10年前某企业投入100万元购买一处房产，10年后计提折旧50万元，净值50万元，企业进行重估，重估后的价值是140万元。

这种重估会造成企业的资产负债表发生改变，资产增加了90万元，同时所有者权益中的资本公积增加了90万元，从而造成企业的资产负债率下降，表面上看来，企业的偿债能力增强了，但是这样做并没有使企业的现金流发生改变，并没有90万元的现金流入，而企业偿还贷款是要用现金来偿还的，所以说，本质上重估增值并没有增强企业的还款能力，只是一种调节报表的方法而已。除非在企业清盘时才会起作用，否则意义不大。

信贷实践中，有的企业通过固定资产的重估来操纵资产负债率，信贷人员在发现这种做法时，要特别注意。

与固定资产进行重估不同，固定资产的大修理（技术改造），既会影响资产负债表，也会影响现金流量表。

案例6.7：固定资产的大修理（技术改造）对财务报表的影响

企业设备原值为1 000万元，残值为200万元，使用寿命为5年，3年后计提折旧480万元，净值520万元，企业又投入500万元大修，使用年限上升至8年，账面价值变为1 020万元。

这种情况会使企业资产负债表中的固定资产增加500万元，在正常情况下，货币资金同时减少500万元，或长期贷款增加500万元，或实收资本增加500万元。在非正常情况下，可能会体现流动资金贷款增加500万元，那么就是企业的短贷长用。对现金流也会造成影响，投资活动的现金流流出，筹资活动的现金流流入。

C.按净值计价

净值是指固定资产原始成本或重置完全价值减去已提折旧后的净额。它可以反映企业实际占用固定资产的数额和固定资产的新旧程度。

②折旧

折旧是指企业在生产经营过程中使用的固定资产因其损耗导致价值减少，仅余一定残值，其原值与残值差额在其使用年限内分摊。这里需要注意的是，折旧只是一种记账方法，只是固定资产的备抵科目，并没有实体资金从企业流出，所以折旧不会对税前现金流量造成影响，但是折旧会使企业的利润发生改变，利润变动会使所得税变动，所以折旧会对税后现金流量造成影响。折旧对资产负债表和利润表均产生影响。

折旧方法有三种：

A.平均年限法

平均年限法又称为直线法，是将固定资产的折旧均衡地分摊到各期的一种方法。采用这种方法计算的每期折旧额均是等额的。现行企业大多是使用平均年限法。其计算公式为：

年折旧率=（1-预计净利残值率）/预计使用年限×100%

年折旧额=固定资产原价×年折旧率

月折旧率=年折旧率÷12

月折旧额=固定资产原价×月折旧率

案例6.8：平均年限法计算

设备原价为100万元，残值率为20%，预计使用年限为5年，年折旧额是多少？

年折旧率=（1-20%）/5×100%=16%

年折旧额=100×16%=16（万元）

B.工作量法

工作量法是根据实际工作量计提折旧额的一种方法。这种方法可以弥补平均年限法只重使用时间不考虑使用强度的缺点，其计算公式为：

每一工作量折旧额=固定资产原价×（1-残值率）/预计总工作量

某项固定资产月折旧额=该项固定资产当月工作量×每一工作量折旧额

案例6.9：工作量法计算

设备原价为100万元，残值率为20%，预计总工作量为50万件，本月产量为5 000件，本月折旧额是多少？

每一工作量折旧额=100×（1-20%）/50=1.6（元）

本月折旧额=5 000×1.6=8 000（元）

C.加速折旧法

加速折旧法是在固定资产有效使用年限的前期多提折旧，后期少提折旧，从而相对加快折旧的速度，以使固定资产成本在有效使用年限中加快得到补偿。

常用的加速折旧法有两种：

a.双倍余额递减法

双倍余额递减法是指在不考虑固定资产预计净残值的情况下，根据每期期初固定资产原价减去累计折旧后的金额和双倍的直线法折旧率计算固定资产折旧的一种方法。其计算公式为：

年折旧率=2/预计的折旧年限×100%

月折旧率=年折旧率÷12

月折旧额=固定资产账面净值×月折旧率

企业应在其折旧年限到期前两年内，将固定资产净值扣除预计净残值后的余额平均摊销。

案例6.10：双倍余额递减法计算

设备原价为200 000元，预计使用年限为5年，预计净残值为10 000元，每年应计提的折旧额是多少？

年折旧率=2/5×100%=40%

第1年折旧额=200 000× 40%=80 000（元）

第2年折旧额=（200 000−80 000）× 40%=48 000（元）

第3年折旧额=（200 000−80 000−48 000）× 40%=28 800（元）

第4年和第5年折旧额=（200 000−80 000−48 000−28 800−10 000）÷2
=16 600（元）

b.年数总和法

年数总和法是将固定资产的原值减去净残值后的净额和以一个逐年递减的分数计算每年的折旧额，这个分数的分子代表固定资产尚可使用的年数，分母代表使用年数的逐年数字总和。其计算公式为：

年折旧率=尚可使用年限/预计使用年限折数总和

月折旧率=年折旧率÷12

月折旧额=（固定资产原值−预计净残值）×月折旧率

案例6.11：年数总和法计算

设备原价为20万元，预计使用4年，残值率为5%，采用年数总和法计提折旧，每年计提的折旧额是多少？

年数总和=1+2+3+4=10，残值=20×5%=1（万元）

第1年折旧额=（20−1）×4/10=7.6（万元）

第2年折旧额=（20−1）×3/10=5.7（万元）

第3年折旧额=（20−1）×2/10=3.8（万元）

第4年折旧额=（20−1）×1/10=1.9（万元）

固定资产折旧方法一经确定不得随意变更。企业应当根据与固定资产有关的经济利益的预期消耗方式，合理选择固定资产折旧方法。固定资产应当按月计提折旧，当月增加的固定资产，当月不计提折旧，从下月起计提折旧；当月减少的固定资产，当月仍计提折旧，从下月起不计提折旧。

信贷实践中，信贷人员要注意借款企业有没有通过延长固定资产使用年限、改变折旧方法等手段来操纵折旧，从而美化利润表的情况。

③固定资产减值

固定资产减值是指由固定资产发生损坏、技术陈旧或者其他经济原因，导致其可收回金额低于其账面价值。如果固定资产的可收回金额低于其账面价值，应当按可收回金额低于其账面价值的差额计提减值准备，并计入当期损益。如果不计提固定资产减值准备，本质上是虚增了固定资产，也就虚增了总资产，那么资产负债率就会降低，从表面上看，偿债能力就会增强。

如果不计提固定资产减值准备，利润表中就不会减掉资产减值损失，实质上是虚增了利润。由于设备的更新换代速度比较快，很多设备实际上的可收回金额往往低于其账面价值。信贷实践中，中小企业计提固定资产减值准备的比较少，这一点信贷人员要加以关注，尤其是以机器设备作为抵押品时。

④固定资产审查重点

从银行信贷的角度，对于借款企业的固定资产应该重点审查以下几个方面：

A.规模结构分析

信贷人员要了解借款企业的固定资产明细，知道报表上体现的固定资产都是什么，分析固定资产结构是否合理。企业的固定资产可以细分为两种：

一种是与生产经营紧密相关的，即核心资产，比如房产、设备、运输车辆等。对于这类固定资产，要在行业背景下分析其规模是否合理。一般来说，生产型企业、技术密集型企业固定资产价值比重较高，如果过低，有可能缺乏竞争力；贸易型企业、劳动密集型企业固定资产价值比重较低，如果过高，有可能出现资产闲置、浪费。还要关注其设备配置与经营规模是否适应，设备专业性如何，设备是否已落后，固定资产变现能力如何。

另一种是与生产经营非紧密相关的，即非核心资产，比如豪华的办公场地、豪车等，这类固定资产如果占比过大，并不能为企业带来竞争力的提高，通常说明企业的财务纪律不好。

另外，信贷人员要关注借款企业固定资产产权是否明晰，固定资产账面价值与实际购买价值是否相符，固定资产评估入账的依据是否充分，固定资产评估价值是否过高。

B.债务结构分析

信贷人员要分析企业固定资产的资金来源是否合理，是否存在短贷长用、资金使用期限错配的情况，如果存在，则风险较大，很多企业发生不良，都是短期资金被挪用到固定资产投资中造成的。同时，还要注意固定资产是否已在他行或第三方抵押。

案例6.12：通过下面这张资产负债表，你能发现什么问题？

资产负债表

流动资产	短期负债
1 000万元	短期贷款2 000万元
固定资产	长期负债
5 000万元	长期贷款2 000万元
	所有者权益2 000万元

资产负债表中体现了该企业的固定资产余额是5 000万元，也就是长期的资金占用是5 000万元，而长期资金来源只有4 000万元（其中长期贷款2 000万元，所有者权益是2 000万元），那么差额部分的1 000万元，从哪里来？就是短期借款的2 000万元中有1 000万元被挪用到了固定资产。

C.固定资产折旧与减值分析

信贷人员分析固定资产折旧与减值，要特别关注固定资产折旧方法是否符合财务制度规定，是否存在通过折旧来调整利润，已经过时的机器设备，是否计提资产减值准备。

D.固定资产投资合理性分析

信贷人员需要分析借款企业固定资产投资的背景，这笔投资是在经济过热的背景下进行的，还是在正常的市场环境下进行的。此外，重要的是要考虑投资是否是出于生产经营扩张的需求，这有助于理解投资决策的动因和其背后的市场逻辑。另一个重要的评估指标是固定资产的盈利能力，需要分析这些投资是否能带来持续的收益，以及这些收益是否符合企业的长期财务目标，这包括对未来收益的预测以及投资回报率的计算。

信贷人员需要注意的是固定资产规模大、流动性差的企业。一些中小民营企业老板贪大求全，喜欢把企业从单一业务变成多元化经营，喜欢购置土地、开发房产，形成庞大的固定资产，使企业看起来更光鲜亮丽，要知道，企业的利润直接来源于流动资产的“流动”而不是固定资产的“折旧”，因此，对于那种资产规模很大、流动性却很差的企业，要特别小心。

（3）在建工程

在建工程是指企业资产的新建、改建、扩建，或技术改造、设备更新和大修理工程等尚未完工的工程支出。

信贷人员在分析借款企业的在建工程科目时，需要评估在建工程项目的可行性，包括市场需求、资金回收期、预期收益等因素。确保在建工程符合国家的法律、法规要求，避免潜在的法律风险。研究在建工程的进度安排和计划，确保项目按时完成，并了解项目阶段性的资金需求。检查在建工程用途是否与批复一致，了解在建工程的资金来源情况，有无短贷长用，有无拖欠承包人的建筑工程价款等其他法定优先受偿款。

需要特别留意的是，如果借款企业在建工程长期不转入固定资产，就无须计提折旧，存在虚增利润的可能性。

（4）无形资产

无形资产是指企业所拥有或控制的、无实物形态且使用年限超过一年的非货币性资产。这类资产虽然无形，但对企业的价值和盈利能力有着重要影响。常见的无形资产包括专利权、商标权、著作权、土地使用权、特许权、租赁权等。

①摊销

摊销，是指除固定资产之外，其他可以长期使用的经营性资产（如无形资产），按照其使用年限，每年分摊购置成本的会计处理办法。这种做法在本质上与固定资产的折旧处理相似。摊销本质上是一种记账方法，是无形资产等非固定资产的备抵项目，并没有实体资金从企业流出，因此它不会直接影响税前的现金流量。然而，摊销会影响企业的利润，进而影响所得税税额，间接地对税后现金流量产生影响。

②分析无形资产

信贷人员分析借款企业的无形资产时，首先需要确保这些无形资产的法律地位是明确无疑的，这包括了解相关知识产权的注册情况、有效期限以及它们在市场竞争中的地位，以此来评估这些资产对企业战略的重要性。其次，信贷人员需要对无形资产的评估价值进行仔细审核，确保其准确性。此外，若企业的无形资产出现不正常增加或数额异常巨大，信贷人员应进行深入分析，以确认是否存在对无形资产虚增的情况。在分析过程中，还需识别和评估可能对无形资产价值产生负面影响的风险，例如技术的过时、法规的变更或市场需求的下降。

对于那些以创新为核心的企业，比如科技公司，特别需要关注其无形资产是否包含了先进技术、专有软件或独特的商业模式，这些都是判断其竞争力的关键因素。

信贷人员需要特别注意的是，中小企业资产负债表中的无形资产金额不应该很大，如果金额过大，很可能是土地使用权，需要进一步核实，因为借款企业有可能购买了土地，准备新建项目，从而产生贷款需求。对于那些以土地使用权作为主要无形资产的借款企业，信贷人员应该详细了解土地的性质、用途、权属和评估价值等关键因素。在必要时，应要求企业提供土地证、建设工程规划许可证等相关文件，以确认土地使用权的合法性。同时，还需分析土地使用权是否拥有相匹配的长期资金来源，以确保资金的稳健运用和风险控制。

（5）长期待摊费用

长期待摊费用是指企业已经支出，但摊销期限在1年以上（不含1年）的各项费用，包括开办费、租入固定资产的改良支出及摊销期在1年以上的固定资产大修理支出、股票发行费用等。应由本期负担的借款利息、租金等，不得作为长期待摊费用。长期待摊费用在资产负债表非流动资产下体现，但是长期待摊费用的最终归属是利润表中的各项费用，根据摊销期限，分期摊销到利润表。

长期待摊费用摊销期限的规定如下：已足额提取折旧的固定资产的改建支出，按照固定资产预计尚可使用年限分期摊销。租入固定资产的改建支出，按照合同约定的剩余租赁期限分期摊销。固定资产的大修理支出，按照固定资产尚可使用年限分期摊销。

信贷人员在分析借款企业的长期待摊费用时应重点分析费用的合理性，确保这些费用是合法合规并符合会计准则的，防止借款企业利用此科目进行财务造假，比如将本应列支为本期费用的利润表项目反映为长期待摊费用的资产负债表项目；有的企业将销售费用、管理费用和财务费用长期“挂账”于长期待摊费用科目，高估企业利润；审查借款企业的长期待摊费用项目，确认费用数额是否合理；了解长期待摊费用的摊销期限；评估长期待摊费用对企业财务状况的影响，包括对利润、资产负债表和现金流量表的潜在影响。

6）长期负债

长期负债是指偿还期限超过一年或超过一个营业周期的债务，通常包括长期借款、应付债券（由于中小企业很少发生，本书不作阐述）和长期应付款等。与流动负债相比，长期负债的显著特点在于其较大的金额和更长的偿还期限。长期负债的规模和性质直接关系到企业的财务灵活性和风险承担能力，对企业的资金结构和财务稳定性有着重要影响。

对于中小企业来说，由于获取长期资金的难度较大，这些企业往往面临着长期负债较少的情况。

（1）长期借款

长期借款是指企业从银行或其他金融机构获取的、期限超过一年（不包括一年）或超过一个营业周期的借款。这类借款通常用于具体的长期投资目的，如固定资产的购置、固定资产大修理以及固定资产的改造或扩建工程。

信贷人员在分析企业的长期借款时，第一，需要深入了解企业历史上长期借款的具体用途、金额及借款条件。这包括详细审查借款的利率、还款期限和还款计划等，这样做旨在全面评估企业的还款能力和债务管理效率。第二，信贷人员应分析企业整体的债务结构，比如长期借款在总债务中所占的比例，这有助于理解企业的偿债能力和财务稳定性。第三，信贷人员需要考虑利率变动对企业的影响，特别是在固定利率和浮动利率之间进行比较，这有助于评估企业对利率风险的敏感程度和债务成本负担。第四，利用财务指标，如利息保障比率和负债比率，来评估企业偿债能力，确保企业有足够的盈利能力来应对长期借款的还款要求。第五，将企业的长期借款情况与行业平均水平进行比较，可以帮助信贷人员判断企业长期借款水平是否合理。

（2）长期应付款

长期应付款是指除了长期借款和应付债券以外的其他多种长期的应付款项，包括应付融资租入固定资产的租赁费和以分期付款方式购入固定资产发生的应付款项。

信贷人员在分析借款企业的长期应付款科目时要确认长期应付款的性质，如融资租赁、长期供应商贷款等，详细审查还款条件，包括利率、还款期限、还款计划等，以评估企业的还款能力和债务管理水平及对利润、现金流和资产负债表的潜在影响。

7）或有负债

或有负债是指企业过去的交易或者事项形成的潜在义务，其存在须通过未来不确定事项的发生或不发生予以证实，或过去的交易或者事项形成的现时义务，履行该义务不是很可能导致经济利益流出企业或该义务的金额不能可靠地计量。或有负债属于或有事项，是过去的交易或事项形成的一种状况。或有负债属于表外业务，在财务报表附注里披露。或有负债包括已贴现商业承兑汇票形成的或有负债、未决诉讼和仲裁形成的或有负债以及为其他企业提供的债务担保形成的或有负债。对于中小企业而言，常见的是对外担保。

信贷人员在分析借款企业或有负债时需要注意：清楚或有负债形成的原因和或有负债什么条件下会转为真实负债以及预计会产生的财务影响；要特别重视借款企业的对外担保情况，了解对外担保的金额、对象、风险度以及对外担保是以什么资产作反担保。

8）民间融资

民间融资指的是出资人与受资人之间在国家法定金融机构之外，以取得资金使用权并支付约定利息为目的而采用民间借款等形式，暂时改变资金使用权的金融行为。正常的企业间商业信用不在此范畴，但是不排除以商业行为为包装而实质为民间融资的情况。

有些中小企业目前或曾经有民间融资，不可否认的是民间融资增强了企业的财务弹性，从民间融资的企业也并不都是经营不好的企业，有一些经营好的企业也会从民间融资。比如，一家年销售收入1亿元的企业，它有2 000万元的银行贷款，该笔贷款的到期日是11月30日，那么它为了偿还该笔贷款，也许从9月份开始就要有意识地来筹集资金，可能9月份以来的一些新的订单就不能接，这样就会对其经营造成影响。而有了民间融资后，该企业就不用从9月份开始筹集资金，在贷款到期前的一两天，民间融资会将2 000万元借给它用于还贷，其日常的经营就不会受影响。贷款偿还后的几天内，银行再次贷给它，然后企业用新的贷款来偿还民间融资。表面上看民间借贷的利率较高，但是由于借款时间短，企业所支付的利息总额相较于丧失的商业机会而言并不大，所以经营好的企业也会存在从民间融资的愿望，因为这样增加了企业的财务弹性，所谓的“过桥资金”，就是这个道理。

民间融资更适于企业短期使用，目的是短时间内补充流动性，如果企业资金使用错配，将民间融资用于长期投资，由于借款的利息较高，这样做是很危险的。同样，一些经营不善的企业，借入民间融资后，如果不能及时扭转经营窘境，也会加速其破产。

9）所有者权益

所有者权益，也被称为股东权益，是指在企业的资产总额中扣除所有负债后剩余的权益部分，归企业所有者或股东所有。所有者权益的主要构成包括实收资本（或称为股本）、资本公积、盈余公积以及未分配利润。

（1）实收资本

实收资本是指企业各投资者实际投入的资本（或股本）总额，包括货币、实物、无形资产等各种形式的投入。实收资本在一般情况下无须偿还，可以长期周转使用。

信贷人员要重点分析实收资本的真实性以及是否有抽逃资本金的情况。对于货币出资，除了看进账单和验资证明外，最根本的方法是要了解实际出资人的成长经历，以便了解出资人（尤其是大股东）的财富积累过程，从而判断其是否具备实收资本金额的出资能力，如果不具备，那么实收资本就有可能是借来的，而借来的钱是要还的，就会抽逃实收资本。而实收资本是一家企业收到的第一笔资金，如果这部分是假的，则意味着该企业在存续期间所有的财务报表都是假的。对于实物出资或无形资产出资，重点要分析评估入账的价格是否公允，是否存在虚高的情况。

另外，信贷人员还要留意股东以个人负债形式筹集资金对企业出资。比如大股东以个人名义从银行贷款1 000万元，然后用这1 000万元作为资本金，出资成立公司，其本质也是负债，所以从信贷审慎的原则出发，由于大多数中小民营企业并没有严格意义上的公司治理，所以对其资产负债分析时，要将企业和企业主的资产负债情况一并考虑，不可以分割。

（2）资本公积

资本公积是指企业非营业利润所增加的净资产，包括接受捐赠、资产重估增值、资本汇率折算差额和资本溢价所得。接受捐赠是指企业因接受其他部门或个人的现金或实物等捐赠而增加的资本公积；资产重估增值是指企业因分立、合并、变更和投资时资产评估得出的或者合同、协议约定的资产价值与原账面净值的差额；资本汇率折算差额是指企业收到外币投资时，由于汇率变动而发生的汇兑差额；资本溢价所得是指投资人缴付的出资额超出其认缴资本金的差额，包括股份有限公司发行股票的溢价、净收入及可转换债券转换为股本的溢价净收入等。

在信贷实践中，有一些中小企业会通过资产重估增值来提高资本公积，增加所有者权益，从而降低资产负债率，这样，表面上看其偿债能力很强，但实质上是没有什么意义的，因为虽然资产负债率降低了，但是并没有资金流入企业，而还款是要用真金白银来还的。所以，信贷人员要注意借款企业资产项目以成本列示还是以市价列示。

案例6.13：一样的固定资产，不一样的资本公积

甲公司和乙公司都在10年前花100万元购置了房产，甲公司现在对所购房产进行了重估，重估的价格是500万元，而乙公司没有对所购房产重估，还是按照10年前的成本价100万元来列示。那么在资产负债表

上，就会体现出甲公司资本公积增加400万元，所有者权益比乙公司多出400万元的情况。

（3）盈余公积

盈余公积是指企业从税后净利润中提取形成的，留存于企业内部的，具有特定用途的收益积累。盈余公积可用于弥补企业亏损，也可按法定程序转增资本金。企业按照税后利润的5%~10%的比例提取盈余公积。盈余公积与未分配利润一起，构成了留存收益，这反映了企业经营活动中的资本增值。

例如，某公司税后净利润为1 000万元，根据规定，该公司决定从其净利润中提取5%作为盈余公积，即提取50万元，这笔钱可以被留存用于未来可能出现的亏损情况，或者在满足特定条件时转化为公司的增资。

通过这样的财务策略，公司不仅能够增强其财务安全性，还能为未来的发展计划提供资金支持，从而保持在市场中的竞争力和可持续发展能力。

（4）未分配利润

未分配利润是指企业实现的净利润经过弥补亏损、提取盈余公积和向投资者分配利润后留存在企业的历年结存的利润，也就是企业未作分配的利润，它也是留存收益的组成部分。

信贷人员要重点分析未分配利润的真实性，对于未分配利润数额较大的企业，要了解其原因，看是否存在因现金流不足而未分配的情况。若是此原因，那么未分配利润只是纸上富贵。更有甚者，由于银行只是要求借款企业提供三期的财务报表，并不审查之前的财务数据，因此有的企业就将三期之前的未分配利润直接造假，做得畸高，这样在三期的财报上就显示所有者权益很大，降低了资产负债率。

6.7.2 经营状况——解读利润表

1）利润表表达了什么？

如果说资产负债表是给企业拍了一张照片，反映某一时点企业的财务状况，那么利润表就是给企业拍了一段视频，反映企业一定会计期间经营活动的成果。利润表可以反映企业在一定会计期间的收入、费用、利润的金额和构成情况，用于分析企业的获利能力及盈利增长趋势，能够为经济决策提供依据。

表6-1 **利润表**

利润表（适用于执行小企业会计准则的企业）

纳税人识别号： 会小企02表

纳税人名称： 日期：2020年12月31日 单位：元

项目	行次	本年累计金额	上年金额
一、营业收入	1	0.00	0.00
减：营业成本	2	0.00	0.00
税金及附加	3	0.00	0.00
其中：消费税	4	0.00	0.00
营业税	5	0.00	0.00
城市维护建设税	6	0.00	0.00
资源税	7	0.00	0.00
土地增值税	8	0.00	0.00
城镇土地使用税、房产税、车船税、印花税	9	0.00	0.00
教育费附加、矿产资源补偿费	10	0.00	0.00
销售费用	11	0.00	0.00
其中：商品维修费	12	0.00	0.00
广告费和业务宣传费	13	0.00	0.00
管理费用	14	0.00	0.00
其中：开办费	15	0.00	0.00
业务招待费	16	0.00	0.00
研究费用	17	0.00	0.00
财务费用	18	0.00	0.00
其中：利息费用（收入以“-”号填列）	19	0.00	0.00
加：投资收益（损失以“-”号填列）	20	0.00	0.00

续表

项目	行次	本年累计金额	上年金额
二、营业利润（亏损以“-”号填列）	21	0.00	0.00
加：营业外收入	22	0.00	0.00
其中：政府补助	23	0.00	0.00
减：营业外支出	24	0.00	0.00
其中：坏账损失	25	0.00	0.00
无法收回的长期债券投资损失	26	0.00	0.00
无法收回的长期股权投资损失	27	0.00	0.00
自然灾害等不可抗力因素造成的损失	28	0.00	0.00
税收滞纳金	29	0.00	0.00
三、利润总额（亏损总额以“-”号填列）	30		
减：所得税费用	31		
四、净利润（净亏损以“-”号填列）	32		

如表6-1所示，企业的利润分为三个层次：营业利润、利润总额、净利润。

（1）营业利润

营业利润=营业收入-营业成本-税金及附加-销售费用-管理费用-财务费用+投资收益

营业利润是企业最基本的经营活动的成果，也是企业在一定时期内获得的利润中最主要、最稳定、最可持续的利润，是企业的核心利润。营业利润的可持续性主要取决于营业收入、营业成本。

（2）利润总额

利润总额=营业利润+营业外收入-营业外支出

信贷人员需要特别注意，如果借款企业利润总额主要来自营业外收入，那么这些利润通常不具备持续性，需要评估这些营业外利润的来源和可持续性。如果核心业务亏损或盈利能力弱，依靠营业外利润来维持利润总额可能不是一个健康的经营模式。

（3）净利润

净利润=利润总额-所得税费用

净利润反映了企业最终的盈利能力，所得税的多少反映了企业的经营状况，也能够进一步验证盈利的真实性。

2）营业收入

营业收入是企业在生产经营活动中，因销售产品或提供劳务而取得的各项收入。营业收入是企业经营活动现金流量的来源，是评价该企业市场规模、竞争力、盈利能力的重要指标。营业收入应与企业的规模正相关，如流动资产、固定资产等。营业收入的确认，应当在企业履行了合同中的义务，即客户取得相关商品或服务控制权时确认，表现在：主要风险和报酬转移给购货方，企业既没有保留通常与所有权相联系的继续管理权，也没有对售出的商品实施控制；与交易相关的经济利益能够流入企业；相关的收入和成本能够可靠地计量。

信贷人员要知道营业收入只是权责发生制下的一种记账方法，营业收入增加，并不一定现金就增加，也可能是应收账款的增加。如案例5.1中的D公司由于对下游一直是赊销，所以随着营业收入的增加，应收账款同时增加，现金不是越来越多，反而是越来越少。有相当多的客户经理在调查报告中表述借款企业的还款来源是营业收入，这是不准确的。

信贷人员可以从这几个方面重点关注借款企业营业收入：首先，分析营业收入的真实性，信贷人员可以将本期营业收入与上期比较，分析产品销售的结构和价格变动是否异常，是否存在造假，比如在不符合营业收入确认条件的时候就将其确认为营业收入；其次，如果营业收入主要来源于关联企业，存在通过关联交易来操纵营业收入的可能性；最后，营业收入是否符合企业的经营规律，如季节性、周期性等。

3）营业成本

营业成本是指企业在销售商品或提供服务过程中所发生的成本。这一指标是评估产品毛利率的关键基础，需要与企业通过销售商品或提供服务所获得的收入相对应。在分析时，信贷人员需注意某些企业可能会通过推迟确认营业成本的方式来人为调整其利润。

比如，一家企业在一个财务周期内生产并销售了一批商品，正常情况下，这批商品的生产成本应当在同一财务周期内与销售收入一并计入，然而，为了在财报中呈现更高的利润，该企业可能会选择在下一个财务周期才将这些成本计入，从而在当前周期内展示出较低的营业成本和较高的利润。这种做法可以使利润表更好看，但违反会计原则，因此，信贷人员在评估企业的财务状况时，必须仔细分析其营业成本的计算方法和时点，确保利润表的真实性。

4）销售费用、管理费用、财务费用

销售费用是指企业在销售产品或提供服务过程中发生的各项费用，比如销售人员的工资以及销售过程中发生的运输费、包装费、保险费以及广告费等；管理费用是指企业行政管理部门为组织和管理生产经营活动而发生的各种费用，比如管理部门发生的所有费用、工资和各种报销等；财务费用是指企业发生的各类财务费用，主要是借钱发生的利息费用。

销售费用、管理费用、财务费用俗称“三费”，同属期间费用，在发生当期就计入当期损益，结转后该项目应无余额，对应资产负债表就是现金的减少。信贷人员要注意借款企业通过虚减或虚增费用来操纵利润。

5）营业外收支

营业外收支，是指与生产经营过程无直接关系的各项收入和支出，包括营业外收入和营业外支出。营业外收入是指与企业日常营业活动没有直接关系的各项收入，包括固定资产处置利得和无形资产出售利得、非货币性资产交换利得、债务重组利得、企业合并损益和政府补贴等项目。营业外收入通常不稳定、不具备可持续性。营业外支出是指与企业日常营业活动没有直接关系的各项支出，如罚款支出、捐赠支出、非常损失等。

营业外收支通常源自企业的非日常经营活动，有一定的灵活处理空间。鉴于此，信贷人员应特别关注这些收支在利润中的占比和变化趋势，仔细阅读财务报表附注，了解营业外收入和支出的具体内容和来源，这有助于全面了解营业外利润的构成和影响，因为企业可能通过调整营业外收支来操纵财务数据。

6）企业所得税

企业所得税是指国家对企业（包括公司、合伙企业等）生产经营所得和其他所得征收的税种，主要征收企业生产经营活动及其他相关活动产生的收益，包括通过销售商品、提供服务、财产转让、权益性投资、收取利息和租金、特许权使用费的收入，以及接受捐赠和其他各类所得。此税种的目的是对企业的各种经济收入进行合理的税收征管。

计算应纳所得税额的公式为：

应纳所得税额=应纳税所得额×适用税率

应纳税所得额=总收入-成本-费用-税前扣除

企业所得税对企业的财务和运营有重要影响，信贷人员分析企业所得税时需关注以下方面：

税收成本：企业所得税作为企业的一项成本，直接影响净利润。

税收筹划：企业可以通过合理的税收筹划，合法减少应纳税额。例如，选择适当的折旧方法、研发费用加计扣除、享受区域性税收优惠等。

现金流：企业所得税的预缴和缴纳对企业的现金流管理提出了要求，企业需要确保有足够的现金支付税款。

信贷人员在对所得税进行分析时，要将财务报表与所得税申报资料相结合，通过企业实际缴纳的所得税除以税率，反推算出企业的实际利润。也可以根据企业所交的税或应交税的额度，结合报表上的税前利润计算出所得税税率，观察所得税税率是否正常，财务造假的企业往往会有大额的应付税款；检查所得税科目是否与其他财务报表科目保持一致，如果存在明显的不一致，又没有合理的解释，可能存在财务报表操纵；分析非经常性项目的影响，确保这些项目合理且符合相关法规，有时企业可能通过将非经常性损益纳入所得税科目来掩盖实际盈亏情况，重点关注一些较为依赖政府补贴的企业，注意其手续是否完整，补贴收入是否真实；注意与关联方的交易，确保这些交易没有被用来操纵所得税数据；对比历史期间的所得税数据，寻找异常变化，不正常的波动可能是财务造假；此外，还要关注借款企业的税收优惠、减免情况，以及是否存在潜在的税务风险。

7）利润表的快速解读（见表6-2）

表6-2 **利润表的快速解读**

条件	解释
主营利润>0，投资收益>0，营业外业务>0	说明企业的经营和投资的盈利能力比较稳定，状况比较好
主营利润>0，投资收益>0，营业外业务亏损多，利润为负	这种亏损状况是暂时的
主营利润>0，投资收益<0，营业外业务<0，主营利润+投资收益<0，当期利润<0	说明企业的主营业务虽然能盈利，但不足以覆盖投资业务失利，加之营业外的亏损导致当期亏损
主营利润<0，投资收益>0，营业外业务>0，致使企业的当期利润>0	利润依赖于企业的投资业务和营业外业务，应该关注其项目收益的稳定性
主营利润<0，投资收益<0，营业外业务>0，致使企业的当期利润>0	说明企业的盈利状况很差，主要依赖营业外收入，利润结构不稳定、不合理
主营利润<0，投资收益<0，营业外业务<0，致使企业的当期利润<0	说明企业的盈利状况非常差

8）盈利能力评估

信贷人员可以从以下几个方面对借款企业的盈利能力进行评估。

（1）盈利能力的持续性

企业盈利能力的持续性通常与其所处行业的整体健康状况相关。信贷人员要了解借款企业所在行业的发展趋势，分析企业在市场中的份额及其变化，企业市场份额的稳定或增长，可能表明企业有能力在竞争激烈的环境中保持盈利；考察企业是否不断推出新产品或服务，以适应市场需求并保持竞争力，企业的创新能力有助于提升盈利潜力和市场地位；分析企业的成本结构和管理措施，确保其能够有效地控制成本，良好的成本管理是维持盈利能力的关键；健康的财务状况有助于企业在面临挑战时保持盈利。

（2）盈利能力的可预测性

信贷人员要在宏观经济背景下（如通货膨胀率、利率水平等），结合借款企业自身所处行业以及经营管理特点，对其未来盈利能力进行预测，未来的盈利能力可预测性越高，说明企业抗风险能力和盈利能力的质量越高。

（3）利润转换成现金流的可能性

借款企业利润造假，往往会产生大量的应收账款，这种表面上的利润并不能为企业带来现金流，是纸上富贵，只有能够转化成现金流的利润才是高质量的利润。信贷人员要注意会计利润和现金利润的差异性，比如某公司收入为1 000万元，成本费用为800万元，则会计利润为200万元，如果收入都是现金，成本费用也都是付现，则会计利润与现金利润一致，都是200万元；如果收入中80%为现金，会计利润仍为200万元，但现金利润却为0元。

（4）盈利能力的真实性

盈利能力的真实性是指利润是否受到人为操纵。利润被人为操纵的程度越低，则利润质量越高，相反，如果企业大量操纵利润，则利润质量越低，这可能预示着潜在的财务风险和盈利能力的不稳定性。

总而言之，信贷人员需综合考量借款企业盈利能力的持续性、可预测性、真实性和现金转换能力。持续稳健的盈利表明企业具有良好的市场竞争力，而对于利润的真实性和现金流的转换能力进行深入分析，可以帮助信贷人员更准确地评估企业的财务健康状况和未来的发展潜力。综合这些因素，可以更全面地理解企业的真实盈利状况，从而做出更为明智的贷款决策。

9）剔除项目

剔除项目是指从信贷审慎角度出发，信贷人员评估借款企业利润时可以剔除的项目。

（1）非经常性损益

非经常性损益是指与公司主营业务无关的收支（包括资产出售、政府补贴或罚款等众多情形），这部分收入具有偶然性和不可持续性，并不能真实反映企业的成长性，所以扣除非经常性损益后的利润往往更能衡量一家公司的真实利润情况。如果发现企业扣除非经常性业务损益后的净利润远低于企业净利润的总额，比如不到50%，那么该企业的利润主要来源于不经常发生或偶然发生的业务，不是来源于其主营的产品或服务，这样的利润是无法持续的，并不能真实反映企业的竞争力。比如，某上市公司通过出售北京的学区房一举扭亏为盈，摘掉ST的帽子，但是第二年这家公司没有学区房可卖，它还是会亏损。

（2）坏账回收产生的利润

有的企业将以前年度的长期应收账款计提了坏账准备，但是当年收回了应收账款，从而当年利润增加，由于下年没有可收回的应收账款，因此其利润又回到原来的状态。

（3）改变会计处理方式产生的利润

不同的折旧方法、存货计价方法、收入确认方法等会计处理方式，都会使企业的利润发生改变，有的企业会通过这些方法的改变来操纵利润。

（4）通过关联交易或从集团内其他公司收取的利息

一个实际控制人控制多家公司，可以通过关联交易来操纵利润或通过集团内部资金计价的形式来调整集团内不同企业的利润，此消彼长，但对于实际控制人来讲，不过是左腰包里的钱放在右腰包里。

（5）非长线业务

比如一次性特别订购的产品出售产生的利润、一次性获得的特别贸易折扣，由于是偶然性的，不可持续，所以应该剔除。

10）企业操纵利润表的方式

企业操纵利润表的动机主要可归结为：融资、宣传和避税。在操纵上，存在两种不同的策略：一是为了吸引融资或加强对外宣传的效果，企业可能会通过各种手段夸大其利润，这种做法旨在展现企业的盈利能力，从而吸引投资者和贷款银行的注意。二是为了减轻税负而减少利润。借款企业为了获取银行贷款，往往会通过美化利润表来展现更好的财务状况，从而提高获得贷款的可能性。

(1) 虚增利润的主要方法

①虚增营业收入

虚增营业收入主要表现为虚构客户，伪造顾客订单、发运凭证和销售合同来进行虚拟销售，编造虚假贸易来作假的营业收入；以真实客户为基础，人为扩大销售数量，比如，对某一真实下游客户实现营业收入200万元，但账上体现营业收入500万元；在报告日前（如年末）做假销售，再在报告日后（如次年）退货，比如在12月25日，向下游销售1 000万元商品，那么在年末的利润表上就会反映出这1 000万元的销售收入，然后在次年的1月4日，以商品不合格为由进行退货；利用时间差，将应计入次年的收入计入本年。

②寅吃卯粮，提前确认收入

前文我们讲过收入的确认要符合收入确认的条件，有的企业在不符合收入确认的条件时就确认收入，例如，在客户还有权取消订货或推迟购货的时候就确认收入；将未到期的收入或不能实现的收入提前确认收入，从而虚增当期利润。

③低估期间费用，虚增利润

有的企业将一些已经实际发生的费用作为长期待摊费用、待处理财产损失等项目入账，通过递延摊销、少摊销或不摊销已经发生的费用来虚增当期利润；有的企业期间费用项目出现不正常降低，如果企业处于成长期，却尽量压缩开发费用、广告费用、培训费用等可控性成本，说明企业为了当期的利润规模而降低或推迟了本应发生的支出；有的企业收入增加而费用降低，如果没有合乎逻辑的解释，则粉饰报表中利润的可能性极大。

④将费用性支出变为资本性支出，混淆利息资本化与费用化的界限

流动资金贷款利息是财务费用，有的企业将应费用化的流动资金贷款利息却资本化计入在建工程成本，增加固定资产价值，虚增当期利润。

⑤潜亏挂账，虚增利润

比如3年以上应收账款不计提坏账准备，低于可实现价值的存货不计提存货跌价准备，已经过时甚至面临淘汰的设备不计提资产减

值准备。一般来讲，如果公司应收账款增长率达到30%，且应收账款/总资产达到50%，表明该公司利润含有大量的“水分”，严重潜亏。有的企业利用资产评估的机会将潜亏作为资产评估减值冲销资本公积而不影响利润，而资本公积的减少又可以利用其他资产的增值来抵销。

⑥变更会计政策，调节利润

比如通过延长固定资产的使用年限、增加预计净残值，从而减少当期折旧来增加利润。或通过改变发出存货的计价方法来调节利润。

⑦夸大一次性收入

比如通过资产转移、高估资产价值虚增收入，从而虚增利润。

（2）隐藏利润的主要方法

①隐藏收入

有的企业大量使用现金交易，不开具发票，收入不入账，通过隐藏收入来隐藏当期利润。

②延迟收入确认

在应当确认收入的情况下，有的企业可能会故意延迟这一过程。例如，即使产品已销售，货款已收到，并将发票账单和提货单全部交给对方，满足了收入确认的条件，企业仍将这笔货款记作预收账款，从而推迟收入的确认，隐藏当期利润。

③虚构销售退回

创建虚假客户或订单，制造不存在的退货或折扣来减少销售收入，或通过与关联公司的虚假交易，通过将款项支付至其他关联公司，并在账务上将其记为其他应付款，从而隐藏收入、隐藏利润。

④夸大成本

虚增费用，通过使用虚假发票来列支大量非实际发生的成本费用或伪造费用来增加成本、隐藏利润，例如人工成本、办公费用等；夸大折旧和摊销，通过人为增加折旧和摊销费用，来隐藏利润。

利润表造假，概括起来就是“资产有水分，利润就有水分；利润有水分，资产就有水分”。

这句话是由会计恒等式“*资产=负债+所有者权益*”所决定的。

资产科目在会计恒等式的左边，如果资产科目做大了，那么恒等式的右边负债和所有者权益也要做大，这样等式的两边才能相等。企业通常不愿意在负债端造假，因为负债端造假需要第三方配合，这样比较麻烦，另外，把负债做大，资产负债率没有改善、意义不大。假定负债是一个恒数，所以企业就要在所有者权益端做大，而所有者权益做大可以通过虚增资本金、重估资产以增加资本公积的手段来完成，但是这两种方法只会改善资产负债表，并不会改善利润表，而将未分配利润做大，则既改善了资产负债表又改善了利润表，因此企业更愿意在未分配利润上造假，所以说资产有水分，利润就有水分。

如果企业财务造假是从利润端入手，先将利润做大，假定负债是一个恒数，那么会计恒等式的左边资产类科目就要做大才能平衡，资产科目中常在应收账款、存货、其他应收款、固定资产等科目上造假。所以说利润有水分，资产就有水分。

信贷人员要清楚地知道借款企业提供给银行的财务报表往往是有水分的。在信贷实践中，要将财务报表的审查与现场的实地调查结合起来，比如，现场调查时，发现借款企业的存货账实不符，实际的存货没有报表上那么多，也就是借款企业资产端虚增，那么，就要马上想到它的利润也可能虚增；当发现借款企业利润虚增，那么，就要现场核实它的资产（比如存货），因为它的资产也可能虚增。

6.7.3 现金为王——解读现金流量表

1）现金流量表表达了什么？

如图6-1所示，现金流量表是以现金流入和流出反映企业在一定时期内经营活动、投资活动和筹资活动的动态情况，体现现金流入和流出的全部面貌，表明企业获得现金和现金等价物能力的报表。资产负债表、利润表是以权责发生制为基础编制的，而现金流量表是以收付实现制为基础编制的。现金流量表告诉我们企业的钱是从哪里来的，要用到哪里去。

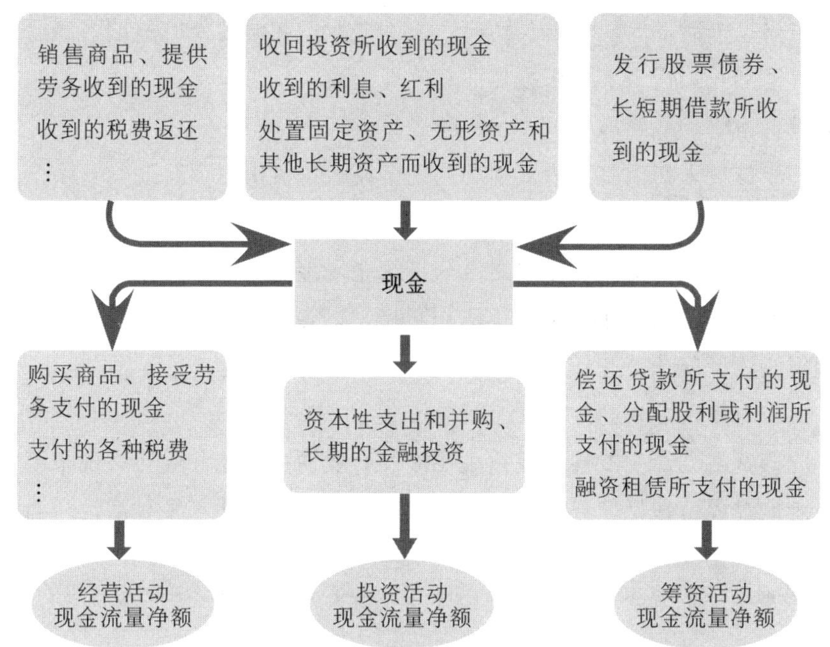

图6-1 解读现金流量表

2）现金流量表的分类

（1）经营活动产生的现金流量

经营活动产生的现金流量主要指企业日常经营中与收入和支出相关的现金流量，包括销售商品或提供劳务所收到的现金、支付给供应商和员工的现金以及与经营活动直接相关的其他现金流。若经营活动现金流为正数，表示企业通过核心业务赚取了现金；若经营活动现金流为负数，则表明核心业务上的现金减少，企业在经营方面面临挑战。企业现金流量表中，最重要的就是经营活动，因为投资和筹资都是为了更好地经营。通常情况下，若企业经营活动的现金流为正，且未来会持续增加，则表明企业经营健康；若经营活动现金流为负，而且持续下降，则说明企业在经营方面出现了问题。

（2）投资活动产生的现金流量

投资活动产生的现金量流主要涉及企业购买和出售长期资产、对其他公司股权的投资等方面，反映了企业在资本项目上的现金流动状况。当投资活动的现金流为正时，表明现金流入源于资产出售或投资的回报；当投资活动的现金流为负时，表明企业正在购置新的长期资产或进行其他形式的投资。分析投资活动的现金流向，可以深入了解企业的长期投资策略和战略决策。

当信贷人员观察到投资活动的现金流大量流出时，这通常表明企业正在进行重大的投资活动，这种情况常见于企业的扩张期。如果投资活动的现金流大量流入，则应重点分析这些现金流入的来源是来自投资收益、资产的出售，还是之前投资的回收。只要这些现金流入不是源于大规模的资产出售，它们就被视为企业正常的资金运作。

（3）筹资活动产生的现金流量

筹资活动产生的现金流量主要涉及企业通过债务和股权融资来筹集资金的过程，包括债券发行、股票发行以及债务偿还等多种活动。当筹资活动现金流显示为正值时，这表明企业正在通过银行贷款、债券发行或股票发行等方式增加现金；相反，当筹资活动现金流为负值时，通常是因为企业正在偿还债务或支付股息。

筹资活动现金流的变化不仅反映了企业在资本结构和融资方面的动态，也揭示了其资金管理的策略和效率。虽然筹集资金是企业运营的常态，但重要的是要审慎评估其负债的成本和规模。如果融资成本过高或债务水平过大，可能会给企业带来财务压力，甚至构成潜在的财务风险。

3）现金流量表的两种形式

（1）以直接法编制的现金流量表

如表6-3所示，以直接法编制的现金流量表是指通过对现金收入和现金支出项目直接列示来编制的现金流量表。该方法显示了企业在经营活动中的具体现金流入和流出，提供了更为详细和直观的现金流信息。采用直接法编制经营活动的现金流量时，以利润表中的营业收入为起算点，调整与经营活动有关项目的增减变动，然后计算出经营活动的现金流量。

借款企业提供给银行的现金流量表是直接法编制的现金流量表。直接法列示了具体的现金流入和流出项目，可以清楚地看到每一项现金流的来源和去向，提高了信息的透明度和可理解性。直接法提供了详细的

表6-3　　　　　　　　**以直接法编制的现金流量表**

编制单位：　　　　　　　　　　年度　　　　　　　　　　会企03表

单位：元

项目	行次	金额
一、经营活动产生的现金流量：		
销售商品、提供劳务收到的现金	1	
收到的税费返还	3	
收到其他与经营活动有关的现金	8	
经营活动现金流入小计	9	
购买商品、接受劳务支付的现金	10	
支付给职工以及为职工支付的现金	12	
支付的各项税费	13	
支付其他与经营活动有关的现金	18	
经营活动现金流出小计	20	
经营活动产生的现金流量净额	21	
二、投资活动产生的现金流量：		
收回投资收到的现金	22	
取得投资收益收到的现金	23	
处置固定资产、无形资产和其他长期资产收回的现金净额	25	
收到其他与投资活动有关的现金	28	
投资活动现金流入小计	29	
购建固定资产、无形资产和其他长期资产支付的现金	30	
投资支付的现金	31	
支付其他与投资活动有关的现金	35	
投资活动现金流出小计	36	
投资活动产生的现金流量净额	37	

续表

项目	行次	金额
三、筹资活动产生的现金流量：		
吸收投资收到的现金	38	
取得借款收到的现金	40	
收到其他与筹资活动有关的现金	43	
筹资活动现金流入小计	44	
偿还债务支付的现金	45	
分配股利、利润或偿付利息支付的现金	46	
支付其他与筹资活动有关的现金	52	
筹资活动现金流出小计	53	
筹资活动产生的现金流量净额	54	
四、汇率变动对现金及现金等价物的影响	55	
五、现金及现金等价物净增加额	56	

企业负责人： 主管会计： 制表： 报出日期： 年 月 日

现金流动数据，可以直接看到现金的实际来源和使用，有助于信贷人员分析企业的现金流管理情况，比如营业收入的现金回收情况、成本费用的支付情况等，这对于信贷人员评估企业的短期偿债能力和资金周转效率尤其有用。由于直接法是从企业的营业收入开始计算，所以更能反映企业的经营规模。

（2）以间接法编制的现金流量表

如表6-4所示，以间接法编制的现金流量表以企业报告期内按照权责发生制计算的净利润为起点，经过对有关项目的调整，转换为按照收付实现制计算出来的企业当期经营活动产生的现金净流量。间接法现金流量表，通过调整净利润中的非现金项目和营运资本的变化，调整包括折旧、摊销、坏账准备、递延税款等非现金项目，来计算经营活动产生的现金流量。相对于直接法，间接法编制更为简便，因为它直接利用了现有的利润表数据和资产负债表数据，而不需要对每一笔现金交易进行详细记录。

表6-4 **以间接法编制的现金流量表**

补充资料	本期金额	上期金额
将净利润调节为经营活动现金流量：		
净利润		
加：资产减值准备		
固定资产折旧、油气资产折耗、生产性生物资产折旧		
无形资产摊销		
长期待摊费用摊销		
处置固定资产、无形资产和其他长期资产的损失（收益以“-”号填列）		
固定资产报废损失（收益以“-”号填列）		
公允价值变动损失（收益以“-”号填列）		
财务费用（收益以“-”号填列）		
投资损失（收益以“_”号填列）		
存货的减少（增加以“-”号填列）		
经营性应收项目的减少（增加以“-”号填列）		
经营性应付项目的增加（减少以“-”号填列）		
其他		
经营活动产生的现金流量净额		

间接法是从企业的净利润开始计算，更能清楚地反映企业净利润转化成现金流的能力，有助于信贷人员理解利润与现金流的差异。信贷人员通过调整营运资金项目（如存货、应收账款、应付账款等）的变化，可以得知企业在管理营运资金方面的效率和效果。

4）现金流量表的解读

（1）现金流量表的快速解读（见表6-5、表6-6所示）

表6-5 现金流量表的快速解读（一）

条件	描述
CFO＞0，CFI＞0，CFF＞0	主营业务在现金流方面能自给自足，投资方面收益状况良好，这时仍然进行融资，通常会有订单增加，如果新订单的增加证据不足或逻辑不充分，则有可能存在贷款挪用
CFO＞0，CFI＞0，CFF＜0	公司经营和投资良性循环，经营活动、投资活动都带来现金后，偿还借款，所以筹资活动为负数
CFO＞0，CFI＜0，CFF＞0	公司经营状况良好，通过筹集资金进行投资，企业往往是处于扩张时期，应着重分析投资项目的可行性，公司投资方面缺钱，这时如果申请流贷，则挪用的概率较大
CFO＞0，CFI＜0，CFF＜0	公司经营状况虽然较好，但企业一方面在偿还以前的债务，另一方面要继续投资，所以应随时关注经营状况的变化，防止财务状况恶化

表6-6 现金流量表的快速解读（二）

条件	描述
CFO＜0，CFI＞0，CFF＞0	公司靠借钱维持生产经营的需要，财务状况可能恶化，应着重分析投资活动现金净流入是来自投资收益还是回收投资，如果是后者，企业的形势将非常严峻
CFO＜0，CFI＞0，CFF＜0	经营活动已经发出危险信号，如果投资活动现金流入主要来自收回投资，则企业将处于破产的边缘，需要注意
CFO＜0，CFI＜0，CFF＞0	企业靠借债维持日常经营和生产规模的扩大，财务状况很不稳定，如果是处于投入期的企业，一旦渡过难关，还可能有发展；如果是已经成立几年的成熟期企业，则非常危险
CFO＜0，CFI＜0，CFF＜0	企业财务状况危急，必须及时扭转，这样的情况往往发生在扩张时期，由于市场变化导致经营状况恶化，加上扩张时投入了大量资金，会使企业陷入进退两难的境地

注：CFO为经营活动产生的现金流量净额，CFI为投资活动产生的现金流量净额，CFF为筹资活动产生的现金流量净额。

(2) 现金流与营业收入、净利润的比对分析

通过“销售商品和提供劳务收到的现金”与“主营业务收入”进行对比，如果利润表中的营业收入大幅增加而现金流量表中收到的现金增幅不大或没有增加，说明应收账款占比较大，表明公司实现的收入是过度赊销导致的，利润也不能转化成现金流，“白条利润”占比大，公司有可能在短期内无力赚取足够的现金来面临偿债危机和流动性危机。企业有些经营活动会影响到现金流而不影响净利润，比如企业收到上年应收账款、囤积存货、预付费用、支付前期应付账款等。下面两个指标能够反映出现金流与营业收入、净利润的关系：

①收现比

收现比是反映营业收入的现金含量指标。

收现比=销售商品或提供服务收到的现金/营业收入

现收比如果持续大于等于1，说明企业的营收是实实在在的现款现货交易，而不是赊销产生的；如果持续小于1，则说明企业的销售有可能是放宽了信用政策，进行了大量赊销，企业只能通过赊销占领市场，是企业产品弱势的表现。

②净现比

净现比是反映净利润的现金含量指标。

净现比=经营活动所产生的现金流/净利润

净现比如果长期大于等于1，说明企业的利润实实在在收到了现金，公司产品不愁卖，是企业强势和现金充足的表现；如果持续小于1，则说明企业的利润含金量不足。

好公司长期收现比大于100%，净现比大于90%。如果一个公司长期收现比低于80%，或者净现比低于60%，表明公司要么被拖欠大量货款，要么有造假，存在较大风险，信贷人员要小心。

5) 自由现金流

自由现金流是指在不影响公司持续发展的前提下可供分配给股东和债权人的最大现金额，是企业经营活动产生的、在满足了再投资需求之后剩余的现金流，是企业可以自由支配的现金流。有了自由现金流，企业才能偿还本息、支付股利。自由现金流计算方法中最简单的方法是：

自由现金流=现金流量表中的“经营活动产生的现金流量净额”减去“购建固定资产、无形资产和其他长期资产支付的现金”。

自由现金流在经营现金流的基础上考虑了公司必须花费在维持或扩张业务上的资金。自由现金流为正的企业，说明具有良好的财务弹性，其持续经营能力强，具备一定的还款能力，它可以不依赖融资来进行扩张；而自由现金流为负的企业，往往需要融资来维持扩张。

从银行信贷的角度来看，一家企业的现金流创造能力是区分绩优与绩差企业的重要指标，是判断一家企业是否高质量发展的标准。信贷人员不但要分析企业经营活动现金净流量，还要分析借款企业在保证自己为持续经营而进行必要投资的前提下，还有多少钱用于还本付息、为股东派发股利，也就是自由现金流量。

6）现金流量表造假

有的信贷人员认为资产负债表、利润表容易造假，而现金流量表不会造假，事实上，现金流量表也一样可以造假。现金流量表可以通过虚增收入、隐瞒支出、操纵经营活动和投资活动的流入流出来完成造假。典型的造假做法是调整现金流的结构，比如同时虚增经营性现金流入与投资性现金流出，这种做法提高了经营活动现金流量的同时，又不影响资产负债表“货币资金”项目期末期初差额与现金流量表“现金及现金等价物净增加”之间的平衡关系，企业把虚增收入带来的经营活动现金流再通过投资的名义消化掉，这样做虽然净现金流量不发生变化，但是现金流的结构发生了改变，使其账面的现金流结构好看，企业具有很强的现金获取能力，依赖自身创造的经营性现金流进行投资，良性循环。让信贷人员误以为企业经营规模扩大、发展迅猛、创造现金流量能力很强。

案例6.14：现金流造假

A公司将价值1 000万元的存货以1 500万元的价格“卖”给B公司，A公司经营活动现金流入1 500万元；然后A公司以1 500万元“买”B公司价值1 000万元的设备，这样，A公司虚增的1 500万元现金从投资活动中转出，消化掉。A公司的净现金流还是一样的，但结构发生了改变，而这种结构特别符合银行信贷审查的偏好。

案例6.15：通过应收票据对经营性现金流进行调整

A公司拟购买原材料500万元和固定资产500万元。A公司现有500万元现金和收到下游客户的500万元应收票据，那么即将发生的1 000万元支出可以有以下几种方式，不同的支付组合，会对现金流产生不同的影响。

（1）A公司以票据背书支付原材料款，以现金支付固定资产款。经营性现金流入0，经营性现金流出0，经营性净现金流0，投资性现金流出500万元，投资性净现金流-500万元。

（2）A公司以现金支付原材料款，以票据背书支付固定资产款项。经营性现金流入0，经营性现金流出500万元，经营性净现金流-500万元，投资性现金流入0，投资性现金流出0，投资性净现金流0。

（3）A公司将应收票据提前进行买断式贴现，原材料款和固定资产全部以现金支付。经营性现金流入500万元，经营性现金流出500万元，经营性净现金流0，投资性现金流入0，投资性现金流出500万元，投资性净现金流-500万元。

（4）A公司将应收票据进行质押，取得银行借款500万元，原材料款和固定资产款全部以现金支付。经营性现金流入0，经营性现金流出500万元，经营性净现金流-500万元，筹资性现金流入500万元，筹资性现金流出0，筹资性净现金流500万元，投资性现金流入0，投资性现金流出500万元，投资性净现金流-500万元。

通过上面的案例，信贷人员可以看到应收票据的不同使用方式会影响企业经营性现金流，借款企业可以通过应收票据对经营性现金流进行操纵。

7）企业用什么来偿还贷款

（1）经营性的现金流是最优质的还款来源

企业用什么还贷款？是销售收入、利润、他行贷款或过桥贷款，还是现金流？举例说明一下。

比如，一家卖电脑的公司，假设该公司卖给银行100万元的电脑，给银行开了发票，电脑也交付银行了，但是按照合同的约定，银行次年元旦后付款，那么这家公司今年有没有这100万元的销售收入？答案是有的。假设电脑成本是80万元，那么有没有20万元利润？答案也是有的。公司有没有收到钱呢？没有！公司有收入、有利润，但没钱，年底这家公司欠另一家银行贷款30万元到期，没钱还，银行把它起诉了，公司破产。这家公司是有100万元的收入，同时产生了100万元的应收账款。销售收入是权责发生制下的一种记账方法，它和有没有钱不一定产生直接的联系。

再比如，公司今年一台电脑也没有卖出去，今年既没有销售收入也没有利润，但是公司收回了去年别人欠的货款100万元，所以，年底虽然没有销售收入、没有利润，但也可以将30万元贷款还掉，用什么还的？就是现金流。

最优质的还款来源就是现金流，准确地说是经营性的现金流，更准确地说是未来的经营性的现金流。

通过现金流来评估企业的偿债能力主要有两个指标：现金流量比率、净现金流量负债比率。

现金流量比率=经营活动现金净流量/流动负债

该指标表示公司偿还即将到期债务的能力，是衡量公司短期偿债能力的动态指标。该比率等于或大于1，表明现金余额等于或大于流动负债总额，公司即使不动用其他资产如存货、应收账款等，仅靠手中的现金就足以偿还流动负债。该指标数值越大，表明公司的短期偿债能力越强；反之，则表明公司短期偿债能力越差。

净现金流量负债比率=经营活动产生的现金净流量/负债总额

该指标反映了公司用年度经营活动产生的现金净流量偿还公司全部债务的能力，体现了公司偿债风险的高低。该比率数值越大，表明公司偿债能力越强，相应的风险越小；反之，该比值越小，表明偿债能力越小，相应的风险越大。

（2）税息折旧及摊销前利润

有的信贷人员喜欢用税息折旧及摊销前利润（Earnings Before Interest，Taxes，Depreciation and Amortization，EBITDA，即未计利息、

税项、折旧及摊销前的利润）来分析企业的经营性现金流，有的银行的信贷调查报告模板也选用了这个指标。

$$\text{EBITDA}=\text{净利润}+\text{所得税}+\frac{\text{偿付利息所}}{\text{支付的现金}}+\frac{\text{固定资}}{\text{产折旧}}+\frac{\text{无形资}}{\text{产摊销}}+\frac{\text{长期待摊}}{\text{费用摊销}}$$

$$=\text{息税前利润（EBIT）}+\text{折旧费用}+\text{摊销费用}$$

由于折旧和摊销只是权责发生制下的一种记账方法，没有实体资金流出企业，所以，不会影响现金流，但是折旧和摊销会使利润减少，所以要加回来，这样EBITDA相对于净利润和息税前利润（EBIT）来讲，就更接近经营性现金净流量，这也是一些信贷人员喜欢参考这个指标的原因，但是EBITDA并不等于经营性现金净流量，因为EBITDA中还包括没经过调整的非现金项目，如坏账准备、计提存货减值等，而且，企业的净利润并不一定都是经营所产生的，所以并不能就此简单地将EBITDA与经营性现金净流量对等。

（3）其他还款来源

作为第一还款来源来讲，除经营活动现金流外，还有其他的还款来源，主要包括：股东增资、他行借款、民间过桥资金、主动处置资产回收取得的现金等。

股东增资就是股东通过对公司资本金的追加注资，来弥补公司的流动性，从而提高公司的还款能力。

他行借款，信贷实践中，有些中小企业不只在一家银行有授信额度，企业在贷款到期前，往往是用甲银行的新发放贷款来偿还乙银行的即将到期的贷款。这种操作，如果在借款企业维持原有经营规模或扩大经营规模的前提下，尚属正常，如果借款企业经营规模下降，靠借新债还旧债来维持贷款不逾期，则会面临未来银行压降贷款而带来的流动性风险，信贷人员要警惕。

民间过桥资金是一种短期融资方式，通常用于企业在特定时间内（通常为几天到几个月）急需资金周转的情况。这种资金主要由民间资本提供，用以填补企业的资金缺口，帮助企业走出短期财务困境，具有短期性、成本高、灵活方便的特点。信贷人员需要注意，借款企业使用过桥资金需要企业进行严格的风险管理，确保在短期内能够归还高成本的过桥资金，否则可能会导致更严重的财务问题。

案例6.16：为什么有的企业由于借民间融资而破产？

A公司是一家做粮油贸易的公司，主营业务是收玉米卖给饲料公司，A公司自有流动资金200万元，一年利润10万元。现在A公司取得了B银行的800万元贷款，那么它就有1 000万元用来收玉米，一年的利润有50万元。A公司的银行贷款到期日是11月20日，贷款到期前，A公司通过民间融资偿还B银行贷款，存在下面三种情况：

（1）A公司通过民间融资借款800万元，还掉B银行贷款，次周，B银行重新出账800万元，A公司再用新贷款偿还民间融资的800万元借款，并支付利息，一笔正常的过桥完成；

（2）A公司通过民间融资借款800万元还掉B银行贷款后，B银行认为A公司风险高，不再续做新贷款，那么A公司就要面对偿还民间融资800万元的问题，如何还，只有卖掉手中的玉米，而玉米的流动性高，降价几分钱便可以卖掉，所以A公司降价，卖掉玉米，偿还了民间融资的800万元借款，并造成亏损，又回到以前做200万元生意，年赚10万元的状态，一笔断贷的过桥完成。

（3）A公司取得了B银行的800万元贷款后，为获取更大的利润，挪用800万元贷款，收购了一座小铁矿，贷款到期前，A公司通过民间融资借款800万元，于到期日还掉B银行贷款，B银行认为A公司风险高，不再续做新贷款，A公司为了偿还民间融资，就需要变卖铁矿，但是铁矿的流动性显然不如玉米的流动性好，尤其在经济下行区间，很难变现，时间拖长之后，即使变现也不足以覆盖民间融资的本息，老板无奈跑路。老板跑路的根源是贷款的挪用，是资金短贷长用，资金使用时间错配。

流动资金贷款，在保证贸易背景真实性的前提下，出现不良贷款的概率要小得多。

主动处置资产回收取得的现金。借款企业可以通过处置企业的资产，将收回的现金用于偿还银行贷款。借款企业如果还款来源不足，被迫处置资产，用资产变卖收到的现金来还款，那这部分收到的现金就是第二还款来源；如果是借款企业主动处置自有资产，比如，企业在申请贷款的时候，就说明目前正在处置固定资产，将来就用这笔处置固定资产收到的现金来偿还到期贷款，那这部分收到的现金就是第一还款来源。

6.7.4 三张财务报表之间的关系

财务报表是一个整体，资产负债表是“底子”，利润表是“面子”，现金流量表是“日子”。如图6-2所示，资产负债表中会计科目期初数和期末数的变化，是通过利润表和现金流量表的变化来完成的，利润表反映资产负债表中未分配利润的增减变化（净利润本年累计数=资产负债表中未分配利润期末数-期初数），现金流量表反映资产负债表中货币资金的增减变化（现金及现金等价物的净增加额＝资产负债表中现金的期末余额-期初余额）。

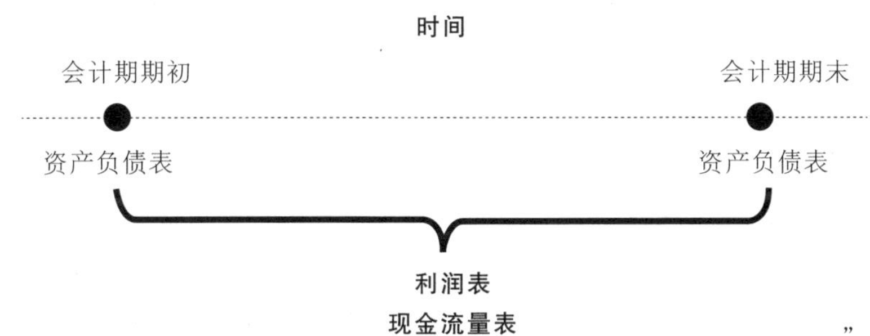

图6-2 资产负债表、利润表和现金流量表的关系

从银行信贷的视角分析，三份报表各扮演着独特的角色。通过资产负债表可以分析借款企业的资产质量、整体结构、长短期债务期限是否合适，这有助于评估企业的财务稳定性。通过利润表可以分析企业的盈利质量和主要盈利来源。通过现金流量表可以分析现金流状况和结构。

资产质量、盈利质量与现金流量三者相互影响：若资产质量不佳，则可能导致盈利质量下降；若企业显示出盈利，但其经营活动产生的现金流为负，则此盈利质量存疑，可能包含虚假成分。因此，财务报表是企业健康的“体检报告”，优质的企业应展现出良好的资产质量、高质量的盈利以及充足的自由现金流。

6.8 财务信息的必要补充——解读财务报告附注

财务报告附注是对在会计报表中列示项目所作的进一步说明，以及对未能在这些报表中列示项目的说明。这些附注不仅详细说明报表中的数据，还提供了报表之外的重要信息，从而使得企业的财务状况和业绩表现更加透明和易于理解。主要内容包括企业概况、编制财务报表的基础、所采用的会计政策及其变更、对报表中关键项目的进一步说明，以及其他对理解企业财务健康状况、业绩表现和现金流量至关重要的信息，如潜在的义务、承诺事项、关联方交易、资产并购事件和前瞻性信息等。

信贷人员在分析财务报告附注时应专注于几个关键方面：

第一，审查附注中关于财务和会计政策的信息，评估企业的会计处理方法是否保证了报表的透明度和一致性；第二，关注重要会计估计项，如资产减值准备和折旧方法等，检查是否存在通过会计政策调整或估计来操纵财务数据的行为；第三，仔细查看关联方交易信息，确保全面了解与实际控制人关联的企业集团情况；第四，了解企业的对外担保情况；第五，评估企业对未来规划和战略方向的描述，以判断企业的长期发展潜力和持续经营能力。

总之，信贷人员不要忽视对财务报告附注的分析，这些分析可以帮助信贷人员更全面、更深入理解借款企业的财务状况，为贷款决策提供坚实的基础。

6.9 财务分析基本方法

财务分析方法是评估企业财务报表的关键工具，依托于定量分析，通过应用财务比例和指标来量化和解释数据。其核心方法包括结构分析法、比率分析法、比较分析法、趋势分析法和杜邦分析法。每种方法都揭示了财务数据的不同层面。

6.9.1 结构分析法

结构分析法将财务报表中的各项数据以百分比形式来表示，以揭示不同财务项目在总体中的相对比重、企业内部各项财务指标的构成和相互关系。结构分析法的使用：首先，确定财务报表中各项目占总额的比重或百分比。其次，通过各项目的占比，分析其在企业经营中的重要性。通常来说，比例越高，其重要性越高，对公司总体的影响越大。最后，将分析期各项目的比例与前期同项目比例对比，分析比例变动情况，对变动较大的重要项目进一步分析。要在行业背景下，结合企业具体的经营管理与资金使用特点，来分析某项会计科目的构成是否合理。根据分析结果，得出结论并提出建议。结构分析法的优势在于能够提供深入的内部洞察，帮助信贷人员理解企业财务状况的构成及其变化趋势。然而，结构分析法在某些情况下可能无法揭示外部因素对企业的影响，因此通常需要结合其他财务分析方法来获得更全面的洞察。

通过结构分析法，信贷人员能够深入理解企业的财务状况，包括资产配置、负债结构、资本组成、利润来源以及现金流动态。这种分析有助于揭示企业的财务健康程度、经营效率和潜在风险，为信贷决策提供重要依据。

1）资产结构分析

资产结构分析是通过企业资产的构成和分布，来深入了解企业的财务状况。将资产负债表中的总资产设为100，计算不同类型资产在总资产中的比例。信贷人员可重点关注货币资金、应收账款、存货、固定资产的比例，也可进一步深入分析，比如，货币资金占比是否足够支持企业的短期支付需求；固定资产的构成中，土地、建筑、设备等各项的比例是否与其行业特点相一致；无形资产（如专利、商标）和长期投资是否占比过大，这些资产可能对企业的未来价值产生什么样的影响。

资产结构分析有助于揭示企业在不同类型资产上的分布情况，帮助信贷人员深入理解企业财务状况。

2）负债结构分析

负债结构分析旨在了解企业的债务状况和负担能力。通过资产负债表，计算不同类型负债在总负债中的比例。信贷人员要重点关注企业的商业负债与银行负债比例、短期借款和长期借款比例。也可进一步深入分析流动负债中的应付账款、短期借款的期限、结构；是否存在短贷长用的情况，分析企业的长短期偿债能力。

3）资本结构分析

资本结构分析旨在了解企业融资组成、债务和权益比例，以及这对企业的财务稳健性和风险承受能力的影响。信贷人员应重点关注：负债与权益比率（总负债 / 股东权益 × 100%），它反映了企业债务和权益的相对权重、资本与负债成本的匹配程度，高比率可能增加财务风险，低比率可能减少灵活性；权益比率（股东权益 / 总资产 × 100%），反映企业资产的归属情况，高比率可能意味着更少的财务杠杆。

4）利润结构分析

利润结构分析旨在深入了解企业盈利状况及其组成，可以更深入地了解企业盈利的本质，信贷人员在分析企业利润表时，不但要看净利润、利润总额是多少，更要分析企业的利润构成，要分析企业的利润是从哪里来的。信贷人员要重点分析主营业务利润占比，因为企业的主营业务产生的利润显然更能反映出企业的竞争力、更具有持久性。而期间费用比例分析，更能了解企业在销售、管理和其他方面的开支情况，如果费用比例较高，可能需要优化成本结构；如果净利率下降，可能需要调整营销策略等。

5）现金结构分析

现金结构分析旨在深入了解企业的现金状况以及现金的来源和运用情况，分析企业的现金流入和流出，评估企业的现金流状况和资金管理能力。关注企业主要经营活动所产生的现金流，了解其经营业务的现金盈余或缺口。分析企业投资活动和融资活动的现金流情况，以了解企业在扩张、投资和筹资方面的现金活动。信贷人员要清楚地知道，企业的钱是从哪里来的，要用到哪里去，以便有针对性地确定贷款结构，防止贷款挪用。

6.9.2 比率分析法

比率分析法通过计算两个财务报表项目的比率，来分析项目之间的关系。通过计算和比较财务指标的比率，来评估企业的财务表现。这些比率可分为四大类：偿债能力比率、盈利能力比率、营运能力比率、增长能力比率。

1）偿债能力比率

（1）流动比率

流动比率=流动资产/流动负债×100%

该指标体现企业偿还短期债务的能力。流动资产越多，短期债务越少，则流动比率越大，企业短期偿债能力越强；反之，短期偿债能力越弱。流动资产中的应收账款数额和存货的周转速度是影响流动比率的主要因素。

（2）速动比率

速动比率=速动资产/流动负债×100%

=（流动资产－存货）/流动负债×100%

该指标比流动比率更能体现企业偿还短期债务的能力，因为流动资产中的存货存在变现速度慢或贬值的可能性，因此将流动资产扣除存货再计算与流动负债的比率，更能衡量企业的短期偿债能力。通常认为速动比率低于1是短期偿债能力偏低。该指标应重点关注应收账款的变现能力。

信贷人员使用这两个指标对借款企业进行分析时要注意，流动比率和速动比率是有一定局限性的，只能在一定程度上反映企业的流动性和偿债能力。因为，流动资产中的应收账款和存货并不一定能很快变为现金，存货用成本计价也不一定能反映变现净值，待摊费用并不能转变为现金。因此，即使流动比率与速动比率处于理想数值，也不能简单地判断其短期偿债能力强，还要结合其他财务指标进一步分析。

比如，A公司流动比率大于2，但是它的应收账款质量较差、存货多为积压品，而且它的货币资金很小，那么虽然表面上流动比率大于2，但其实它根本就流不动。B公司虽然流动比率小于1，但其应收账款和存货的周转速度非常快，运营效率高，流动性好。

（3）资产负债率

资产负债率=负债总额/资产总额×100%

该指标表示企业总资产中有多少是通过负债筹集的，是评价公司负债水平的综合指标。资产负债率越低，说明企业偿债能力越强，反之，偿债能力越弱。如果资产负债率达到100%或超过100%，就说明公司已经没有净资产或资不抵债。信贷人员用资产负债率分析企业的偿债能力时，最好剔除长期待摊费用、递延所得税资产等项目，原因是它们无任何变现能力，即资产负债率＝负债总额/（资产总额－长期待摊费用－递延所得税资产），这样，更能真实反映企业的负债水平和偿债能力。

（4）现金到期债务比

现金到期债务比=经营活动现金净流量/本期到期的债务

本期到期债务＝一年内到期的债务+应付票据

该指标用来评估企业在短期内利用现金偿还即将到期的债务的能力。这个比率越高，表明公司偿还短期债务的能力越强。较高的现金到期债务比通常被认为是财务健康的标志，因为这表明公司有足够的流动性来应对短期债务。但过高的比率也可能意味着企业没有有效地利用其现金资源进行投资或扩展业务。

（5）现金流动负债比

现金流动负债比=经营活动现金净流量/流动负债

该指标用来衡量企业利用经营活动产生的现金流来偿还流动负债的能力。较高的现金流动负债比表明公司有较强的能力通过经营活动产生的现金流来偿还短期债务。该指标如果大于1，表示企业有能力偿还流动负债，该指标越大，表明企业经营活动产生的现金净流量越多，偿还流动负债的能力越强。如果该比率过低，可能表明企业在短期内依赖于其他融资渠道来偿还流动负债，可能面临财务压力。

（6）现金债务总额比

现金债务总额比=经营活动净现金流量/总负债×100%

现金债务总额比率越大，表明企业经营活动产生的现金净流量越多，对全部债务的保障能力越强，现金储备充足，可以更容易地应对其债务负担。相反，较低的比率可能意味着公司在履行债务方面存在一定的风险。

（7）利息保障倍数

利息保障倍数=息税前利润/利息费用=（净利润+利息费用+所得税费用）/利息费用

该指标是衡量企业偿付借款利息的能力，数值越大，说明偿付利息能力越强，其财务状况越健康。反之，比率越低，表明公司可能面临支付利息的困难。

2）盈利能力比率

（1）毛利率

毛利率=（营业收入—营业成本）/ 营业收入 × 100%

毛利率反映了企业在销售产品或提供服务时的盈利能力，可以帮助企业分析和比较不同产品或业务的盈利能力，指导企业进行成本控制和定价策略。毛利率高的企业通常被视为企业的市场开拓能力强、产品在市场中具有较强的竞争力。

（2）净利率

净利率=净利润 / 营业收入 × 100%

净利率是最终的盈利能力指标，它考虑了所有成本和费用。净利率越高，说明企业的盈利能力越强。高净利率通常表示企业不仅具有较强的销售能力，还在成本控制和费用管理方面做得较好。

（3）净资产收益率（ROE）

净资产收益率=净利润/平均所有者权益 × 100%

它又称股东权益收益率，是净利润与平均股东权益的百分比，该指标反映股东权益的收益水平，用以衡量企业运用自有资本的效率。净资产收益率越高，说明企业利用股东投入的资本获取利润的能力越强。净资产收益率可以帮助信贷人员评估企业管理层利用股东资本创造收益的效率。净资产收益率高通常表示企业具有较强的盈利能力和高效的资本运作能力，但也需要注意是否因为高负债等因素导致净资产收益率高。

（4）总资产收益率（ROA）

总资产收益率=（净利润/平均资产总额）×100%

该指标是衡量企业利用其总资产赚取净利润能力的财务指标，表明企业从其总资产中获得的净收益相当于企业资产的使用效率，反映了企业资产运用效率和盈利之间的关系，通过该指标可以看出企业的竞争力和综合经营管理能力。总资产收益率高表明企业有效地利用其资产创造利润，总资产收益率低则表明公司在利用其资产方面存在问题。

3）营运能力比率

（1）应收账款周转率（次数）

应收账款周转率（次数）=销售收入/（期初应收账款余额＋期末应收账款余额）/2

该指标反映企业应收账款转化为现金的次数，是衡量企业在一定时期内应收账款回收效率的财务指标。通常用来评估企业的赊销政策和信用管理效率。较高的应收账款周转率表明企业能够快速回收赊销款项，资金周转效率较高；较低的应收账款周转率则可能表明企业在回收赊销款项方面存在困难。从理论上讲，分子部分用赊销收入净额代替销售收入更为精准。

（2）应收账款周转天数

应收账款周转天数=360/应收账款周转率=平均应收账款×360/销售收入

该指标反映企业从取得应收账款的权利到收回款项、转换为现金所需要的时间，是应收账款周转率的一个辅助性指标，较短的应收账款周转天数表明企业回收应收账款的效率较高，而较长的应收账款周转天数则可能表明企业在回收赊销款项方面存在一定的延迟。

（3）存货周转率（次数）

存货周转率（次数）=销售成本/（期初存货余额+期末存货余额）/2

该指标用于衡量企业在一定期间内存货的周转次数，反映企业存货管理和销售效率。一般情况下，存货周转率越高表明存货周转越快、存货管理和销售效率越高，存货转换为现金或应收账款的速度越快。存货周转率低可能表明存货积压或销售不畅。

（4）存货周转天数

存货周转天数=360/存货周转率=平均存货×360/销售成本

该指标反映企业购入存货、投入生产到销售出去所需要的天数，是存货周转率的一个辅助性指标。一般情况下，较短的存货周转天数表明存货管理和销售效率较高，而较长的存货周转天数则可能表明存货周转缓慢。

（5）流动资产周转率（次数）

流动资产周转率（次数）=销售收入/平均流动资产

该指标反映了企业流动资产的使用效率，表明企业在一定期间内通过流动资产实现的销售收入。较高的流动资产周转率表明企业能够有效地利用其流动资产创造销售收入，即企业在相同的流动资产数量下，能创造更多的收入，体现了企业流动资产管理效率较高；较低的流动资产周转率则可能表明企业在利用其流动资产方面存在效率问题。

（6）总资产周转率

总资产周转率=销售收入/平均资产总额

该指标反映企业利用其总资产产生收入的效率，体现了企业整体资产的营运能力。一般情况下，总资产周转率越高，表示企业利用其资产产生收入的效率越高，营运能力也就越强。反之，说明企业没有充分利用已有的资产或者存在多余的、闲置的资产，企业应该提高各项资产的利用效率，处置多余的、闲置的资产。

（7）现金循环周期

现金循环周期=存货周转天数+应收账款周转天数－应付账款周转天数

该指标反映了企业从投入现金购买原材料，到将产品销售并收回现金的整个过程所需要的时间，体现了企业的运营效率和资金周转情况。现金循环周期越短，表明企业在资金使用方面越高效。

4）增长能力比率

（1）营业收入增长率

营业收入增长率=（本期营业收入－上期营业收入）/上期营业收入×100%

该指标是衡量公司营业收入随时间增长的速度的财务指标。它反映了公司业务扩展和市场份额变化的情况。营业收入增长率越高，通常意味着企业的市场需求增加，产品受欢迎度上升或者市场份额扩大。

（2）息税折旧及摊销前利润增长率

息税折旧及摊销前利润增长率=（本期EBITDA－上期EBITDA）/上期EBITDA×100%

该指标是衡量企业在扣除利息、税项、折旧和摊销之前的利润随时间增长的速度的财务指标。它反映了企业核心业务的盈利能力的变化情况。

（3）营业利润（息税前利润）增长率

营业利润（息税前利润）增长率=（本期营业利润－上期营业利润）/上期营业利润×100%

该指标反映了企业在扣除营业成本和营业费用后的核心业务盈利能力的变化，营业利润增长率越高，通常意味着企业在控制成本和提高收入方面取得了良好的效果。

（4）净利润增长率

净利润增长率=（本期净利润－上期净利润）/上期净利润×100%

该指标反映了企业在扣除所有费用、税款和利息后的最终盈利能力的变化，净利润增长率越高，通常意味着企业在提高收入、控制成本和管理费用方面取得了良好的效果。

增长率分析的重点就是营业收入和净利润的增长率，通常认为二者协调增长最好，即营业收入和净利润同步增长。

5）使用比率分析的局限性

比率分析是评价企业财务状况和经营业绩的重要工具，但它也存在一些局限性。

（1）时点性财务数据的局限性

很多财务比率选用的数据都是时点性的财务数据，而时点性的财务数据就像给人拍了一张照片，很容易被包装、粉饰。比如资产负债表中的会计科目，都是时点性的财务数据，所以在使用财务指标进行分析之前，先要搞清基础数据的真伪。

（2）历史性财务数据的局限性

财务比率基于历史财务数据，这些数据可能不反映当前或未来的财务状况或市场条件。过去的表现不能完全预测未来的表现。

（3）不同会计政策的局限性

不同企业可能采用不同的会计政策，比如，不同的存货计价方法、不同的折旧计提方法等都会造成基础财务数据的不同，这会影响财务比率的可比性。即使在同一行业中的企业，财务比率也可能因为会计政策的差异而存在较大差异。

（4）资金结构不同的局限性

不同的企业资金来源不一样，有的企业权益性的资金来源大，有的企业负债性的资金来源大，这些因素都会造成企业的偿债能力、盈利能力方面的差别。

（5）税务结构不同的局限性

有的企业享受税收优惠，而有的企业没有优惠，这也会造成盈利能力上的差别。

（6）短期与长期视角冲突的局限性

某些财务比率可能更多地反映了企业的短期表现，而忽视了长期潜力。例如，过于注重当前的盈利能力而忽视了对未来增长的投资。

（7）外部环境影响的局限性

财务比率不能完全反映外部环境（如经济周期、利率变化、政策变化等）对企业的影响。这些外部因素可能对企业的财务状况产生重大影响，但在比率分析中难以充分体现。

综上所述，虽然财务比率是分析企业财务状况的重要工具，但在使用时需要结合其他定性和定量分析方法，综合运用多项指标，注意彼此间的相互作用和勾稽关系。

6.9.3 比较分析法

比较分析法是一种通过比较不同对象的财务数据和指标，来评估和分析企业财务状况和经营绩效的方法。通常分为纵向比较和横向比较两种方法。

1）纵向比较法

纵向比较法是将同一企业在不同时期的财务数据进行比较，分析企业财务数据变动情况，进而评估企业财务状况和经营成果的变化趋势，判断其发展方向和成长性。比如，分析企业过去三年的净利润、营业收入和资产负债率的变化情况，识别增长趋势和风险。这种方法的优势在于能够识别出企业的成长趋势和经营周期，局限性是容易受到单个时间点数据异常的影响，且没有考虑外部环境变化。

2）横向比较法

横向比较法是将同一行业内不同企业的财务数据进行比较，评估企业在行业中的地位和竞争力，找出行业内的最佳实践。比如，将企业与竞争对手的毛利率、净利率和资产回报率进行比较，评估其在市场中的竞争优势。这种方法的优势在于能够识别企业在行业中的优势和劣势，局限性是受制于不同企业的会计政策、规模和经营模式的差异，结果可能不完全可比。

也可以将企业与行业标准比较，就是将企业的财务数据与行业平均水平或标准进行比较，评估企业在行业中的表现是否优于或低于平均水平。比如，将企业的流动比率和速动比率与行业平均值进行比较，判断其短期偿债能力是否达到行业标准。

综上所述，比较分析法是财务分析中重要且实用的方法，但应结合定性分析和其他财务分析工具，全面、综合地评价企业的财务状况和经营绩效。同时，信贷人员要重点关注借款企业与正常经营模式明显不符的异常变化情况，探索这些异常情况的原因，以了解潜在的风险。

6.9.4 趋势分析法

趋势分析法是通过分析公司财务报表中各项财务指标的历史数据，以识别和预测其未来财务状况和绩效的分析方法。将一个或多个项目连续多个报告期数据与基期比较，或者与上一期比较，形成一个指数时间序列，以此分析这个报表项目历史长期变动趋势，并根据识别出的趋势，解释其可能的原因，对未来财务状况进行预测。趋势分析法既可用于对会计报表的整体分析，即研究一定时期报表各项目的变动趋势，也可以只对某些主要财务指标的发展趋势进行分析。常用财务指标的趋势分析包括收入趋势分析、利润趋势分析、资产回报率趋势分析、负债率趋势分析等。比如，信贷人员通过分析收入、利润等财务指标的历史趋势，评估企业过去的业绩表现和未来的增长潜力；通过分析负债率、流动比率等指标的变化，发现公司的财务风险和潜在问题，如过度借贷或流动性不足。

使用趋势分析法进行财务分析时，要确保财务数据的准确性和一致性，避免数据问题导致的错误分析。要选择适当的时间跨度进行分析，以捕捉长期趋势，并考虑业务的季节性和周期性变化。同时要考虑宏观经济环境、行业动态和政策变化等外部因素对企业财务状况的影响。

信贷人员可以系统地利用趋势分析法，可以深入了解企业财务状况，预测未来发展趋势，全面评估借款企业的财务状况和信用风险，做出更加科学和稳健的贷款决策。

6.9.5 杜邦分析法

杜邦分析法是以净资产收益率为分析核心，利用主要财务比率之间的关系来综合地分析企业财务状况的一种财务分析方法。杜邦分析法将净资产收益率（ROE）分解为销售净利率、资产周转率和权益乘数三个关键的财务指标，以揭示这些指标对净资产收益率的影响，从中可以看出企业盈利能力、偿债能力、营运能力之间的关系。

杜邦分析法中主要的财务指标：

净资产收益率=资产净利率×权益乘数=销售净利率×资产周转率×权益乘数

资产净利率=销售净利率×资产周转率

=（净利润/销售收入）×（销售收入/总资产）

资产周转率=销售收入/总资产×100%

权益乘数=总资产/股东权益=1/（1-资产负债率）

更多指标详见图6-3。

净资产收益率的高低反映了投资者的净资产获利能力的大小，它是由销售净利率、资产周转率和权益乘数决定的；权益乘数反映企业负债程度，该指标越大，说明企业负债程度越高；资产净利率是销售净利率和资产周转率的乘积，是企业销售成果和资产运营的综合反映；资产

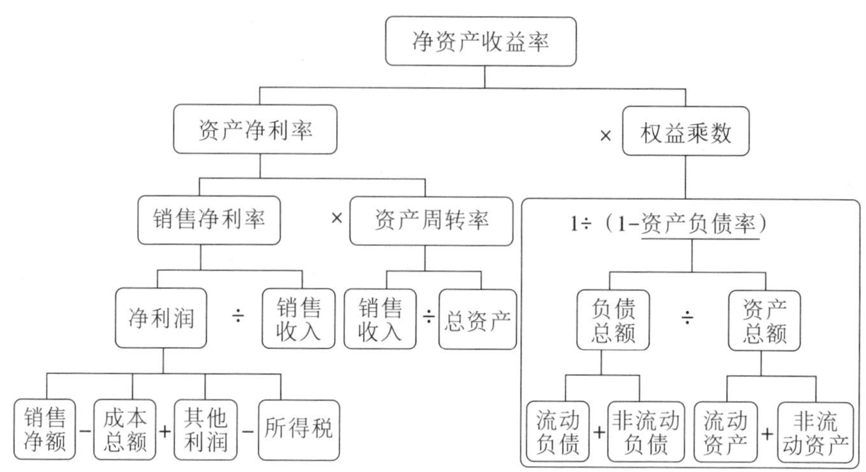

图6-3 杜邦分析法中主要的财务指标

周转率反映企业资产实现销售收入的能力。杜邦分析法可以清晰地看到净资产收益率的决定因素。

信贷人员可以利用杜邦分析法全面评估借款企业的财务健康状况和信用风险。在贷前调查中，杜邦分析法是评估借款企业信用质量的工具，通过分解净资产收益率，信贷人员可以更全面地了解企业的盈利结构、财务结构以及营运水平，有助于信贷人员判断借款企业的整体财务状况、偿债能力、营运能力以及财务稳健性。在贷后管理中，监控这些指标的变化可以帮助信贷人员及早发现潜在的风险。

信贷人员运用杜邦分析法的具体步骤和方法：

1）数据收集

收集借款企业过去几年的财务报表，包括资产负债表、利润表和现金流量表；收集相关行业的平均财务比率作为对比基准。

2）计算关键比率

利用杜邦分析法，计算并分解借款企业的净资产收益率。

3）分析各项比率

销售净利率：分析企业的盈利能力。高销售净利率表示企业成本控制良好和盈利能力强。

资产周转率：评估企业的资产利用效率。高资产周转率表示企业运营效率高，资产利用充分。

权益乘数：衡量企业的财务杠杆水平。高权益乘数表示企业利用更多的债务融资，虽然可以提高净资产收益率，但也增加了财务风险。

4）对比分析

将借款企业的各项比率与行业平均水平进行比较，了解企业在行业中的相对位置，识别其优势和劣势；分析企业比率的历史变化趋势，评估其财务健康状况是改善还是恶化。

5）综合评估和决策支持

通过杜邦分析法的结果，综合评估借款企业的财务状况。

盈利能力：高销售净利率和高净资产收益率表明企业有较强的盈利能力和偿债能力。

运营效率：高资产周转率表明企业能有效利用其资产进行运营，产生收入。

财务风险：通过权益乘数评估企业的财务杠杆水平，过高的财务杠杆可能增加企业的违约风险。

6）风险管理和决策

根据杜邦分析法的结果，做出信贷决策：

放贷决策：如果企业的盈利能力强、运营效率高且财务风险可控，信贷人员可以考虑批准贷款。

贷款条款：根据企业的财务状况，确定贷款金额、利率和还款期限等条款。

风险预警：对于财务杠杆高、盈利能力较弱或运营效率低的企业，应提高风险预警等级，采取更严格的风控措施。

案例6.17：运用杜邦分析法分析企业

假设某企业的财务数据如下：

净利润：150 000元

销售收入：1 500 000元

总资产：1 000 000元

股东权益：400 000元

计算各项比率：

销售净利率=150 000/1 500 000×100%=10%

总资产周转率=1 500 000/1 000 000=1.5

权益乘数=1 000 000/400 000=2.5

净资产收益率=10%×1.5×2.5=37.5%

分析结果：

盈利能力：销售净利率10%，表明企业有较强的盈利能力。

运营效率：总资产周转率1.5，表明企业资产利用效率高。

财务杠杆：权益乘数2.5，表明企业利用了一定程度的财务杠杆，增加了ROE，但也需要关注其财务风险。

综合评估：

企业的ROE为37.5%，在行业中处于较高水平，表明其整体财务表现优异。信贷人员应进一步审查其债务水平和现金流情况，以确保企业有足够的偿债能力。

6.10 财务信息的交叉验证

中小企业信贷业务中普遍存在信息不对称的问题，加之授信对象操纵财务报表的现象较为普遍，所以客户经理在对企业进行信贷调查时，需要大量的时间对借款企业的财务信息进行交叉验证。交叉检验是通过不同途径确认信息正确性的方法，要对报表上的各个财务信息之间、财务信息与非财务信息之间、非财务信息之间进行交叉验证。财务报表是问题的起点，信贷人员在进行财务分析时，不要轻信表面上的报表数据，而应将财务报表内的信息与财务报表外的信息结合起来，通过不同信息来源途径、同一信息来源途径的勾稽关系，对借款企业信息进行合理性、真实性、关联性验证。交叉验证的核心工作就是证实、证伪借款企业的财务信息。对于报表上数据变化大的，如果没有合理的逻辑支撑，都要小心求证、交叉验证，识别财务真相，做出正确判断。

信贷人员通过交叉验证可以获取更为准确的财务信息和验证借款企业的诚信。信贷人员可以将从银行、市场监管、税务、司法、海关、供电、供水以及上下游、主要交易对手等第三方获取的重要财务和非财务信息，与现场调查了解到的企业所处行业的基本情况和企业自身的经营管理情况、股权结构、发展前景、对外投资、财务状况等进行交叉验证，判断企业财务数据与供产销储等经营数据是否匹配，与现金流等是否匹配，有无异常关联交易与民间资金往来等，以便在此基础上，还原相对真实的财务数据，为科学准确地做出贷款决策提供依据。

一般来说，信息来源的可信程度从高到低依次为：权威第三方凭证（如银行、市场监管、税务、海关、供电、供水等部门的数据），第三方凭证（如上下游、交易对手的合同、发票），非利益相关人提供的信息（如社会评价），客户自制原始凭证（如出入库单据、原材料产成品明细账、费用明细表），客户财务报表，客户口述。企业的财务报表有很多科目，信贷人员在进行信贷调查、审查时可以重点验证营业收入和利润、存货、应收账款、固定资产、实收资本、银行负债、给关联方的借款等财务信息。

6.10.1 营业收入和毛利润的交叉验证

信贷人员要有效验证借款企业的营业收入，关键在于全面核实相关单据，包括银行流水、纳税申报表、运输单据、出口退税单、海关报关单、销售及采购合同、发票、ERP系统记录、销售明细单、出入库单据以及工资总额等，查看这些单据上的财务数据彼此之间是否匹配；此外，营业收入与诸如应收账款、流动资金贷款余额和财务费用等会计科目紧密相关，通过分析这些科目的变动可以从另一个角度验证营业收入的真实性。对于生产型企业，其营业收入还应与设备的生产能力和水电气的消耗量成正比，因此，通过核实产量和能源消耗可以进一步核实营业收入。

因为毛利润等于营业收入减去营业成本，所以，在毛利润的验证方面，基本方法是结合对营业收入和存货的验证，清晰了解了这两个方面，毛利润的情况便较为明朗。除此之外，分析原材料与产成品价格的走势可以判断毛利率的变化趋势。若产成品价格急剧下跌而原材料价格微跌，毛利率仅略有下降，则需关注企业的采购成本是否全部入账，以及成本核算的真实性和公允性。更重要的是将借款企业的毛利率与同行业标准进行比较，对于显著高于行业平均水平的情况，应从企业的行业地位、商业模式、经营管理和产品竞争力等方面寻找合理解释。

6.10.2 存货的交叉验证

企业财务造假，基本上都会在存货上做手脚，因为相对于其他会计科目而言，存货造假相对比较容易，主要体现在人为将存货做大。信贷人员对存货的验证是信贷调查中的一项重要内容，对存货的验证包括账目核对、实物盘点，通过这两个环节，最终看借款企业是否账实相符。有的行业的存货验证是非常困难和复杂的，需要丰富的工作经验和细致的工作，比如农业。

账目核对，就是要查看借款企业总、分账上的存货数量，可以通过企业的银行流水（对于大量通过个人账户结算的企业，也包括个人账户流水）、财务软件加以佐证；查看购销合同、运输单据、出入库单据、报关单等单据上的信息与报表上的存货是否匹配；存货与应付账款、流动资金贷款余额、财务费用等会计科目是密切联系的，通过这些会计科目的变化，可以反过来验证存货；要注意是否有通过存货计价方法的改变来调整存货的情况、是否有通过少计提或未计提存货跌价准备来虚增存货的情况；在行业内比较借款企业的存货周转率是否合理，有无异常。

实物盘点，就是在信贷调查中，信贷人员现场去查看，通过点数、过磅计量等方法核实存货的实际库存数。信贷调查不是审计，不可能做到全部清点，可以通过抽查来判断存货的真实性。有些行业的存货不易清点，可以通过查看与之紧密相关的信息来佐证。比如，养鱼的企业，信贷人员不可能到水下去清点鱼的数量，那么可以查看鱼饲料的进货单以及鱼饲料的库存，询问每天鱼饲料的投放量来判断，因为有1万尾鱼的企业和有5万尾鱼的企业，所需饲料量一定是不一样的。

信贷人员在调查存货时要有一定的技巧。我们在信贷调查时的程序往往是这样的：客户经理前一天给企业老板打电话，预约次日和支行行长一起去企业进行信贷调查，然后客户经理就去忙其他事情，而企业老板接到电话后，会将他的财务总监、会计以及相关人员召集一起，研究部署次日如何接待银行调查人员，哪些合同、发票、单据可以给调查人员看，哪些单据不给调查人员看，单据上有的存货给调查人员看，单据上没有的存货如何解释，等等。次日，支行行长和客户经理到企业后，先到老板的办公室进行访谈，然后到车间去参观。有时，调查的时间很仓促，加之客户经理事先又没做好准备，而借款企业事先又做了充分的准备，这样会使调查流于形式，很难了解存货的真实状况。

有效进行调查核实的过程应当如下：在客户经理实地访问企业之前，首先需要通过研究相关资料和咨询行业内的经验丰富人士，来深入了解借款企业所处的行业背景、季节性波动特征、原材料和产成品的价格变动，以及行业平均存货周转率等关键信息。在企业现场进行访谈时，应特别询问这些方面的信息，并通过对存货的现场抽查来评估存货的真实性与合理性。在调查过程中，客户经理应主动向生产线员工、仓库管理员和大门保安等询问信息，因为这些人往往能提供更为真实的情况，而非仅仅依赖于企业高层或财务负责人的陈述。例如，可以询问生产线的工人最近是否繁忙以及是否需要加班；向仓库管理员了解仓库的面积及其存储能力；向大门保安询问关于夜间货运活动的情况，以及他们通常何时休息；甚至向企业对面小吃店的服务员了解拉货车辆的频繁程度。只有通过这样全面细致的现场调查，才能对企业的存货状况有一个清晰的了解。

6.10.3　应收账款的交叉验证

应收账款与营业收入紧密联系，通过营业收入的变化可以验证应收账款。信贷人员要结合企业的销售合同、运费单据、出库单据、营销政策等信息与报表上的应收账款进行交叉验证，看其是否匹配；要通过应收账款账龄和下游客户的信用状况来分析借款企业的应收账款质量，可以将测算出来的应收账款周转天数与企业的销售政策进行比对，从而判断应收账款的形成是主动的还是被动的。注意坏账准备的计提是否合理，有无通过不计提或少计提坏账准备而虚增应收账款的情况；关注有没有来自关联方的应收账款，尤其是金额较大的应收账款；注意“年底开票，年后冲回”现象，这种现象造成企业年末营业收入、应收账款、利润同时显著增加，信贷人员若在报表上发现这种情况，应结合12月份和次年1月份销售收入明细情况与相关合同等原始凭证进行仔细核对，以确认是否有虚增营业收入、应收账款和利润现象；了解借款企业的应收账款是否已质押给其他银行，这部分是受限资金，并不能作为还款来源。

如果应收账款金额在整个资产中所占比重较大，可以适当抽取一定数量的样本进行函证查询，核实应收账款的真实性。

6.10.4 固定资产的交叉验证

在验证固定资产时，关键在于审查企业购置固定资产的相关合同、发票及银行流水记录，对于进口资产，还需检视海关报关单，确保这些文件上的财务数据相互吻合；固定资产的购置与长期贷款之间存在密切联系，因此，通过分析长期贷款的变化可以间接核实固定资产的情况；对于生产型企业，固定资产还与机械设备的生产能力和水电气消耗量成正比，通过监控产量和能源消耗量可以进一步验证固定资产的实际价值。此外，需要注意审查固定资产折旧的计提是否合理，是否存在通过折旧操纵利润的行为，以及固定资产是否计提了减值准备，是否有已过时或淘汰的设备未进行减值准备而导致固定资产和利润虚增的情况。

在现场调查过程中，应深入了解固定资产的构成，因为不同的固定资产对企业的生产经营和未来发展的影响截然不同。例如，一台先进的机床、一套即将淘汰的生产线、一辆法拉利汽车在财务报表中可能均列示为1 000万元固定资产，但其对企业的实际贡献却大相径庭；了解借款企业的固定资产数量和状况，结合行业特点，评估其合理性及竞争力至关重要；将现场调查结果与企业的固定资产账目明细进行对比，以判定其真实性，是验证固定资产的重要步骤。

6.10.5 银行负债的交叉验证

在进行银行负债的验证时，第一，最为关键的环节是查询征信记录，征信系统记录了企业及其主要负责人的贷款明细和信用状况，是验证银行负债最直接且权威的手段。第二，审查企业的贷款合同和银行流水，这是基本步骤，不仅能揭示贷款的真实性和具体条件，也能通过资金流动追踪负债的实际使用情况。第三，企业的财务费用变化也是反映银行负债变动的重要指标，通过分析财务费用的增减，可以间接推断出负债水平的变化。第四，对企业的或有负债（即对外担保）也不应忽视，或有负债虽然在当前可能不直接体现为实际负债，但它存在转化为实际负债的风险，这对企业的财务健康状况是一个潜在的威胁。

特别需要注意的是，对于民营中小企业，其企业主个人的银行负债往往与企业负债紧密相关，因此，验证时应同时考虑企业及企业主的负债情况，确保评估的全面性。

6.10.6 实收资本的交叉验证

实收资本的交叉验证表面上是要查看资本金到位的证明资料，如股东付款凭证、公司章程、验资报告、银行进账单、银行流水等，但是这些工作远远不够，因为即便是借来的资金做资本金，也会有这些证明材料，实收资本验证的重点是要看其资本金是否真实到位，有无抽逃资本金的情况。

企业资本金来源有货币出资和以知识产权、实物、土地使用权等作价出资两种形式。

1）货币出资

判断一个股东的出资能力大小，最根本的方式就是要了解股东的资金实力，尤其是大股东（实际控制人）的资金实力。信贷人员可以利用银行所在地政商资源或者网络资源，来了解大股东的背景、成长经历、财富积累过程，深入了解他是如何一步步成长起来的，从而判断他的“身家”有多大，如果他的“身家”明显小于他对企业的出资，那么资本金就可能是借来的，将来还会还回去，也就是抽逃资本金，或者他背后有其他实际控制人。如果实收资本是借来的，无论是向关联方、股东借的，还是员工集资、民间融资，借来的钱都是要还的，那么就会在企业的报表上有所反映，信贷人员可以从货币资金、其他应收款等科目的变动来寻找蛛丝马迹，查看企业注资前后的往来款项是否与注资金额相同或相近，判断其实收资本是否为借入资金、验资后有无资金流出、是否归还对方。通常情况下，将借入的实收资本归还对方，会在其他应收款科目中有体现，所以对实收资本与其他应收款数额相近的，要特别关注。如果实收资本来源于关联方，则有可能通过长期投资的方式，再将实收资本还给关联方，那么报表上会体现出实收资本与长期投资同时、同比例增加的特点。

抽逃资本金往往发生在企业成立之初，对于将资金转给与企业业务无关的交易对手的，且与其行业特点、企业经营状况不匹配的大额、整数金额的异常情况，信贷人员要小心企业是否存在抽逃资本金的情况，可以进一步将所有者权益类和负债类等资金来源科目与资产类科目数据进行逐一对比分析，来判断实收资本的真实状况。

2）以知识产权、实物、土地使用权等作价出资

在以知识产权、实物、土地使用权等非现金形式出资时，应重点关注其所有权是否清晰，估价是否合理。信贷工作人员需仔细审查借款企业提供的所有权证明、产权转让手续、评估报告等关键文件。对于尚未完成产权变更登记的资产，应当予以排除。特别需要警惕的是评估价值的合理性，注意是否存在通过高估资产价值来变相虚增实收资本的行为。

6.10.7 给关联方借款的交叉验证

企业把资金借给关联方，会在账上留下蛛丝马迹，信贷人员发现其他应收款科目有余额，而且余额多为整数金额的，可以进一步通过查看银行流水来验证其资金付给谁，如不是其交易对手，则极有可能是将资金借给关联方。如果给关联方的借款伴随关联交易完成，则隐蔽性更强，主要看是否存在长期异常的应收账款和预付账款，如果交易不符合行业内的贸易习惯或交易价格不公允，也可能是将资金借给关联方。

案例6.18：信贷人员过度依赖借款人对自身产能的描述，没有交叉验证

M银行向某农作物种植专业合作社发放流动资金贷款1 000万元。该合作社主营菌菇种植，该笔贷款到期后发生逾期。该笔贷款发放时的

用途为购买菌基配料。而经实地调查后发现，该企业生产能力不足。企业共租赁35个大棚，仅6个进行种植，其余大棚均空置，按其当时产量估算，企业菌基年需求量远低于贷款申报材料中的日产量及年配料需求量。且该企业所使用的菌基实际为某生态科技有限公司种植其他菇类使用菌基的二次利用，无须购买新的菌基配料。贷后检查发现企业实际控制人将该笔借款转入其另一家实际控制的企业，用于生产厂房建设。

在这个案例中，经办客户经理对菌菇种植行业菌基多次利用的特点不了解，过度依赖借款人对自身产能的描述，对贷款需求的合理性分析不足。同时，对关联关系识别不到位，致使信贷资金被借款人挪用，形成实质性风险。

6.10.8 如何发现一个企业财务异常

事出反常必有妖。信贷人员在对企业调查的过程中，发现不符合常识的情况，就要通过交叉验证进一步证实真伪。

马靖昊老师在其公众号“马靖昊说会计”中列出了企业15种财务异常的情况：

如何发现一个企业财务异常呢？大家别以为复杂，其实一点都不难。一般来说，看一个企业的财务情况，主要看资金流水明细、购销合同、近两年的应收应付款明细账和原材料产成品明细账、费用明细表等，通过翻阅这些账本，不正常的财务问题大部分都能看出疑点来，再围绕这些疑点追下去，基本上存在的财务问题都能被揪出来。

但是什么是疑点呢？俗话说，反常即为妖。那么，哪些地方可以告诉我们有反常呢？基本上，弄清楚下面的这些反常点，财务问题一般都能看出来。

（1）除了面对自然人的交易，现金在现代经济中合法交易上的用量已经越来越少了，大量与法人之间的大额现金交易就不正常。

（2）企业向客户收钱、付钱给供应商是正常，企业向客户付钱、供应商给企业钱就不正常（履约保证金类除外）。

（3）客户或供应商经营与其经营范围相关的产品正常，要是一软件公司买卖大宗化工产品就不正常。

（4）客户或供应商与企业的信任度是慢慢培养起来的，新增供应商或客户购销规模远超大多数合同，款项支付条件又出奇优惠就不正常；合同签得和其他供应商或客户大不一样就更不正常了。

（5）买东西预付款正常，但预付了款长时间买不回东西就不正常了。

（6）卖东西有欠款正常，但远超信用期还收不回的钱就不正常了。

（7）生产经营储备原材料正常，但一备大半年的就不正常了；产品产销有时间差很正常，但生产出来后半年没人要就不正常了，要是把货送给客户，用了大半年连合同都没签，钱也没要回，甚至连应收账款都不计就更不正常了；当然，存货期末单位成本远高于平常的也是不正常。

（8）向客户打点投标保证金正常，但投标结束后保证金回不来就不正常了；向没有正常业务往来的单位付款就更不正常了。

（9）员工借点备用金正常，但单个员工十几万几十万余额就不正常了；备用金余额合计都够支付公司两个月正常费用就不正常了。

（10）买点设备增加产能正常，但产能大增没买设备就不正常了。

（11）在建工程余额比较大正常，但远超预算没合理解释、都完工投产了还不转固定资产就不正常了。

（12）拖欠供应商款项正常，但供应商半年发的货分文不收就不正常了；另外，欠供应商的账款半年不还，余额超百万也不正常。

（13）工资压一个月正常，但三四个月不付工资就不正常了。

（14）收入有季节性正常，但分月收入变动和行业季节性明显不符就不正常了；临到年底一个月确认一个季度多的收入就更不正常了。

（15）加强费用控制正常，但变动费用与收入不成比例，固定费用能减少一半就不正常了。

另外，在进行企业财务检查时，发现各种疑点很正常，但企业不能给出符合商业逻辑的解释，或是解释虽听起来还算合理，但没有客观证据支持的就不正常了。

6.10.9 判断财务造假存在的非财务信号

信贷人员在评估借款企业是否存在财务造假的可能性时，除了财务数据本身，还有一些非财务信号值得关注。

1）高管层更换频繁

当企业的财务总监、独立董事或监事的更换率异常高时，这可能是管理层不稳定或内部出问题的迹象。举例来说，如果一个公司在一年内更换了两次财务总监，这可能表明其财务记录或策略存在问题。

2）会计师事务所更换频繁

如果一个企业不断更换负责编制其财务报告或提供审计的会计师事务所，这可能是企业试图找到更加合适的会计师，以掩盖其财务问题。例如，一个企业在连续几年内更换了多家不同的会计师事务所，可能表明其对审计结果的不满意或有所隐瞒。

3）大股东或高管持续减持股票

当公司的大股东或高层管理人员频繁减持其持有的公司股份时，这可能表明他们对公司未来信心不足。

4）资产重组和剥离频繁

频繁的资产重组和剥离可能是企业试图隐藏其真实财务状况的迹象。例如，一个公司如果在短期内进行了多次资产重组或出售了多个主要资产，这可能是为了美化财务报表。

这些非财务信号提供了从不同角度审视企业财务状况的视角，有助于更全面地识别潜在的财务风险和不规范操作。

6.11 银行流水分析

6.11.1 银行流水分析中的重点

通过银行流水来分析借款企业的财务状况是非常重要且实用的方法，银行流水主要内容包括账号、户名、交易日期、借方金额（支出）、贷方金额（收入）、交易摘要、交易对象等内容，实际工作中，很多客户经理在信贷调查报告中只是将汇总后的流水列出，并没有结合企业的实际情况认真分析，仅仅是为收集流水而收集流水。

信贷人员应该重点分析借款企业银行流水的以下四个要素。

1）交易频次

不同行业、不同企业的购销有其特性，这造成其资金往来也有其规律性，信贷人员要注意查看借款企业银行流水中的交易次数与其行业特点、资金往来的基本规律是否相符。比如，零售行业通常具有一次性大额采购、多批次小额销售的行业规律，如果流水都是大额进出，则与其行业规律不符，存在很大疑点，需要向借款企业询问其原因，并分析其解释的合理性。

2）交易金额

信贷人员要注意查看借款企业交易金额与企业购销规模是否相匹配，尤其是大额的资金往来。具体操作上可以将企业每月流水进出金额与每月采购、销售数量比对，同时考虑应付账款和应收账款变化数，如果两者差异过大，则要引起重视，了解真实原因。需要注意借款企业是否存在有时间规律的（比如每月固定日期）相同金额的交易，因为这有民间借贷支付利息的可能性。

3）交易对象

信贷人员要注意查看借款企业的交易对象，如果交易对象不是其上下游企业，比如一些同户名的往来款、股东往来款，则可能是企业单纯的资金往来，而不是真正交易行为带来的资金往来。

如果交易对象是一些投资公司、小贷公司等类金融机构，则存在民间融资的可能性；甚至有个别企业在申请贷款前，刻意做资金对倒，比如，在关联企业之间或找一个非关联的交易对手，人为地将资金频繁划转，做假流水，通常这种做法是没有贸易背景的。信贷人员不要只是简单地将进项流水汇总，如果发现上述两种情况，可以将其从流水中剔除。

4）固定支出

信贷人员要留意借款企业流水中每月的固定支出是否正常，比如工资奖金的发放是否正常，是否与员工人数相匹配，每月水电气的支出是否正常，是否与其生产经营相匹配。

案例3.1第（9）题：通过水泊梁山公司的对账单，你能分析出什么？

	流出		流入	
月份	笔数	金额（万元）	笔数	金额（万元）
2018.8	126	801	82	745
2018.9	132	704	73	656
2018.10	140	652	66	612
2018.11	118	507	71	545
2018.12	120	449	62	513
2019.1	111	630	76	601
平均	124	623	71	612

答：（1）水泊梁山公司的对账单显示其流出金额大于流入金额，这与公司的经营特点是相吻合的，因为该公司给下游客户的账期是60天，而且给占其销售收入80%的AD汽车公司是90天，上游给它的账期是60天，所以流出大于流入是正常的，但是，伴随销售收入的增加，水泊梁山公司的现金会越来越少，如果没有外部资金的补充，会存在资金链断裂的风险。

（2）流出、流入的金额在2018年的8—12月都是下降的，这说明水泊梁山公司的生产经营在萎缩，当借款企业出现这种信号，信贷人员要特别注意，应该了解同行业同时期整体的发展情况，如果同行业也是在下降中，这有可能是行业周期性原因导致的，问题不大，但是如果此时同行业都是在增长中，只有水泊梁山公司在下降，则问题较大；另外，要了解AD汽车公司此时的销售是否正常，如AD汽车公司此时的销售是在下降中，则水泊梁山公司业务的下降是受到AD汽车公司的影响，将来会伴随AD汽车公司销售的回暖而回暖，则问题不大，但是如果此时AD汽车公司的销售是增长的，就有可能是AD汽车公司有了新的供应商，而AD汽车公司的销售占水泊梁山公司销售收入的80%，如果AD汽车公司不再采购水泊梁山公司产品，那么对水泊梁山公司来讲，则是毁灭性的。

（3）流出笔数大于流入笔数，且平均金额较小，这说明水泊梁山公司的原材料没有集中采购、囤积的情况，而是采取多频次、分散的方式采购，可以推测它的原材料成本控制是高来高走、低来低走的方式，而不是通过集中采购去赌原材料的上涨。水泊梁山公司既不是技术密集型行业也不是资金密集型行业，它的市场准入门槛并不高，由于竞争激烈，行业内的企业如果想获取更高的利润，往往需要对原材料价格波动有较为准确的预测，并低点集中采购。水泊梁山公司的对账单反映其并没有集中采购，那么该公司的利润率就应该是行业平均利润率水平，如果明显高于行业平均利润率，则有可能财务造假。

6.11.2 通过银行流水分析隐性负债

隐性负债是指在征信报告中无法体现出来的负债，包括没有纳入征信系统的小额信贷、典当行等机构的贷款，民间借贷、亲戚朋友间的借款以及和其他企业间的借款等。会计恒等式是资产等于负债加所有者权益，信贷人员在进行信贷调查时，如果发现借款企业的资产总额大于其所有者权益与银行借款的合计数，那么企业就有可能存在隐性负债，需要通过对流水中的交易金额、交易对象进一步验证。比如，流水中的交易对象是否有小贷公司、典当行、投资公司等类银行机构；银行流水是否备注还款、还贷字样；银行流水中每月是否有相同金额的固定支出项，可能是支付的利息或分期还款；银行流水中是否有第三方支付公司的代扣。

6.12 征信报告分析

企业征信报告是一份记录了企业信用历史和财务状况等信息的文件，用于反映企业的信用状况。征信报告的内容包括企业基本信息（公司名称、注册地址、注册号、经营范围等）、企业信用评级、企业财务信息、信用历史（信用记录、逾期情况、债务偿还记录等）、公司业务合作关系（与其他公司的合作关系、交易记录等）、法律诉讼信息等，是企业的信用画像，征信报告为信贷人员了解企业信用状况、做出信贷决策提供依据。信贷人员对征信报告进行分析，重点应注意以下几个方面。

6.12.1 贷款是否正常

对于企业贷款及企业主个人贷款或者信用卡有过逾期记录的，要了解原因，判断是否是偶然因素造成，如果解释不合逻辑则审慎进入；对于逾期记录较多或者逾期超过3个月的，企业主单张信用卡逾期超过6次或者累计超过10次的，则不要进入。

6.12.2 贷款历史信息的变化

企业征信报告中按季度披露企业贷款金额的变化，对于贷款增加或减少的原因需要了解清楚，要特别关注贷款金额剧烈波动的情况。同时关注贷款银行的变化，对于企业信贷资金主要提供银行由当地普遍认为信贷经营审慎的银行转变为信贷经营相对宽松的银行的，要特别关注。

6.12.3 贷款到期日及到期金额

信贷人员要注意借款企业未来时间内贷款到期日及到期金额，并了解其还款来源、发放贷款银行的续贷政策，尤其是非主动营销的客户，以免成为“接盘侠”。对于近期有大额贷款到期的企业，要特别关注。如果企业主的个人贷款金额较大、信用卡顶格透支，则说明企业的资金非常紧张。

6.12.4 征信查询记录较多

对于征信查询记录频繁，而贷款没有增加的企业，需要了解其向哪家银行申请贷款、申请贷款的理由、拒绝原因。

案例3.1第（10）题：通过水泊梁山公司的报表分析其未来的贷款

偿还能力并指出理由。

案例3.1第（11）题：请评估水泊梁山公司的财务风险（包括财务弹性）。

答：我们将第（10）题和第（11）题一并分析，通过前面财务报表显示的财务比率，我们可以看到水泊梁山公司的资产负债率在上升，流动比率、速动比率在下降，而且资产负债率超过70%，2018年流动比率仅为0.9，速动比率仅为0.4，这说明该公司的长短期偿债能力较差，难以偿还到期贷款；应收账款周转天数为97天，存货周转天数为215天，应收账款周转天数与存货周转天数合计（资金占用天数）为312天，应付账款周转天数（资金来源天数）为134天，可以看出该公司的资金占用天数远大于资金来源天数，这与前面介绍的该公司经营特点相吻合，即上游给它的账期小于它给下游的账期，那么伴随该公司产量的增加、销售量的增加，该公司的现金会越来越少，因为大量的现金被存货和应收账款占用，所以在这种经营状态下，它的经营活动现金净流量就会是负数，在没有外部资金补充的情况下，公司就会面临资金链断裂的风险；我们再来看其现金流状况，该公司2016年经营活动现金净流量为-676.2万元，2017年经营活动现金净流量为-766.2万元，这与前述该公司经营特点相吻合，但经营活动现金净流量为负，靠经营活动现金流是不能偿还贷款的。2018年经营活动现金净流量为870.6万元，这与其经营特点并不相符，事出反常必有妖，是什么因素使其2018年经营活动现金净流量突然转正？我们看到资产负债表中应付账款科目余额由2017年的1 079.2万元增加到2018年的2 460.2万元，增长一倍多，其他流动负债增加1 155万元，这两项合计增加2 536万元，造成其经营活动现金净流量转为正数，那么我们就要进一步了解这两项数据大幅度增加的原因是什么，是不是为了操纵现金流？但是，即便该公司2018年经营活动现金净流量为870.6万元，也不足以覆盖贷款到期的本金加利息。

从上面的分析可以看出，依靠水泊梁山公司自身财务状况是难以还款的，那么，我们再从财务弹性的角度来分析，资产负债表显示该公司2017年有长期借款1 604万元，而2018年长期借款为0，这说明该公司偿还了2017年的长期借款，钱从哪里来？显然靠其自身是没有这个能力的，那么就只有一种可能，即借入了外部资金，一是2018年该公司其他流动负债增加1 155万元，这部分资金可能是长期借款1 604万元的还款来源之一，是从股东还是其他关联企业借款，需要进一步验证，无论如何，说明水泊梁山公司是有外部融资能力的。二是该公司2017年的短期借款是1 733万元，2018年的短期借款是2 100万元，比2017年增加367万元，这部分也可能是长期借款1 604万元的还款来源之一。另外，我们注意到，该公司在南方银行的短期授信额度是3 500万元，报表显示的三年里，贷款最多时只有2 100万元，从没有将额度占满，这也说明该公司的资金并没有那么紧张。

综上所述，水泊梁山公司的贷款，依靠自身的财务状况还款是存在一定问题的，还款来源主要依赖筹资性的现金流，依赖外部资金的流入，信贷调查时应重点关注股东（尤其是卢俊义）和关联公司提供资金的能力变化。

6.13 财务预测

财务预测是指根据企业已有的财务数据、经济环境、行业发展趋势、企业自身经营管理现状以及其他相关信息，对未来某一特定期间内的企业财务状况进行推测和预测的过程，内容包括预测未来收入、成本、利润、现金流等关键财务指标。财务预测分为借款企业自身的财务预测和银行信贷人员对借款企业的财务预测两种版本，信贷人员对借款企业的财务预测又可分为预期版本和压力测试版本。

我们实际工作中常见的中小企业自身的财务预测往往是粗线条的、有的企业刻意夸大自身未来的美好前景，以增加贷款获批的可能性，信贷人员在调查中要分析企业自身财务预测的逻辑是否成立，比如（见表6–7），一家企业实际的销售利润率在2021年、2022年、2023年分别是10%、9%、8%，企业自己预测2024年、2025年、2026年的销售利润率是11%、12%、13%，是一种V形反转，而行业的平均销售利润率是7.5%，对于这种不符合常理的预测，信贷人员要听其逻辑、看其依据。

表6-7 **财务比率分析的应用——通过对比历史数据评估财务预测的合理性**

年份	2021	2022	2023	预测 2024	预测 2025	预测 2026	行业平均值
销售利润率	10%	9%	8%	11%	12%	13%	7.5%

1）预期版本

预期版本就是信贷人员根据对借款企业的调查分析所做出的预测，并以此作为信贷决策的依据。信贷人员在对借款企业进行财务预测时，要收集借款企业的财务报表、历史财务数据、企业内部的经营管理相关数据，了解企业的财务现状和经营表现，同时结合外部因素，如行业发展趋势、市场需求、竞争情况、原材料和产成品价格走势、上下游的稳定性等，来更准确地预测企业未来的财务表现。财务预测的逻辑是否成立是最重要的，比如借款企业销售收入增长，一种可能是销售量增加，另一种可能是销售价格提高.如果是销售量增加，那是因为全行业整体的增长，还是企业占有了更大的市场份额？如果是全行业的增长，那么全行业增长的驱动因素是什么？这些因素未来是否还存在？如果是销售价格提高，那是因为企业产品质量更好还是该产品市场短缺？如果是企业产品质量更好，那么驱动因素是什么？是技术原因还是原材料原因？这些因素未来是否还存在？

从防范信贷风险的角度，信贷人员对企业的财务预测的核心是预测借款企业未来的现金流，因为这是质量最高的还款来源。

2）压力测试版本

压力测试版本也由银行信贷人员来做，要选择发生概率高或中等，且对还款能力影响大的因素进行压力测试。这些因素包括但不限于现金流变动、销售增长率、价格波动、市场份额、应收账款周转率、信贷规模变动等。比如，案例3.1中，发生概率大且对还款影响大的因素主要是下游大客户AD汽车公司的订单变化和原材料价格变化，那么就可以设定如果订单下降20%或原材料价格上涨20%，会对水泊梁山公司的还款来源产生怎样的影响。信贷人员可以使用财务建模工具，如Excel等，将各种假设输入模型，进行压力预测。

案例3.1第（12）题：客户经理调查时，该公司的财务总监预测：

2019年和2020年公司的销售收入会有大幅增长，而后，公司将进入稳定期，发展速度将慢下来，公司管理层经营理念比较谨慎，并不追求盲目扩张。对这样的预测有何想法？

答：有些企业主或财务总监对自己公司的财务预测往往是粗线条的甚至是夸大的，但是水泊梁山公司的财务总监的预测给人的感觉倒是低调、实在的。他为什么这样预测呢？完全基于实际情况还是另有原因？信贷人员在做信贷调查时，要调查和评估借款企业和企业主，同样，企业主或企业的财务总监也在分析、评估银行和具体的信贷人员。企业主或企业的财务总监如果判断信贷人员是初出茅庐或业务能力一般，则往往会为其描绘企业未来美好的前景，以便增强信贷人员的信心；如果判断信贷人员业务能力较强，自己的夸大其词会被识破并引起对方反感，则会依据企业现实生产经营状况和行业未来发展趋势，表面上做理性客观的预测，水泊梁山公司的财务总监所做的财务预测就属于这种情况。

实际上，这个财务总监的预测，是围绕着现金流来做的。由于水泊梁山公司经营特点是上游给它的账期短于它给下游的账期，所以当该公司销售收入增长后，带来的是现金的减少而不是现金的增加，所以财务总监说“2019年和2020年公司的销售收入会有大幅增长”，那么该公司就有了申请授信的理由。“而后，公司将进入稳定期，发展速度将慢下来，公司管理层经营理念比较谨慎，并不追求盲目扩张。”发展速度慢下来，销售收入不增长，这就暗示未来的现金流会增加，还款来源有保证；不盲目扩张，又打消了银行信贷人员对企业固定资产投资、短贷长用的担心。

6.14 财务危机的四个阶段

大多数企业陷入财务危机是一个渐进的过程，主要表现为四个阶段。

1）潜伏期

潜伏期主要表现在企业盲目扩张、高杠杆举债扩张，尤其是抽取主业资金进行跨行业大额固定资产投资，由主业承担利息和费用，建设期长或新项目投产后，不能产生预期的收益，存在将原有的主业拖垮的风险；企业营业收入大幅下降、利润下降、退货增加、回款减少、现金流持续紧张、经营管理出现混乱现象；借款企业资金归行开始明显减少；借款企业社会上的负面评价增多。

2）表现期

企业自有资金不足，资产负债率过高，过分依赖外部资金，拆东墙补西墙，对外融资不计成本，拖延付款，甚至出现贷款逾期、欠息，生产经营不连续，在未告知贷款人的情况下秘密处置核心资产，企业亏损加剧。

3）发作期

企业主无心关注自身业务，专门应付财务周转，资金周转困难，到期债务不能偿还，涉诉事件发生，贷款逾期时间加长，企业主和财务人员躲避与外部的联系。

4）恶化期

资不抵债，丧失偿付能力，账户被查封，宣布倒闭清盘，企业主跑路。

对于贷款银行来说，潜伏期是唯一可以不通过诉讼手段退出的时机，另外三个时期，除诉讼手段外，则很难退出。而且，如果一家企业有几家银行的贷款，通常情况下，就变成了零和博弈，只会有一家银行能够退出来，那么，是不是你所在的银行，那就要看客户经理能否准确判断出借款企业处在潜伏期，同时，也要看这家银行领导的决心。

7　四大风险类型之项目风险分析

本书所讲的项目风险，是指借款企业进行固定资产投资所带来的风险。借款企业进行固定资产投资过程中，可能面临各种不确定性和潜在问题，这些问题可能影响项目的成功实施、资金回报以及由此带来对银行信贷资金安全性的影响。这些风险包括市场需求变化、竞争加剧、技术障碍、供应链问题、管理团队能力、法律法规变化等因素。

在中国，中小企业平均存活期不足3年，除去由于竞争激烈、经营管理问题等原因而被淘汰之外，项目投资失败也是导致很多中小企业走向衰败的原因之一，有的企业选错了投资方向，对于新投资项目的风险评估不足，进行激进的固定资产投资，由于后续资金不足造成项目不能按期投产，或投产后没能收到预期效果。固定资产投资过程中产生的大量债务最终可能将企业推向财务困境，使其陷入困顿之中。

针对这一点，企业在决策固定资产投资前，应进行全面的风险评估，考虑市场趋势、技术发展、管理能力及法规环境等多方面因素，以确保投资决策的稳健性和项目的可行性。此外，合理规划资金使用，避免过度借贷，也是确保项目顺利实施和企业长期发展的关键。

信贷人员可以从以下几个方面对借款企业的项目风险进行评估。

7.1 新上项目的重要性

企业固定资产投资可以分为维持性资本支出和扩张性资本支出两大类。

维持性资本支出是指用于维护和更新现有资产，使其能够继续正常运作的资本支出。这类支出通常不用于扩展业务或提升产能，而是为了确保现有的设备和基础设施能够保持在良好的工作状态，以支持持续运营，包括设备维修和更换，厂房、办公楼等基础设施维护，技术改造更新，用于消防、环保设备安全和合规支出等。维持性资本支出尽管不会直接给企业带来收入增长，但对企业的长期稳定运营至关重要。

扩张性资本支出是指企业用于扩展业务、增加产能或进入新市场的资本支出。这类支出通常旨在推动企业未来的增长和收益提升，属于企业战略性投资的一部分，包括厂房、办公楼等新设施建设、设备购置、收购和兼并等。扩张性资本支出对企业的未来发展具有重要意义，因为它直接关系到企业能否实现持续增长和保持市场竞争力。企业在进行扩张性资本支出时，通常需要进行详细的规划和风险评估，以确保投资能够带来预期的回报。

维持性资本支出和扩张性资本支出主要不同点在于：维持性资本支出是维护现有运营；扩张性资本支出是增加新的业务能力来推动公司未来的业绩提升。

对于企业来讲，是维持性资本支出重要，还是扩张性资本支出重要？比如，一家水泥生产企业，现有两条生产线，年产水泥200万吨，由于环保不达标，这家企业必须投入500万元上一套环保设备，使其环保达标，否则环保局就会勒令其停产，那么该企业投入的500万元固定资产投资，并不能使其产能增加，这500万元投资就是维持性资本支出。再如，一家水泥生产企业，现有两条生产线，年产水泥200万吨，目前市场供不应求，企业决定再投资1 000万元上一条新的生产线，使其产量增加100万吨，这1 000万元投资就是扩张性资本支出。显然，对于企业来讲，维持性资本支出比扩张性资本支出更为重要，因为维持性资本支出涉及生存的问题，扩张性资本支出涉及发展的问题，只有先解决生存才能有机会发展。同理，如果一家企业在同一时点面对维持性资本支出和银行贷款到期，企业大概率会选择维持性资本支出，因而造成银行贷款逾期，所以，信贷人员在贷款约期时，要回避企业维持性资本支出的时点。

企业固定资产投资风险从小到大可以分为四种情况（参见表7-1）：企业在主业内滚动投资的技术改造、扩大生产，相对来说更稳健，风险最小；主业内集聚性大额投资的技术改造、扩大生产，相对激进，风险次之；非主业滚动投资，由于跨行业投资，不确定性增大，风险再次；非主业集聚投资，风险最大，如果同时大资金投资多个跨行业项目，则一定要远离。

表7-1 **投资类型对照表**

投资类型	描述	风险评估
主业内滚动投资的技术改造、扩大生产	在企业的主营业务领域内进行的技术升级和生产扩张，利用现有的资源和优势	风险最小，因为投资与企业的核心能力和市场定位紧密相关
主业内集聚性大额投资的技术改造、扩大生产	在企业主营业务领域内进行较大规模的技术改造和生产扩张，投资规模较滚动投资大	风险次之，虽然投资集中于主业，但较大的资金投入增加了财务压力
非主业滚动投资	跨入非主营业务领域的投资，通常涉及较小规模的资金投入	风险较大，因为投资领域与企业现有能力和资源可能不匹配
非主业集聚投资	在一个或多个非主营业务领域进行大规模资金投入	风险最大，跨行业的大规模投资大大增加了不确定性和财务风险

企业进行固定资产投资会有两种结果：成功或者失败。成功，可以增加企业的生产能力和效率，从而提高产量，提升质量，降低成本，增强竞争力；失败，则导致企业资金紧张，增加债务负担，影响企业日常经营，甚至造成企业关停，进而对银行信贷资金造成风险隐患。

7.2 新上项目资金评估

信贷人员可以从投入资金数量的角度分析固定资产投资对企业的影响，评估固定资产投资的投入资金数量与预期的投资回报率之间的关系，投资资金量的多少对企业的财务健康至关重要，它影响贷款的安全性。比如，一家总资产1亿元的企业，投资200万元新购进一台机床，即便这笔投资失败，对企业的影响不会太大。但是，如果投资2 000万元上一条新生产线，如果失败，那么对其影响就会非常大。

信贷人员还要了解固定资产投资资金的来源以及资金的成本，不同的资金来源可能会影响企业的财务结构和成本结构，尤其要注意资金来源与资金运用上的时间错配，短期资金来源被运用到长期项目上，往往会造成资金紧张，甚至要面对资金链断裂的风险。同时要关注新上项目的铺底流动资金是否能够落实，有的企业靠借钱上新项目，即便完成固定资产投资，但是没有流动资金，也会使企业陷入窘境。

对于固定资产贷款，信贷人员应在合同中与借款企业约定提款条件，以及信贷资金支付需要接受贷款行管理和控制等条款，提款条件应包括与贷款同比例的资本金已足额到位、项目实际进度与已投资额相匹配等要求。

7.3 新上项目的技术风险

固定资产投资中的技术风险是指新上项目引入新技术时，可能面临的各种不确定性和挑战。新技术可能还处于发展阶段，其可靠性、稳定性和适用性尚未得到充分验证，存在失败的风险。

如果是借款企业主业内的新上项目，则企业内现有的相关人员会较快适应新技术的要求，但是如果是跨行业新项目，则需要引进相应人才或对现有员工进行培训，不确定性加大。信贷实践中，信贷人员在对企业信贷调查时，往往重视对企业的财务分析，而忽略对企业技术能力的分析，一个企业技术能力的高低，是其是否具有竞争力的衡量指标之一。

7.4 新上项目的市场风险

对于新启动的项目，市场风险是一个关键因素，它直接影响项目的成功与否。市场风险的表现形式包括但不限于以下几点。

7.4.1 市场需求评估不准确

新上项目可能不符合当前或未来市场的需求，或者市场需求的实际大小不如预期，从而导致产品销售困难，收入未达预期。

7.4.2 面对激烈竞争

进入新市场或引入新产品时，企业可能会遇到来自现有竞争对手和新进入者的强烈竞争。这种竞争可能导致价格压力加大，从而影响利润率。

7.4.3 市场环境与消费者行为变化

市场环境的快速变化可能使得原有的市场研究和预测失效，消费者的偏好和行为也可能随着时间而变化，这要求企业能够灵活调整其市场策略以应对这些变化。

7.4.4 品牌认可度低

新项目往往缺乏足够的品牌知名度，需要投入大量的时间和资源来建立品牌形象和提高消费者认知度。在没有足够品牌影响力的情况下，消费者可能会选择他们已知和信任的品牌。

通过以上分析，信贷人员可以看到，对于新上项目，精确的市场需求评估、对竞争环境的深入理解、对市场变化的快速响应能力，以及有效的品牌建设策略都是确保项目成功的关键因素。信贷人员在项目贷款调查时要进行全面的市场风险评估，并制定相应的风险管理和贷款决策，以最大限度地降低市场风险对信贷资金安全的影响。

7.5 新上项目的合规风险

合规风险是企业在进行新项目投资时必须面对的重要考量，特别是在固定资产投资方面。这类风险涉及项目是否遵循了相关的法律、法规、政策及行业标准，包括但不限于国家的宏观产业政策、监管政策、行业法规、土地使用政策、环保要求以及安全生产标准。确保项目合规意味着企业在投资过程中需按照相关法律法规履行合法的审批、核准或备案程序，并符合国家关于投资项目资本金的规定。

不遵守这些规定可能导致企业面临一系列法律和经济后果，如项目被迫停建、被处以罚款、被要求停业整顿等。这些不仅会对企业的财务状况造成直接影响，损害企业的声誉，影响其长期发展，还会对银行信贷资金的安全造成威胁。

7.6 新项目的实施

企业新上项目执行过程中可能出现所需的人力、物力、财力等资源不足，遇到技术难题等问题，由于项目管理团队未能有效识别评估和管理项目执行过程中可能出现的各种风险，导致无法及时应对和解决问题，此外，外部环境因素如自然灾害、政策变化、供应链中断等，也可能影响项目执行进度，导致延误或中断项目进展，使企业陷入困境。

信贷人员对企业的项目风险分析，不要仅仅局限于固定资产贷款，即使发放流动资金贷款，如果发现借款企业在进行固定资产投资，也要对其进行项目风险分析，因为借款企业可能将流动资金贷款挪用到固定资产中去，即便没有挪用，借款企业新上项目失败，也会给发放流动资金贷款的银行带来风险。

案例7.1：G印刷公司投资农业项目失败

G公司是一家印刷企业，成立于2012年，公司成立以来经营规模、利润水平不断增长，到2018年公司年销售收入1.2亿元，利润1 100万元，有银行贷款2 000万元。但是自2019年以来，由于市场竞争激烈，该公司的业务大幅度萎缩，公司老板希望通过多元化经营来获取更多利润，于是投资5 000万元新建现代农业项目，包括智能温室和有机农产品种植。

为建新项目，G公司老板不断从母体企业G印刷公司抽取资金用于农业项目的投入，并以G印刷公司名义增加流动资金贷款1 000万元，投入新项目，但是，由于农业项目的投资回报周期长，现金流压力大，企业难以持续投入。加之，公司老板对农业行业的周期性和市场风险缺乏认识，忽视了农业技术和市场推广的复杂性。最终，农业项目因技术问题和市场需求不足而经营不善，企业面临巨额亏损。G印刷公司的贷款也全部逾期。

8 风险缓释方法

风险缓释是一种策略，旨在通过采取一系列措施来减少或分散潜在风险，以降低损失发生的可能性或其影响程度。在银行信贷领域，信贷人员通常会运用一系列方法，如信贷调查、面谈和交叉验证等，全面分析借款企业的信贷风险类型，包括信贷分析范围、行业风险、经营管理风险、财务风险以及项目风险等。通过这些分析，信贷人员能够识别出潜在的风险，评估这些风险发生的可能性以及它们对信贷资金安全的潜在威胁程度，并针对不同的风险类型，设计相应的风险缓释方法。在众多的风险类型中，信贷人员首先要抓住主要风险点，主要风险点就是那些发生概率大且可能对信贷资金安全造成较大影响的风险点，设计出相应的风险缓释措施。如果主要风险点没有很好的风险缓释方法，则否决这笔贷款，这样就提高了信贷决策效率。

以蹦极或跳伞为例，人们对是否敢跳的态度不同，主要是因为对风险的顾虑不同，比如心脏疾病、恐高、担心绳子断裂等。面对这些担忧，采取有针对性的措施可以帮助解除顾虑：如果是心脏疾病，可以进行事先体检；如果是恐高，可以尝试蒙眼；如果担心绳子断裂，则可以使用双重绳索保障。这些措施必须针对具体的风险设计，确保能够有效解决问题。例如，如果担心绳子断裂而将眼睛蒙上作为解决方案，显然无法解决实际问题。在这个例子中，“不敢做”的原因对应着风险类型，“采取相应措施”则是风险缓释方法。正确匹配风险类型和风险缓释方法至关重要，因为错误的匹配无法有效解决风险。

可能还有人说，你给我买一个大额的保险，我就往下跳，那么大额的保险什么时候起作用？只有你跳下去没上来，保险才会理赔，如果你跳下去又上来了，保险是没有作用的，保险既不解决恐高的问题，也不解决担心绳子断裂的问题。这里的“保险”就是信贷业务中的抵押，在信贷业务中，抵押物的使用类似于保险，虽然提供了一定程度的安全保障，但它并不能直接识别或有针对性地解决特定的风险问题。

还有人会说，无论采取什么措施，我都不会跳下去。每个人对风险的偏好不同，有的人愿意冒险，有的则尽可能避免风险。银行是经营风险的机构，研究的是识别和控制风险而非完全避免风险。信贷人员要评估风险发生的概率，不要纠缠在小概率事件里没完没了，因为这样会导致贷款业务无法正常进行。

总的来说，贷款的风险缓释方法包括设定借款人的资格条件、优化贷款结构和加强贷后管理三个方面。

8.1 资格条件

资格条件是指符合某项条件或标准的基本要求，从银行信贷的角度来看，一般来说，自身资格条件好的借款企业抗风险能力强、贷款的安全性高。资格条件好的借款企业具有以下特征：借款企业有良好的信用记录，历史上没有严重的逾期、欠息或违约记录；行业地位领先，借款企业从事本行业多年，具有丰富的经验，是行业的龙头（通常来讲，行业的龙头比行业的跟随者抗风险能力要强）；上下游稳定，上下游合作历史长，上下游集中度不高，彼此信赖；产品市场认可度高，市场占有率高，产品的竞争力强；财务状况健康，盈利能力强；企业管理有序，员工稳定等。

8.2 贷款结构

贷款结构是指贷款的具体安排和设计，也就是具体的授信品种，涉及贷款金额、利率、还款期限、还款方式、结算要求、第二还款来源等方面的条款和条件。贷款结构可以根据借款企业和贷款银行之间的协商，以及授信品种的特性而有所不同。设计合理的贷款结构可以降低信贷风险，同时也能满足借款企业的资金需求。比如，一家经销电脑的公司，向中石油销售了价值200万元的电脑，形成了对中石油的应收账款，假设中石油可以确认这笔应收账款，那么虽然这家公司自身的资格条件较差，但是银行针对中石油的这笔应收账款做质押贷款，风险也不大。

贷后管理的内容详见本书第12章。

案例8.1：你能想到哪些风险缓释方法？

借款企业A公司是一家生产管材的企业，它只有一个下游客户B公司，B公司是中石油，我们认为A公司有着客户集中度过高的风险，你能想到哪些风险缓释方法？

对于A公司的风险缓释方法可以是：A公司提供足值抵押、以中石油的应收账款质押、由中石油或其他有实力的公司担保、控制中石油的回款等，但是这些风险缓释方法都是贷款结构角度的。

我们再从资格条件的角度来进行分析，中石油是上市公司，中石油的财务报表我们很容易就可以看到，我们看图8-1：假设中石油的销售收入随着时间的推移是上升的曲线，那么，我们再来看借款企业A公司的销售收入曲线的变化，A1是A公司随着中石油销售收入的增长而同比例增长，两者呈同向且平行的状态，这说明A公司的产品完全得到了中石油的认可，A公司和中石油是非常紧密的贸易伙伴，能够分享到中石油的增长红利，那么，这时给A公司贷款的风险就不大，拟贷款银行可以争取做主办行（即唯一的信贷资金提供者或最大的信贷资金提供者）。A2是A公司的销售收入虽然也随着中石油销售收入的增长而增长，但是没有同比例增长，而且随着时间的推移，两者销售收入曲线敞口越来越大，这说明，两者之间的业务合作关系越来越松，其他竞争对手已经抢占了A公司部分市场份额，那么，这时贷款就需要很好地管控潜在的风险，拟贷款银行应该做辅办行（小的信贷资金提供者）。如果未来A公司的销售收入曲线掉头向上，回到与中石油销售收入曲线平行，则增加贷款。如果未来A公司的销售收入曲线掉头向下，则及时退出，由于是辅办行，因此退出相对容易。A3是A公司的销售收入曲线向下，而中石油的销售收入曲线向上，这说明中石油已经抛弃A公司，那么，这种情况对A公司来讲，则是毁灭性的，是不可以贷款的，即便有抵押也不能贷款。

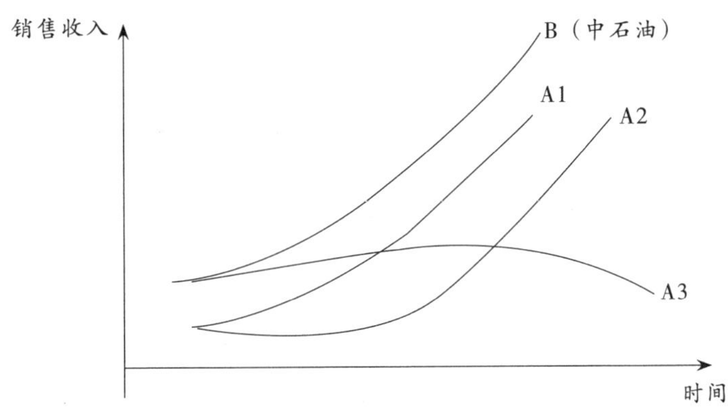

图8-1　风险缓释的资格条件

案例3.1第（13）题：请指出水泊梁山公司的主要风险因素（财务风险除外）。

1）从信贷分析范围来评估关联企业的风险

要了解卢俊义控制的关联企业是否经营正常，还要分析主要下游客户AD汽车公司的经营是否正常，尤其是做应收账款质押贷款和保理业务时。

2）评估行业风险

由于水泊梁山公司既不是技术密集型企业又不是资金密集型企业，行业准入门槛不高，竞争激烈，所以行业内的企业经营波动性会很大，要密切关注行业的变化。水泊梁山公司的主要原材料是橡胶，而橡胶作为国际大宗商品，它的价格波动大，而且由于大量进口，同时也存在汇率变化的影响。水泊梁山公司下游是汽车行业，汽车行业受宏观经济影响大，在经济下行周期，汽车销售的减少，同样会给水泊梁山公司的产品销售带来影响。

3）评估经营管理风险

主要下游客户AD汽车公司，销售占到它整体销售的80%，集中度非常高，如果主要客户AD汽车公司停止向水泊梁山公司下订单，则对其是毁灭性的打击；双股东模式，两个自然人股东宋江和卢俊义各占50%的股份，可能产生分歧，并由此可能引发该企业不能持续经营；主要经营者宋江67岁，年龄偏大，存在由于他个人健康而造成企业管理缺位，继而导致企业经营管理混乱的可能性；两股东的个人财富水平尚需进一步验证。

4）评估项目风险

新设备的采购或安装可能被延期，或成本因各种因素而超额，或无法生产出预期的产品，导致销售收入和利润减少。若新设备与原设备相似，技术风险则处于低水平。

案例3.1第（14）题：对于第（13）题中的风险，如何进行缓释？（风险缓释的资格条件）

由于我们不能现场调查，这里指出的是一些风险缓释的方法和思路以及逻辑推理。

1）信贷分析范围中的风险缓释

信贷人员要调查了解卢俊义控制的其他7家公司经营是否正常，这里的调查并不一定是要去这7家公司进行现场调查，可以通过询问访谈、查征信等方式进行，如果这7家公司经营尚好，我们再从其他风险方面进一步评估水泊梁山公司能否贷款，如果这7家关联公司经营得不好，甚至出现逾期、欠息、涉诉、停产等恶劣情况，则水泊梁山公司的贷款直接否决，因为关联企业之间的风险是会传递的。

信贷人员调查时，还要留意水泊梁山公司与其关联企业之间是否存在关联交易，尤其是关联公司中的生产橡胶设备公司、运输公司、广告公司，这些公司与水泊梁山公司业务的关联性强，在调查中可以查看合同、发票、银行流水，如果关联交易的价格与市场价格比较没有明显不合理，且没有长期异常的彼此资金占用情况发生，那么这种关联交易只是肥水不流外人田，问题不大。如果价格不合理且彼此有资金长期占用的情况，则存在利益输送和资金转移，贷款要谨慎。另外，要了解主要下游客户AD汽车公司的经营是否正常，如果AD汽车公司经营出现问题，则贷款要谨慎。信贷人员要特别留意关联企业中的房地产公司，如果目前房地产公司没有在开发项目或停止经营，则问题不大。如果房地产公司正在开发项目，则要密切留意房地产公司的资金来源，防止水泊梁山公司的资金（尤其是信贷资金）流入房地产。

2）行业风险缓释

由于行业竞争激烈，经营波动大，信贷人员可以重点了解水泊梁山公司在行业内的地位，是行业的龙头还是行业的跟随者，我们看到水泊梁山公司成立于2005年，应该是一家成熟期的企业，同时它能给国内排名前十的大型汽车制造企业AD汽车公司配套，这说明水泊梁山公司是具有一定竞争力的成熟企业。

对于原材料橡胶价格波动带来的潜在风险，信贷人员要查看水泊梁山公司的采购合同，将其购买价格与市场上橡胶价格的波动进行对比分析，如果公司在橡胶价格低点进行囤积，则会为公司带来较高利润，如没有明显囤积，公司采用高来高走、低来低走多频次采购方式，则说明公司的成本控制不是赌原材料的价格波动，只是赚取加工费，那么，公司也不会有明显高于同行业的利润率。如果公司橡胶采购价格在高点且大额囤积，则未来会产生亏损，贷款的风险较高。

对于汇率变化带来的潜在风险，信贷人员要看公司是否有通过远期外汇买卖来回避汇率风险，或是通过小金额、快进快出的方式采购来控制汇率风险。

由于水泊梁山公司生产的产品是汽车雨刮器和密封胶条，这两种产品都属于易耗品，原有配套车辆的更新替换，可以对冲由下游汽车销售的减少带来的影响。虽然下游汽车行业受宏观经济影响较大，但是水泊梁山公司产品所受到的影响不是同比例的，相对会小。

3）经营管理风险缓释

对于下游客户集中度过高的问题，信贷人员应该了解水泊梁山公司是否已经开始拓展新的下游客户，尤其是其他大的汽车生产企业，是否有入围投标、销售意向等，是否已经取得了新的订单，如果有，则水泊梁山公司在未来就很好地解决了下游客户集中度过高的问题。

对于双股东模式的问题，信贷人员重点要了解宋江和卢俊义在公司内部的分工以及各自的职责范围，通过对企业主财富的分析（第（4）题），我们可以推测实际控制人是卢俊义，宋江只是负责日常的生产经营。

关于宋江年龄过大的问题，信贷人员要了解公司的机构建设、岗位设置以及流程管理，如果公司内部治理相对完善、各司其职，则不会完全依赖宋江个人。

4）项目风险缓释

对于水泊梁山公司上新项目而带来的潜在风险，信贷人员要看新项目是否是公司主业内的扩张性资本支出，如果是，则公司现有人员具有相应的经验，新设备的安装调试带来的不确定性不大，同时，可以结合新订单情况来进行分析，以预测未来的市场变化。如果是跨行业投资新项目，则要审慎介入。

9 第二还款来源分析

第二还款来源是在借款企业无法按期偿还贷款时所依赖的替代偿还来源。这些来源主要包括：企业通过出售资产获得的收入、抵押品的变现收入以及担保人的代偿。担保方式可以分为两大类：物保和人保。物保，即担保物权，是以物的交换价值作为债权实现的担保，包括抵押权、质押权和留置权三类。人保，即保证担保，是以人的信用作为债权实现的担保，包括一般保证和连带保证。

9.1 保证担保

保证担保是指为了确保债权的实现，保证人和债权人约定，当债务人无法按期履行债务时，保证人有履行该债务的责任。依照《中华人民共和国公司法》第十五条的规定："公司向其他企业投资或者为他人提供担保，按照公司章程的规定，由董事会或者股东会决议；公司章程对投资或者担保的总额及单项投资或者担保的数额有限额规定的，不得超过规定的限额。公司为公司股东或者实际控制人提供担保的，应当经股东会决议。前款规定的股东或者受前款规定的实际控制人支配的股东，不得参加前款规定事项的表决。该项表决由出席会议的其他股东所持表决权的过半数通过。”

保证担保分为一般担保、连带责任保证担保。《中华人民共和国民法典》（以下简称《民法典》）第六百八十七条规定，当事人在保证合同中约定，债务人不能履行债务时，由保证人承担保证责任的，为一般保证。一般保证的保证人在主合同纠纷未经审判或者仲裁，并就债务人财产依法强制执行仍不能履行债务前，有权拒绝向债权人承担保证责任，但是有下列情形之一的除外：

（1）债务人下落不明，且无财产可供执行；

（2）人民法院已经受理债务人破产案件；

（3）债权人有证据证明债务人的财产不足以履行全部债务或者丧失履行债务能力；

（4）保证人书面表示放弃本款规定的权利。

因此，一般保证的保证人对债务人不履行债务负补充责任，只有对债务人依法强制执行仍不能履行的债务部分，保证人才承担保证责任；连带责任保证在债务人不履行债务时与债务人负连带责任，即债权人既可以要求债务人履行还款义务，也可以要求保证人承担保证责任。银行在签订保证贷款合同时，选择连带责任保证担保，对银行一方更为有利。

9.1.1 保证人资格

保证人分为两类：法人或非法人组织、自然人。

法人或非法人组织作为保证人应具备以下资格条件：

（1）经有权审批机构批准，依法成立、合规经营；在监管部门或金融机构无不良信用记录、重大违规记录；未涉及可能导致重大损失的经济纠纷或诉讼；

（2）经营和财务状况良好，现金流充足，具备代偿能力；

（3）拥有完善的内控制度和风险防范措施；

（4）符合银行授信客户准入条件中相应的信用评级要求。

自然人作为保证人应具备以下资格条件：

(1) 拥有中华人民共和国国籍，具有完全民事行为能力，在境内有固定居所；

(2) 有合法、充足的收入或资产，具有担保意愿和代偿能力；

(3) 无不良信用记录。

不具备担保资格的单位、组织包括：

依据《最高人民法院关于适用〈中华人民共和国民法典〉有关担保制度的解释》第五条的规定，机关法人提供担保的，人民法院应当认定担保合同无效，但是经国务院批准为使用外国政府或者国际经济组织贷款进行转贷的除外。居民委员会、村民委员会提供担保的，人民法院应当认定担保合同无效，但是依法代行村集体经济组织职能的村民委员会，依照村民委员会组织法规定的讨论决定程序对外提供担保的除外。”

以公益为目的的非营利性学校、幼儿园、医疗机构、养老机构等提供担保的，人民法院应当认定担保合同无效，但是有下列情形之一的除外：

(1) 在购入或者以融资租赁方式承租教育设施、医疗卫生设施、养老服务设施和其他公益设施时，出卖人、出租人为担保价款或者租金实现而在该公益设施上保留所有权。

(2) 以教育设施、医疗卫生设施、养老服务设施和其他公益设施以外的不动产、动产或者财产权利设立担保物权。登记为营利法人的学校、幼儿园、医疗机构、养老机构等提供担保，当事人以其不具有担保资格为由主张担保合同无效的，人民法院不予支持。

信贷实践中，从审慎角度出发，不接受以下自然人作为担保人：有过逃废银行债务行为；失信被执行人；有刑事犯罪记录；有嗜赌、吸毒等违法不良行为；从事法律法规禁止的其他活动的自然人。

9.1.2 保证人担保能力的审查

首先，要没有法律瑕疵，信贷人员要评估保证担保的有效性、合法性，确保担保企业的主体资格、担保合同完全符合相关法律的规定，确保担保企业资信状况良好；其次，确保担保方有足够代偿能力，有足够剩余现金流。信贷人员对担保企业担保能力的评估应围绕现金流开展，测算担保企业的净现金流是否能够覆盖担保的本金加利息。再次，担保企业最好不受借款主体影响。如果担保企业是借款企业的上下游或者关联公司，则借款企业出现财务危机，也会波及担保企业，那么担保企业的担保能力则会受到影响。最后，担保企业不受系统风险影响，通常来说，与借款企业在同一行业内的担保企业，往往存在系统性的风险，当行业风险来临的时候，对系统内的每一家企业都会造成影响，这时就会出现借款企业与担保企业同时陷入财务危机的窘境，担保企业丧失担保能力。

法人或非法人组织作为担保人的，信贷人员应审查以下资料：

（1）营业执照（特殊行业的，须同时提交政府主管部门颁发的经营许可证）；

（2）公司章程；

（3）有权决策机构（公司董事会或股东会、股东大会）同意担保的书面文件或证明；

（4）法定代表人身份证明及签字样本或印鉴；

（5）法定代表人授权委托书、委托代理人身份证明及签字样本或印鉴；

（6）担保人的财务报表；

（7）担保人的征信报告。

自然人作为担保人的，信贷人员应审查以下资料：

（1）担保人及配偶（无配偶的，应提供单身声明）的有效身份证件、居住证明资料（户口簿、居住证明等）；

（2）担保人及配偶同意提供担保的书面文件；

（3）担保人及配偶的财产及收入证明；

（4）担保人及配偶的征信报告。

案例9.1：确保保证人的独立性，防止保证人受借款主体影响

A公司是一家贸易公司，主营不锈钢销售，B公司是A公司的下游客户，主营小五金制造。A公司向C银行申请贷款500万元，由B公司

提供连带保证，C银行通过征信系统查询和分析A公司财务报表发现，B公司已为A公司从他行贷款1 000万元提供连带保证，而同时A公司的应收账款中有B公司的欠款800万元。其实质为A公司将1 000万元贷款中的800万元借款给B公司，作为回报，A公司留200万元贷款自用，A公司成了B公司的融资平台。

由于担保企业B公司是借款企业A公司的下游，而且双方资金相互占用，担保企业B公司会受借款企业A公司的影响，若借款企业A公司出现财务危机，也会波及担保企业B公司，那么B公司的担保能力则会受到影响。C银行最终否决了该笔业务。

对于保证担保方式，若保证人为一般性企业（非专业担保公司），除了审查保证人的担保实力和信用记录以外，要确保保证人的独立性，防止相互担保、无效担保等担保行为。

9.1.3 融资担保公司担保

融资担保公司，是指依法设立、经营融资担保业务的有限责任公司或者股份有限公司。融资担保是指担保人为被担保人借款、发行债券等债务融资提供担保的行为。

银行信贷实践中，有的信贷人员盲目信赖担保公司的保障作用，认为担保公司对贷款风险兜底，有了担保公司担保，贷款风险为零，而放松了对借款企业资格条件的评估。但是担保公司自身也存在较大的信用风险，对担保公司的信用风险要有充分的认识和评估。对于存在以下情况的担保公司，信贷人员要从严把握：

（1）资本金没有足额到位，存在股东虚假出资、抽逃出资的情况，关联企业大量占用担保公司资金。

（2）担保公司未提取或未足额提取风险准备金，存在出现担保赔付时，由于其资金不足，无法履行保证责任的潜在风险。

（3）担保公司担保业务的行业集中度过高，或对单一企业担保金额过大（担保金额占担保公司实收资本或净资产比例超过相关的规定）。一旦发生行业性系统风险或单一大客户出现风险，则存在无法履行保证责任的潜在风险。

（4）担保公司没有反担保措施，未建立信用评级体系，增加了自身的经营风险。

（5）担保公司存在将资本金投资房地产、股票、委托贷款、长期股权投资等其他业务。

（6）担保公司故意提高贷款人的贷款额度向银行申请贷款，获取贷款后，将部分资金给客户，另一部分担保公司截留自用。

（7）担保公司在银行交存的保证金部分或全部是由被担保人交纳。

案例9.2：贷款资金间接转入保证人（担保公司）账户，又以定期存单为其他贷款作质押担保

A分行于2020年5月29日给予B贸易有限公司贷款1 000万元，由C担保有限公司提供担保（保证金200万元）。B贸易有限公司将1 000万元贷款资金支付给D钢材贸易有限公司，D钢材贸易有限公司又将1 000万元分3笔转账入C担保有限公司账户。C担保有限公司又开立1 000万元3个月单位定期存单，为A分行客户E贸易有限公司贷款1 000万元提供存单质押担保。通过如此循环操作，A分行新增2 000万元贷款，1 000万元定期存款。2021年5月30日，C担保有限公司操控的B贸易有限公司流动资金贷款1 000万元逾期，C担保有限公司无力代偿，相关责任人受到行政处罚。

后经调查发现，2019年5月至2020年6月，C担保有限公司集中操控11户钢贸公司在A分行开户以及贷款还贷、划转资金等业务，以交存少量保证金的方式为企业融资担保，再通过贷款资金转存定期存款，又以定期存单质押再贷款的方式循环贷款。

2021年9月，C担保有限公司资金断链，完全丧失了担保能力和偿债能力。

A分行在C担保有限公司担保的授信业务中存在以下问题：

（1）贷前调查不尽职。贷前调查未揭示C担保有限公司集中操控一些小企业在A分行办理贷款，变相套取A分行融资；未揭示C担保有限公司与融资方、交易对手之间的关联关系。A分行也存在为虚增存贷款而与C担保有限公司勾结的可能。

（2）客户准入把关不严。钢贸行业属限制类行业，A分行业务管理部未进行风险评价，未充分揭示行业风险。

（3）授信审查把关不严。A分行授信审批部对调查评审环节存在的问题未予揭示，也未提出有效的风险规避措施。

（4）贷后管理不到位。贷后检查人员（客户经理）未对B贸易有限公司1 000万元贷款资金用途的真实性进行深入核实；没有核实C担保有限公司与B贸易有限公司、D钢材贸易有限公司、E贸易有限公司等公司或其股东间的关系，没有有效防范C担保有限公司操控中小企业从A分行融资；未及时发现借款企业经营异常和C担保有限公司股东抽逃注册资本金、资金链断裂、丧失担保能力和偿债能力的问题。

9.1.4 借款企业的实际控制人、配偶及财务负责人的个人担保

如果借款人为民营企业，很多银行会要求借款企业的实际控制人及其配偶为该笔借款提供担保，通过个人担保对实际控制人进行约束，增强他的还款意愿，提高其违约成本，促使其积极还款，以免其有意转移企业资产、逃废银行债务。有的银行甚至会要求企业的财务负责人提供担保，虽然财务负责人不一定是企业的股东，但是他对企业的财务状况、资金周转、还款能力及还款意愿非常了解，要求财务负责人担保，主要是约束其行为，起到威慑作用，防止他配合企业实际控制人有意逃废银行债务。财务负责人愿意以其名誉及财产为企业借款提供担保，意味着其相信企业有能力偿还贷款。

9.1.5 保证期间

保证期间是确定保证人承担保证责任的期间，不发生中止、中断和延长。债权银行与保证人可以约定保证期间，如果在合同中有明确的条款规定，那么就按约定的时间来实施，但是约定的保证期间早于主债务履行期限或者与主债务履行期限同时届满的，视为没有约定；如果债权银行与保证人没有约定或者约定不明确的（保证合同约定保证人承担保证责任直至主债务本息还清时为止等类似内容的，视为约定不明），保

证期间为主债务履行期限届满之日起6个月。

信贷人员需要注意的是，一般保证的债权人未在保证期间对债务人提起诉讼或者申请仲裁的，保证人不再承担保证责任。连带责任保证的债权人未在保证期间请求保证人承担保证责任的，保证人不再承担保证责任。所以债权银行要及时主张权利，以免担保落空。

9.2 抵押担保

关于抵押权，《民法典》第三百九十四条规定："为担保债务的履行，债务人或者第三人不转移财产的占有，将该财产抵押给债权人的，债务人不履行到期债务或者发生当事人约定的实现抵押权的情形，债权人有权就该财产优先受偿。前款规定的债务人或者第三人为抵押人，债权人为抵押权人，提供担保的财产为抵押财产。"

依据《民法典》的规定，有多个担保的情况下，如果当事人有约定其他担保优先于抵押权的，其他担保优先于抵押权受偿，如果没有约定的，物的担保优先于人的担保受偿。

9.2.1 抵押物准入

首先，考察抵押品的合法性至关重要。这意味着抵押品必须是法律认可的可抵押财产，并且权属明确无误。具体而言，抵押人需提供证明其对抵押物拥有所有权或合法处置权的相关证明文件，包括抵押物的详细清单和基础资料，并确保这些资料已经获得国家相关部门的批准或完成了抵押登记，保证不存在任何法律上的缺陷。其次，对抵押物的价值评估应保持客观公正，避免估值过高。再次，选取的抵押品应能够以较低成本快速变现。最后，确保借款合同的合法性和有效性是基础，因为法律规定主合同（借款合同）无效将导致从合同（抵押合同）同样无效。

那么，什么样的抵押物被认为是优质的呢？参见表9-1，简而言之，就是那些易于变现的资产。更准确地说，是那些能够以较低成本、快速变现的资产。在评估抵押物时，信贷人员应该借鉴商人的思维方式，即以出售为目的进行购买。这要求信贷人员思考：这个抵押物未来可能卖给谁？能在多长时间内售出？在此过程中会产生多少费用？

表9-1 抵押物准入参照表

考察要点	详细说明
抵押品合法性	必须是法律认可的可抵押财产，权属清晰，需提供所有权或处置权证明文件，已经获得相关部门批准或完成抵押登记，不存在任何法律上的缺陷
价值评估	评估应客观公正，避免价值虚高
变现能力	能够以低成本快速变现，评估时考虑潜在买家、销售时间和相关费用
借款合同合法性	确保借款合同合法有效，主合同无效则从合同无效

案例9.3：什么是好的抵押物？

一个银行的支行行长给笔者打电话进行咨询，准备给一家企业做一笔2 000万元的抵押贷款，以该企业持有的商业网点作为抵押，并描述了该商业网点的特征，但是上级行认为房产的评估值过高，想问问笔者的意见。笔者问他："如果按照现有的评估价值乘以抵押率，你自己是否愿意以这个价格购买此处房产？如果以这个价格购买，你是否有占便宜的感觉？"他回答说："没有"。笔者说："你没有这种感觉，那么别人也就没有，将来如果贷款不良，拍卖时，就不容易顺利卖出。这个评估价就是高了。"

1）可以抵押的财产

《民法典》第三百九十五条规定，债务人或者第三人有权处分的下列财产可以抵押：

（1）建筑物和其他土地附着物；

（2）建设用地使用权；

（3）海域使用权；

（4）生产设备、原材料、半成品、产品；

（5）正在建造的建筑物、船舶、航空器；

（6）交通运输工具；

（7）法律、行政法规未禁止抵押的其他财产。

抵押人可以将前款所列财产一并抵押。

2）不可以抵押的财产

《民法典》第三百九十九条规定，下列财产不得抵押：

（1）土地所有权；

（2）宅基地、自留地、自留山等集体所有土地的使用权，但是法律规定可以抵押的除外；

（3）学校、幼儿园、医疗机构等为公益目的成立的非营利法人的教育设施、医疗卫生设施和其他公益设施；

（4）所有权、使用权不明或者有争议的财产；

（5）依法被查封、扣押、监管的财产；

（6）法律、行政法规规定不得抵押的其他财产。

9.2.2 优先于抵押权的权利

信贷人员在选择、落实抵押物时要注意，以下权利优先于抵押权的实现：

（1）财产抵押之前产生的税款；

（2）建设工程价款优先受偿权；

（3）同一财产上的留置权；

（4）抵押权设立前，抵押财产已经出租并转移占有的，原租赁关系不受该抵押权的影响；

（5）《企业破产法》发布前形成的破产职工债权；

（6）商品房消费者的生存权优于工程价款优先受偿权、抵押权等担保物权；

（7）相关司法费用的优先权。

案例9.4：工程款纠纷导致的贷款损失

H银行以G公司20 000平方米土地使用权及地上建筑物做抵押，为其发放了1 000万元流动资金贷款，抵押物评估总价3 000万元，抵押率为30%。该公司经营不善，企业实际控制人涉及多笔债务纠纷，造成贷款逾期。客户经理催收中发现，在贷款到期前，某建筑工程公司因工程款纠纷对该抵押物进行了财产保全，对价值600万元的部分抵押物予以查封，该笔工程款纠纷当时处于仲裁阶段，如工程款纠纷仲裁属实，将优先于H银行受偿。虽然H银行向法院起诉，但抵押权执行存在巨大的困难。为不影响不良贷款指标，H银行最后将抵押物低价出售给资产公司，最终造成实质损失。

9.2.3 人保和物保并存

《民法典》第三百九十二条明确规定："被担保的债权既有物的担保又有人的担保的，债务人不履行到期债务或者发生当事人约定的实现担保物权的情形，债权人应当按照约定实现债权；没有约定或者约定不明确，债务人自己提供物的担保的，债权人应当先就该物的担保实现债权；第三人提供物的担保的，债权人可以就物的担保实现债权，也可以请求保证人承担保证责任。提供担保的第三人承担担保责任后，有权向债务人追偿。"

在物保和人保并存时，债务人（借款人）不履行到期债务，债权银行应当按照合同约定顺序实现债权，若没有约定或者约定不明确，债权的实现顺序分为两种情况：一是债务人（借款人）提供物保及第三人提供人保的情形，法院会先执行债务人的担保物，当债务人的担保物处置后不足以偿还债权或者无法处置时，法院才能执行保证人的财产。二是第三人提供物的担保的，债权银行可以就物的担保实现债权，也可以请求保证人承担保证责任，因此在第三人提供物保的情况下，执行无顺序之分，法院会根据债权人的请求进行执行。

9.2.4 房地产抵押

1）房地一体原则

信贷人员在选择土地及地上建筑物作为抵押时，要坚持房地一体原则。房地一体原则也被称为"房随地走"原则或"地随房走"原则，其源于房产与地产不可分离的自然属性。《民法典》第三百九十七条规定：

“以建筑物抵押的，该建筑物占用范围内的建设用地使用权一并抵押。以建设用地使用权抵押的，该土地上的建筑物一并抵押。”第三百九十八条规定：“乡镇、村企业的建设用地使用权不得单独抵押。以乡镇、村企业的厂房等建筑物抵押的，其占用范围内的建设用地使用权一并抵押。”

需要注意的是，《民法典》第四百一十七条规定：“建设用地使用权抵押后，该土地上新增的建筑物不属于抵押财产。该建设用地使用权实现抵押权时，应当将该土地上新增的建筑物与建设用地使用权一并处分。但是，新增建筑物所得的价款，抵押权人无权优先受偿。”

2）信贷人员审慎选择以下房地产作为抵押物

（1）房屋权属存在纠纷、瑕疵、产权不清、无合法有效的不动产权证；

（2）经法律程序确认为违法、违章的建筑物；

（3）依法被扣押、查封、监管或者采取其他强制性措施的土地、房产；

（4）列为文物保护的古建筑、有重要纪念意义的建筑物；

（5）闲置已接近或者超过规定年限的土地的建设用地使用权；

（6）学校、幼儿园、医疗机构、养老机构等以公益为目的成立的非营利法人的教育设施、医疗卫生设施、养老服务设施和其他社会公益设施（但以教育设施、医疗卫生设施、养老服务设施和其他社会公益设施以外的非公益设施为自身债务设定抵押的除外）；

（7）宅基地、自留地、自留山等集体所有的土地使用权，但法律规定可以抵押的除外；

（8）租赁期长且租金严重低于市场租金的房产；

（9）拟分幢分割抵押的工业企业房产、农村或商业氛围不浓区域的商业用房；

（10）法律、行政法规规定不得抵押或依法行使抵押权受到限制的其他房地产。

另外，国有企业、事业单位法人以国家授予其经营管理的财产抵押的，还应提供国有资产监督管理机构或政府主管部门同意抵押的批准文件。以集体所有制企业的财产抵押的，还应提供企业职工代表大会同意抵押的书面决议，以乡镇、村企业的厂房及其占用范围内的集体建设用地使用权抵押的，还应提供乡镇、村出具并经本集体经济组织成员的村民会议2/3以上成员或者2/3以上村民代表同意以该集体建设用地使用权抵押的书面文件。

3）房地产抵押物的核实

信贷人员一定要现场详细核实拟抵押资产的基本情况，核实是否权属清晰、是否租赁、是否已抵押等、是否存在优先受偿款，如应付未付工程款、土地出让金、储备土地中征地拆迁费等；

房地产作为抵押物，价格的评估一定要客观公正。评估价格要综合考虑房产实际买价或建造成本、同地段目前房地产价格。信贷人员要查看土地或房屋购买合同、发票、交易流水。如果是以企业自建工业厂房做抵押，应该查看竣工验收报告、固定资产作价凭证和附件，以及支付工程价款情况，特别留意是否拖欠工程款。

9.3 动产和权利担保

9.3.1 纳入动产和权利担保统一登记范围的担保类型

（1）生产设备、原材料、半成品、产成品抵押；

（2）应收账款质押；

（3）存款单、仓单、提单质押；

（4）融资租赁；

（5）保理；

（6）所有权保留；

（7）其他可以登记的动产和权利担保，但机动车抵押、船舶抵押、航空器抵押、债券质押、基金份额质押、股权质押、知识产权中的财产权质押除外。

9.3.2 动产抵押和动产质押的区别

动产抵押是指债权人对于债务人或第三人不转移占有而供作债务履行担保的动产，在债务人不履行债务时，予以变价出售并就其价款优先受偿的权利。动产质押是指债务人或者第三人将其动产移交债权人占有，将该动产作为债权的担保。

两者区别在于：

（1）动产抵押，抵押物不移转占有；动产质押，质物必须移转占有。

（2）动产抵押当事人可以自愿办理抵押登记的，抵押合同自签订之日起生效；动产质押当事人不必办理质押登记的，质押合同自质物交付之日起生效。

（3）动产抵押，债务履行期届满，抵押权人未受清偿的，可与抵押人协商以抵押物折价或以拍卖、变卖该抵押物的所得价款受偿，协议不成的，可向人民法院提起诉讼；动产质押，债务履行期届满，质权人未受清偿的，可与出质人协议以质物折价或依法拍卖、变卖质物清偿债权。

9.3.3 机器设备抵押

机器设备是指含有人造机械部件的，通常具备动力装置，被设计用于生产产品或通过某种形式转变一个材料或部件的状态的物件。机器设备由于使用年限增加和技术更新换代而贬值，相对于房地产抵押，机器设备作为抵押品，由于其自身贬值速度快、易转移、易损坏、变现难等特点，风险相对大。

1）机器设备抵押的准入

（1）机器设备的权属清晰，信贷人员需要查看购买合同、发票、银行对账单、进口设备的海关报关单等来确认权属；

（2）抵押的设备应该是相对容易变现的通用设备，而非不容易变现的专用设备；

（3）不接受已过时、面临淘汰或高污染高耗能的机器设备作为抵押物；

（4）抵押的设备是非融资租赁设备；

（5）企业为抵押的机器设备办理以贷款银行为第一受益人的财产保险，防范抵押品灭失风险；

（6）抵押物清单应详细列示机器设备具体名称、型号、规格和数量以及位置，并对机器设备拍照。抵押物清单和照片作为抵押合同附件。

2）机器设备的价格评估

在信贷实践中，有的银行在以机器设备作为抵押物时，对于机器设备的价值评估，往往是根据机器设备的原始价格减去折旧，再以其30%~40%来确定评估价格，这样的评估过于粗糙。信贷人员在以机器设备做抵押时，应以机器设备的正常变现价值为放贷基础。所谓正常变现价值，是通过变卖的形式，先在一个给定的合理时间内找到（一位或多位）买方，在一个特定时间内，以原样出售（不对出售资产提供保证责任，装置和配备不变）和原地出售（买方必须承担资产搬运费）的形式所获得的变现价值。而在困境情形下的出售、在较长时间内的出售以及非原样出售、非原地出售，都会使机器设备的价格大幅下降。同时，信贷人员也应该考虑机器设备的无形损耗，即由于新设备的出现，而使原有设备大幅度减值。

9.3.4 存货担保

存货担保是指利用企业拥有的原材料、半成品、产成品等存货动产作为担保物的一种贷款担保方式。这种担保方式主要包括三种形式：存货抵押担保、存货质押担保和仓单质押担保。

（1）存货抵押担保：在这种形式下，除了需要签订抵押合同之外，当事人可以自愿办理抵押登记的，抵押合同自签订之日起生效。

（2）存货质押担保：这种担保形式要求在签订质押合同的基础上，将质物实际交付给质权人，以此作为质权设立的条件。

（3）仓单质押担保：仓单代表了仓储物的所有权，因此，转移仓单等同于转移了仓储物的所有权。仓单质押被视为权利质押的一种形式。

在信贷实践中，银行通常倾向于采用动产质押方式进行贷款担保。

具体到存货抵押（动产抵押）中，根据动产在担保过程中是处于固定状态还是浮动状态，可以将其分为固定抵押和浮动抵押两种类型。类似地，在存货质押（动产质押）中，也可以根据相同的分类标准，将其细分为静态质押和流动质押。

1）存货抵质押物的准入

信贷人员在选择存货作为抵质押品时，要清楚知道，并不是只要存货具有价值就适合做抵质押物，而要从存货特性、价值、可售性、存储特点、价格波动以及是否易变质等维度来评估，确定合格抵质押品目录清单。应选择通用性强、适用范围大、保质期长、价格透明度高的基础原材料或产成品存货作为抵质押品，比如，钢材、煤炭、粮食、有色金属等大宗商品，而不选择适用范围小、专用或定做的产成品。

在选择抵质押品时，就要充分考虑未来变现的情形，信贷人员要能够清楚回答三个问题：第一，市场能够吸收这么多存货吗？第二，银行在处置时，市场是否会受到干扰（比如银行以低价向市场大量投放抵质押物，是否会受到政府部门、行业协会等干涉）、存货销售需要多长时间？第三，可变现价格是多少？（存货在销售过程中可能发生的销售费用和相关税费、持有成本、清算费用中的佣金、人事费用、广告成本以及为达到预定可销售状态还可能发生的加工成本等相关支出，这些构成现金流入的抵减项目。预计的销售存货现金流量扣除这些抵减项目后，才能确定存货的可变现净值）

存货存在下列情形之一的，表明存货的可变现净值为零：

（1）已霉烂变质的存货；

（2）已过期且无转让价值的存货；

（3）生产中已不再需要，并且已无使用价值和转让价值的存货；

（4）其他足以证明已无使用价值和转让价值的存货。

银行不应接受以下存货作为抵质押物：

（1）法律禁止流通、转让的存货；

（2）权属不清晰的存货；

（3）被依法查封、冻结、扣押或采取其他强制性措施的存货；

（4）霉烂变质的存货；

（5）使用个别计价法计价的存货或难以判断实际价值的存货。

2）存货担保中的风险

（1）法律风险

动产抵押权对正常经营活动中的买受人无追及效力，《民法典》第四百零四条规定：“以动产抵押的，不得对抗正常经营活动中已经支付合理价款并取得抵押财产的买受人。”第四百零六条规定：“抵押期间，抵押人可以转让抵押财产。当事人另有约定的，按照其约定。抵押财产转让的，抵押权不受影响。”这是基于动产本身的流通性强来设定的，“买卖不破抵押”对抵押的动产难以适用，买受人查询动产是否设定抵押很难做到，而且，动产抵押并不要求登记才能生效，买卖即可阻断抵押权。所以，在信贷实践中，动产抵押的风险相较于动产质押的风险更高，信贷人员应尽可能以动产质押业务来替代动产抵押业务，以避免未来发生诉讼。

留置权优先于抵押权和质押权受偿。留置权是一种法定担保物权，指债权人按照合同约定占有债务人的财产，当债务人不履行债务时，债权人有留置该财产并依法以该财产折价或拍卖该财产的价款优先受偿的权利。《民法典》第四百五十六条规定：“同一动产上已经设立抵押权或者质权，该动产又被留置的，留置权人优先受偿。”信贷实践中，信贷人员在办理动产质押业务时，可以争取监管商放弃留置权来规避潜在风险。

（2）存货（质物）权属风险

信贷人员应通过审查存货购置发票、合同、银行流水、运输单据、报关单、缴税凭证等来核实质押物是否为出质人所有，是否存在质押物尚未付清货款、发票先开的情况，是否存在出质人将他人委托加工的货物用来出质。确保质押物为出质人所有，不存在产权上的纠纷。

（3）重复抵质押风险

有些监管公司人员故意与借款企业串通，重复抵质押，产生风险。存货抵押的抵押人可以在注册地市场监督管理部门办理抵押登记手续，但登记仅为形式审查，即使出现了重复抵押，也可办理登记，尤其是在无第三方监管的情况下，易存在重复抵押的情况。而存货质押目前没有法定登记机构，质物往往存放在出质人自有仓库，银企间信息不对称，可能存在出质人将质物重复质押的情形。

（4）价格波动风险

银行选择的动产抵质押物以大宗商品居多，而大宗商品往往价格波动较大，当价格大幅度下降时，会造成抵质押率的提高，从而威胁到信贷资产的安全。在抵质押物的价格确定上，应该以不高于发票价格、不高于合同约定价格、不高于前三个月市场上的平均价格为原则。信贷人员需要逐日盯市并设定价格预警线，一旦触及预警线，应立即要求企业追加抵质押物、补交保证金或是立即归还部分贷款。

（5）监管风险

监管风险是指在存货抵质押融资业务中，银行采取自行监管或第三方专业监管公司监管时所面临的风险。银行自行监管可能因为银行贷后人员的专业能力不足或不尽职导致监管不力，增加了抵质押物减少或灭失的风险。第三方监管可能因为监管人员不尽职或监管公司与借款企业串通造假而带来风险。银行应审慎挑选监管公司，并制定严格的准入标准，建议选择具有高信誉度和专业性的大型监管公司。

为进一步强化管理，银行应制定专门的贷后管理政策，对监管公司实施再监管，加强抵质押物的出入库管理，并设立定期巡查制度。此外，对抵质押的存货应加贴明显的抵质押标识。对于特殊性的押品，信贷人员应要求借款企业进行抽样检测或提交检测报告，以预防押品与实际不符或中途更换的风险。同时，借款企业须为抵质押物投保，并确保贷款银行为第一受益人。

9.3.5 权利质押

《民法典》第四百四十条规定，债务人或者第三人有权处分的下列权利可以出质：

（1）汇票、本票、支票；

（2）债券、存款单；

（3）仓单、提单；

（4）可以转让的基金份额、股权；

(5) 可以转让的注册商标专用权、专利权、著作权等知识产权中的财产权；

(6) 现有的以及将有的应收账款；

(7) 法律、行政法规规定可以出质的其他财产权利。

信贷实践中，质押品应优先选择现金及其等价物、国债、本行出具的存款单、银行承兑汇票等价值相对稳定、变现能力较强的质物。股权、注册商标专用权、知识产权中的财产权等，由于其价值波动大、评估价格不易准确、不易变现以及不易办理质押登记手续等原因，应当从严掌握。比如，以借款企业的股权做质押，当借款企业经营好的时候，它的股权价格很高，而这个时候，企业也能按期偿还贷款。当贷款逾期时，企业的经营出现了问题，这时候它的股权价格就会大幅度下降，股权也很难变现；再比如，以商标权做质押，当借款企业产品市场认可度高、供不应求时，它的商标值钱，但当产品出了问题时，商标就不值钱了，甚至价值是负的。所以，信贷人员尽量不选择与第一还款来源同向波动的担保品，就是当第一还款来源（现金流）出现问题时，担保品也会大幅度贬值（如股权、商标权），致使第二还款来源落空。

9.3.6 应收账款质押

应收账款是指应收账款债权人因提供一定的货物、服务或设施而获得的要求应收账款债务人付款的权利以及依法享有的其他付款请求权，包括现有的以及将有的金钱债权，但不包括因票据或其他有价证券而产生的付款请求权，以及法律、行政法规禁止转让的付款请求权。应收账款质押融资是指企业用它的应收账款作为质押，向银行申请贷款或其他融资形式，以解决临时性的资金短缺，满足企业生产经营的需要。

1）应收账款质押的准入

应收账款包括下列权利：

(1) 销售、出租产生的债权，包括销售货物，供应水、电、气、暖，知识产权的许可使用，出租动产或不动产等；

(2) 提供医疗、教育、旅游等服务或劳务产生的债权；

(3) 能源、交通运输、水利、环境保护、市政工程等基础设施和公用事业项目收益权；

（4）提供贷款或其他信用活动产生的债权；

（5）其他以合同为基础的具有金钱给付内容的债权。

信贷人员在办理应收账款质押贷款时，应审慎介入关联企业的应收账款、附回购条款的应收账款、企业未来营业收入将形成的应收账款做质押。

2）应收账款质押的风险

（1）法律风险

当信贷人员选择以应收账款质押融资时，如果信贷人员未对应收账款质权进行及时有效确权、未办理出质登记或出现出质人擅自转让债权等情况，贷款银行将面临较大的风险。依据《民法典》第四百四十五条规定，“以应收账款出质的，质权自办理出质登记时设立。应收账款出质后，不得转让，但是出质人与质权人协商同意的除外。出质人转让应收账款所得的价款，应当向质权人提前清偿债务或者提存。”信贷实践中，信贷人员应要求出质人通知应收账款债务人，并由债务人对合同、应收账款金额、付款方式、时间、是否存在抵销权等要素进行书面确认，证明应收账款的真实性，保证在出质期间不会有损害质权的恶意行为，否则要承担赔偿责任；在质押合同中应约定出质人不得有转让、放弃权利的行为；及时办理出质登记，防止出现法律上的瑕疵。

通知应收账款债务人及取得应收账款债务人确认的法律意义、虚假应收账款质押的责任承担在《最高人民法院关于适用〈中华人民共和国民法典〉有关担保制度的解释》第六十一条里有明确规定：

以现有的应收账款出质，应收账款债务人向质权人确认应收账款的真实性后，又以应收账款不存在或者已经消灭为由主张不承担责任的，人民法院不予支持。

以现有的应收账款出质，应收账款债务人未确认应收账款的真实性，质权人以应收账款债务人为被告，请求就应收账款优先受偿，能够举证证明办理出质登记时应收账款真实存在的，人民法院应予支持；质权人不能举证证明办理出质登记时应收账款真实存在，仅以已经办理出质登记为由，请求就应收账款优先受偿的，人民法院不予支持。

以现有的应收账款出质，应收账款债务人已经向应收账款债权人履行了债务，质权人请求应收账款债务人履行债务的，人民法院不予支持，但是应收账款债务人接到质权人要求向其履行的通知后，仍然向应收账款债权人履行的除外。

以未来的应收账款作为出质标的，是指有基础法律关系但尚未发生的应收账款，如公路、桥梁、隧道、渡口等不动产的收费权，由于这些不动产经营权确定且收费稳定，可以用来做质押，具体操作时应该设立特定账户，信贷人员需要监控账户资金变化。关于基础设施、公用事业项目收益权质押，《最高人民法院关于适用〈中华人民共和国民法典〉有关担保制度的解释》第六十一条也做出了详细的规定：

以基础设施和公用事业项目收益权、提供服务或者劳务产生的债权以及其他将有的应收账款出质，当事人为应收账款设立特定账户，发生法定或者约定的质权实现事由时，质权人请求就该特定账户内的款项优先受偿的，人民法院应予支持；特定账户内的款项不足以清偿债务或者未设立特定账户，质权人请求折价或者拍卖、变卖项目收益权等将有的应收账款，并以所得的价款优先受偿的，人民法院依法予以支持。

（2）信用风险

信贷人员在信贷调查时，要防止借款企业以虚假的应收账款来融资，要认真核实借款企业提供的合同、发票真伪，要确认借款企业贸易背景的真实性；应该将应收账款的债务人纳入信贷分析的范围之内，重点评估债务人（即出质人的交易对手）的信用状况以及账龄，监控债务人履约能力及意愿是否有重大变化、付款方式及付款时间是否正常、是否与借款人签订了不利于银行的补充协议，以确保债务人的履约能力和应收账款的质量。

9.3.7 仓单质押

仓单是提取仓储物的凭证，存货人或者仓单持有人在仓单上背书并经保管人签名或者盖章的，可以转让提取仓储物的权利。仓单质押融资是指企业用自有的仓单作为质押，向银行申请贷款，以解决临时性的资金短缺，满足企业生产经营的需要。

1）仓单的内容

《民法典》第九百零九条详细表述了仓单的内容，仓单包括下列事项：

（1）存货人的姓名或者名称和住所；

（2）仓储物的品种、数量、质量、包装及其件数和标记；

（3）仓储物的损耗标准；

（4）储存场所；

（5）储存期限；

（6）仓储费；

（7）仓储物已经办理保险的，其保险金额、期间以及保险人的名称；

（8）填发人、填发地和填发日期。

2）仓单质押贷款风险防范

仓单质押贷款是较为常见的存货融资模式，信贷实践中，信贷人员应该主要防范以下风险：

（1）虚假仓单的风险

虚假仓单，就是保管人（监管人）与存货人（借款人）恶意串通，开具没有真实货品的虚假仓单，并以此做质押骗取银行贷款，这会给银行信贷资金安全带来极大的风险。为防止虚假仓单的情况发生，银行应该与有实力、专业性强、信誉好的保管人（监管人）合作，并建立完善的监管人准入制度；信贷人员在信贷调查时要查看合同、发票、银行流水、存货入库单据，从源头上核查存货的真实性。

（2）仓单重复质押的风险

仓单重复质押是指针对同一批货物，同一保管人开具两张或者两张以上的仓单，并分别办理质押的行为。在重复质押情况下，如果借款企业未能按期还款，则会出现多个债权方争夺担保物权的情形。《最高人民法院关于适用〈中华人民共和国民法典〉有关担保制度的解释》第五十九条规定："保管人为同一货物签发多份仓单，出质人在多份仓单上设立多个质权，按照公示的先后确定清偿顺序；难以确定先后的，按照债权比例受偿。"仓单重复质押构成诈骗罪的，信贷人员一旦发现仓单重复质押，应及时固定证据，通过法律途径来解决。

案例3.1第（15）题：请对水泊梁山公司的第二还款来源进行分析，并指出其变现的可能性（高、中、低）。

第一，从安全性、易变现性的角度来选择抵押物，应选择以主要下游客户AD汽车公司的应收账款做质押，不接受那些汽车修配厂等小下游客户的应收账款做质押；第二，选择橡胶原材料抵押，不接受产成品的抵押，虽然产成品的价格比原材料价格高，但是由于水泊梁山公司的产成品主要是给AD汽车公司配套的，专有性强，变现性差；第三，选择水泊梁山公司的土地房产作为押品；第四，选择机器设备作为押品；第五，追加自然人股东宋江、卢俊义个人担保，我们已经分析过股东个人财富，如经过调查确认卢俊义是实际控制人，且其名下没有财富，主要财富在卢俊义妻子名下，则同时追加卢俊义妻子的个人担保。

实际工作中，有些信贷人员愿意将借款企业的关联公司都追加担保，如果在抵押率不高的情况下，则没有这个必要，这样只会徒增贷前调查和贷后检查的工作量。《民法典》第三百九十二条规定："被担保的债权既有物的担保又有人的担保的，债务人不履行到期债务或者发生当事人约定的实现担保物权的情形，债权人应当按照约定实现债权；没有约定或者约定不明确，债务人自己提供物的担保的，债权人应当先就该物的担保实现债权；第三人提供物的担保的，债权人可以就物的担保实现债权，也可以请求保证人承担保证责任。提供担保的第三人承担担保责任后，有权向债务人追偿。"抵押担保与保证担保可以并存，但是两者并存时，债权人不能同时向抵押人与保证人主张权利。同一债权既有人的担保又有物的担保的，保证人对物的担保以外的债权承担保证责任。本案例中，如果卢俊义是另外7家关联公司的大股东、实际控制人，那么追加了卢俊义和他妻子的个人担保，将来水泊梁山公司贷款违约，如发现人格混同，也可以追索到其关联公司。

案例3.1第（16）题：——您是否同意水泊梁山公司的贷款？请说明理由。如是有条件同意，那么还要增加什么条件或信息？

经过前面15道题的分析，笔者同意水泊梁山公司贷款，但要满足下面三个条件：

（1）水泊梁山公司的关联企业（卢俊义旗下的7家公司）必须正常经营，没有陷入财务困境、停产、涉诉、逾期欠息等情况；

（2）确认卢俊义及其太太、子女具有个人财富；

（3）水泊梁山公司的资产负债率不可以超过70%，这样将来再增加贷款，股东必须同时增资，以减少银行信贷风险。

10　授信方案设计

授信方案的组成要素包括：贷款种类、金额、期限、利率、担保品、贷款条件和还款来源。

10.1　授信方案的匹配原则

10.1.1　贷款产品匹配

银行信贷产品的应用应该与借款企业的实际用途相配合，信贷人员在信贷调查过程中，要了解企业的真正贷款用途，并结合借款企业资金收付结算的特点来匹配相应的贷款产品。对于一个企业，贷款产品的应用可以是单一的信贷产品，也可以是多个信贷产品的组合。如果贷款产品与贷款用途不匹配，即便做了授信，也会产生两种后果：一是借款企业不提款，或是勉强提款，但由于使用上极不方便，一旦遇到他行有合适的贷款产品，企业就会还款离开。比如，借款企业的上游不接受银行承兑汇票，而贷款银行只是给企业银行承兑汇票额度。二是造成风险，其中最常见的就是短贷长用，将流动资金贷款挪作购置固定资产。

10.1.2 贷款金额匹配

授信方案中的贷款金额要与借款企业的资本实力、经营规模、贷款期限内产生的能用于还款的现金流相匹配，而信贷实践中，贷款金额的确定仅是与抵押物相匹配的情况较为常见，而抵押物仅仅是信贷风险的最后保障，是第二还款来源。试想，如果信贷人员给一家资本金100万元的企业贷款2 000万元，即便这家企业的销售收入较大，但是这家企业的资产负债率非常高，其实质是这家公司自有资金不足，完全依赖负债来经营，如果这单生意失败则很难以公司自有资金还款。

10.1.3 贷款期限匹配

理想状态下，信贷人员要了解借款企业的资产转换周期、贷款期限内可供还款的现金流并充分考虑其他还款来源对贷款期限的影响，从而确定贷款期限。但是，信贷实践中，由于银行竞争的原因以及操作上的复杂，这样确定贷款期限很难做到，流动资金贷款期限普遍约定都是一年，甚至三年，如何解决这一矛盾？我们可以通过贷后的资金监控来解决，即监控借款企业销售货款归行情况，要求借款企业贷款项下的销售回款必须回到贷款行的账户上，资金再次使用时，从此账户再划出。对于固定资产贷款，信贷人员应该在合理测算用于还款的利润、折旧的基础上，设定贷款期限，不要无故压缩借款企业申请的期限，以免银行自己因期限确定不合理而产生不良贷款。固定资产贷款的期限管理应该坚持分期还款。

10.1.4 贷款币种匹配

在处理进出口业务的授信企业时，应根据具体的资金需求情况，实施本币与外币一体化的授信策略。此策略涵盖多种外币授信方式，包括进口押汇、出口押汇、进口开证、外汇贷款等。比如，一家企业从国外进口原材料，那么信贷人员就应该为企业核定进口开证和进口押汇额度，如果信贷人员为其核定流动资金贷款额度，那么企业就要从银行购汇来付汇，就没有那么方便，而且存在资金成本高和汇率风险的可能性。

案例10.1：超额贷款，隐含信用风险

M公司以新签定4 000万元订单，需要购买原材料为由，向H分行申请流动资金贷款3 000万元，2021年10月H分行为M公司发放流动资金贷款3 000万元。该公司2020年底总资产为3 566万元，销售收入为2 970万元；2021年6月底总资产为4 108万元，1—6月销售收入为1 619万元。该公司近2年销售收入为2 500万~3 500万元之间，授信金额约等于其一年的销售收入。该公司资产规模不大，抗风险能力不强。

贷款发放后，该公司的原材料没有明显增加，销售收入也无明显增加，贷款用途存在很大疑点。加之，贷款金额与该公司自身的经营实力相差很大，在授信期内很难以经营性的现金流还款，存在很大风险隐患。上级行检查发现后，提示经办行及时压降贷款。

10.2 贷款条件的应用

贷款条件是指借款企业必须满足的各项要求和标准，以便获得贷款。这些条件由贷款银行设定，用于评估借款人的信用风险和还款能力。贷款条件包括标准贷款条件和选择性贷款条件。

标准贷款条件包括：授信企业按申请目的使用贷款、提交财务报表、报告企业董事及主要管理人员的变动、报告企业的兼并重组、报告主要资产或业务单位的出售、报告或有负债及法律争端等。

选择性贷款条件包括：在银行贷款之后，借款企业不可以在他行贷款、不可以对外进行投资、不可以偿还股东借款、贷款清偿之前不分红、不可以借款给关联方、扩张性资本支出不可以超过一定额度等。因为这些行为会使借款企业的资产负债率发生大的变化或现金流发生大的变化，进而给贷款银行的信贷资金安全带来影响；贷款期间不可以变更股东，因为股东的变更，可能会使借款企业的经营管理发生重大不确定性；销售合同不可以变动、投资项目不可以变动，因为流动资金贷款依

据是企业为完成订单、需要采购而产生的贷款需求，如果销售合同变动，则贷款需求的基础就不存在了；投资项目的大小是固定资产贷款金额的依据，若投资项目发生变动，则固定贷款需求的基础不存在了；购买财产保险。

需要强调的是，选择性贷款条件一定要在信贷人员充分了解借款企业基本状况并与企业充分沟通的情况下有针对性地设定。选择性贷款条件不是必需的。

案例10.2：贷款约束条件被突破导致的贷款不良

2022年E银行为F公司授信2 000万元，期限1年。贷款条件中要求“授信期间，企业不得在其他金融机构取得贷款”，“贷款发放后3个月内企业必须将基本结算账户转入我行”，“关注企业租赁商户的经营情况，一旦出现商户离场或租金交纳滞缓导致收入下降，要求及时调整贷款回收方案，确保信贷资金安全”。

实际情况：2023年2月、3月企业在他行分别贷款600万元、1 200万元，企业基本结算账户一直未转入，在上笔贷款难以偿还的情况下，经办行仍向该客户发放贷款600万元。贷款条件屡次被突破，未见经营部门及管理部门人员有任何应对措施，最终导致1 400万元贷款形成不良。

通过本案例可以看出，落实借款企业是否满足审批时提出的持续用信条件是十分重要的。风险控制阶段对贷款审批时提出的贷款持续用信条件是对客户使用银行贷款最基本的要求，只有满足了持续用信条件，才可以说企业的经营发展满足贷款风险控制的要求，违约概率在可控范围内。在风险评价的过程中，一旦发现突破贷款持续条件，应及时评估风险，采取相应措施。若贷后检查流于形式，借款企业未满足持续用信条件却仍不采取相应措施的，往往会对贷款回收带来不利影响。

案例3.1第（17）题：请分析以下授信方案的合理性。

同意水泊梁山公司综合授信4 500万元。其中流动资金贷款及银行承兑汇票敞口额度为3 500万元，银行承兑汇票保证金比例为30%，期限1年；固定资产贷款额度为1 000万元，期限5年。以公司名下的土地及厂房、办公楼为抵押，抵押物的评估值为5 000万元，抵押率为70%，不足部分由卢俊义旗下的7家公司提供担保，同时追加股东宋江、卢俊义的个人连带责任担保。

同意水泊梁山公司综合授信4 500万元，此授信方案可以进一步完善，具体方案为：

（1）同意核定流动资金贷款、银行承兑汇票、进口开立信用证、进口押汇敞口额度3 500万元，银行承兑汇票保证金、进口开立信用证保证金比例为30%。（由于橡胶是国际大宗商品，水泊梁山公司未来有可能独立进口橡胶原料，所以应该为其预留出进口开立信用证、进口押汇额度）流动资金贷款、进口押汇期限为1年；银行承兑汇票期限为半年；进口开立即期信用证。

（2）同意核定固定资产贷款额度1 000万元，期限5年，每年还款200万。

（3）以公司名下的土地及厂房、办公楼为抵押，抵押物的评估值为5 000万元，抵押率为70%，以下游AD汽车公司应收账款做质押，质押率不高于70%，同时追加股东宋江、卢俊义及其配偶的个人连带责任担保。不建议追加卢俊义旗下的7家公司提供担保，（因为如果抵押已经能够覆盖贷款本息，担保意义不大，这样省去做7份担保合同、做7家公司贷后检查报告的大量工作。另外追加股东及其配偶的个人连带责任担保，在贷款违约时，如发现人格混同，也可以追索到其关联公司）。

（4）设定贷款约束条件：公司的资产负债率不可以超过70%。（这样做的好处是，如果由于贷款的增加而使公司资产负债率上升，可以通过股东增资的方式来解决）

11 调查报告的撰写

授信调查报告是信贷人员对借款企业信贷调查的汇总，也是信贷决策过程的关键。调查报告应基于对客户基本信息的真实反映，客观分析借款企业潜在的风险，并提出有效的缓释风险措施。报告的撰写需依托客观事实、逻辑分析及深入的数据研究，清晰地提出信贷决策建议。能够撰写精准、深入的授信调查报告，对于每位客户经理而言，是一项不可或缺的核心能力。

11.1 信贷调查报告中的常见问题

11.1.1 调查分析流于形式

调查报告能够反映出信贷客户经理对借款企业的信贷调查是否进行全面验证，是客户经理信贷业务能力的综合体现，当一个有经验的信贷审查人员审查信贷调查报告时，就如同面对客户经理一样，他通过调查报告可以判断客户经理对信贷业务是否精通，是否认真负责。信贷实践中，有的客户经理撰写的信贷调查报告只是企业贷款申请的复制粘贴，报告过于简单，对借款企业的分析流于形式。这种情况的本质原因，还是客户经理不了解企业，对信贷的基本技能掌握不深入。另外，有的客户经理的信贷调查报告语焉不详，结论性的表述过多，缺少细节描述和逻辑分析。同时，有的银行的调查报告模板也过于简单，甚至有的调查报告模板中没有表格，这也会造成客户经理调查报告撰写粗糙，不能反映借款企业的真实状况。

11.1.2 授信报告逻辑性欠佳

信贷调查的意义在于了解真实状况、揭示潜在风险、合理预测未来，而这些内容都要通过信贷调查报告反映出来，调查报告要通过大量的数据进行客观分析、逻辑推理，从借款企业的行业风险、经营管理风险、财务风险、项目风险来评估风险发生的概率以及风险发生对信贷资产质量的影响，并预测借款企业未来的现金流，但是很多客户经理在信贷报告中对于风险类型和风险缓释方法的分析缺少逻辑支撑，前后矛盾。

11.1.3 判断偏乐观

由于业绩考核的压力，客户经理常常表现出急于完成业务的态度，不愿意拒绝客户贷款申请，对企业的评估过于乐观。这种现象在授信报告的撰写上能够反映出来，具体表现为：调查报告一味地美化借款企业，未能客观地反映借款企业的实际情况，忽略了企业的潜在不良信息。例如，报告中可能包含类似“尽管行业整体低迷，但我们的客户几乎未受影响”“客户过去几年的业绩不佳，但我们预计今年将会有所改善”“一旦批准这笔授信，客户的所有结算将转移到我们银行”“虽存在某些问题，但企业老板已承诺，一到期就会优先偿还我行贷款”等过于乐观的陈述。撰写授信调查报告时，应避免将其变成企业的宣传册，而应确保内容的客观性和真实性。

11.2 授信调查报告撰写要求

11.2.1 内容完整，客观真实

授信调查报告必须是在对借款企业进行全面调查的基础上来完成的，调查报告需要体现现场调查和非现场调查中收集和掌握的资料内容，包括但不限于以下内容：授信企业基本信息、财务状况、信用记录、还款能力、资产证明、担保信息以及其他相关证明文件。具体的授信资料内容根据不同的企业和不同的贷款类型而有所不同。

11.2.2 逻辑合理，分析全面

客户经理在调查报告中首先要划准信贷分析范围，全面分析四大类风险类型，即行业风险、经营管理风险、财务风险和项目风险，重点分析、评估借款企业的还款意愿和还款来源，通过对数据的横向比较和纵向比较分析来发现借款企业在行业中的地位以及自身的变化，并根据历史数据以及未来市场来预测借款企业未来现金流的变化。抓住信贷调查的主线，即贷款干什么用、拿什么还、以什么做保障。层层分析、抽丝剥茧，为贷款决策提供一个逻辑清晰、论证充分的理由，让授信审批人面对调查报告如同面对整个企业。

11.2.3 表述清楚，意见审慎

授信调查报告的文字表述要以事实为依据，不能夸大其词、含糊不清，要用清晰准确的文字来表述，不可以大量引用客户的陈述。在给出贷款结论前，一定要列出授信企业存在的潜在风险并阐述清楚风险缓释方法，而不是简单列出“这笔贷款会给我行带来的收益”。报告中要明确意见，不可以使用“同意上报”这种模糊的意见。

11.3 实战案例讲解

案例 11.1：授信调查报告[①]

下面这个案例是一个真实的调查报告，笔者只是隐去了相关名称、地点，通过这个调查报告，我们来看在调查报告撰写中普遍存在的问题以及如何做好授信客户的调查分析。

A科技有限公司实地调查过程

日期	地点	接触人物	调查重点
2019.03.10	A科技有限公司	实际控制人：D女士、F女士	企业概况、行业状况及企业经营的总体思路
2019.03.12	A科技有限公司	财务总监：G先生	财务状况

1）申请人基本信息

（1）申请人基本情况

公司名称	A科技有限公司		联系电话		
注册地址	X省Y市Z县工业园区		实际办公地址	X省Y市Z县工业园区	
成立日期	2008.08.04	注册资本	50万元	实收资本	50万元
实际控制人	D女士、F女士	从事本行业年限	20年	是否存在不良信用记录	□是 √否
实际管理人	D女士、F女士	从事本行业年限	20年	是否存在不良信用记录	□是 √否
注册经营范围	粉剂、散剂、预混剂兽药的生产、销售；饲料信息咨询、添加剂、预混合饲料的生产、销售；经营各类商品及技术的进出口业务，但国家限定公司经营或禁止进出口的商品及技术除外				
实际主营业务	粉剂、散剂、预混剂兽药的生产、销售；经营各类商品及技术的进出口业务				

主要股东名称	股权比例	出资形式	主营业务	年销售收入
D女士	50%	货币	兽药的生产、销售	7 664万元
F女士	50%	货币	兽药的生产、销售	7 664万元

① 本案例中的表格数据来自真实案例，其中的逻辑表述和计算错误均为真实体现。

（2）实际控制人基本情况

①实际控制人工作履历和创业经历

工作履历：

D女士，女，1972年生，现住X省Y市Z县，专科学历。

1979—1984年：镇北小学

1984—1987年：镇北初中

1987—1990年：Z县高中

1990—1993年：Y市学院

1993—2008年：Z县畜牧局畜禽技术服务站

2008年至今：开办A科技有限公司

F女士，女，1972年生，现住X省Y市Z县，专科学历。

1979—1984年：镇南小学

1984—1987年：镇南初中

1987—1990年：Z县高中

1990—1993年：Y市学院

1993—2008年：Z县畜牧局

2008年至今：开办A科技有限公司

创业经历：

D女士、F女士1993年同时毕业于Y市学院，D女士分配到Z县畜牧局畜禽技术服务站，F女士分配到Z县畜牧局机关。当时Z县蛋鸡养殖存栏两千多万只，农民基本不懂科学饲养，鸡病猖獗，经济损失惨重。D女士、F女士作为兽医技术人员，看在眼里，急在心上，农民需要技术人员在鸡病暴发的第一时间就赶到现场，提供及时周到的服务。怎么办？下乡去开禽病门诊，才能最大限度地服务农民。当时单位舍不得放人，1995年6月两人毅然辞去公职，到Z县E乡开办禽病门诊。

白手起家，科普讲座，真情服务

在一无资金、二无场地的情况下，两人得到了E乡领导的大力支持，E乡免费提供了乡农科站20平方米的门脸，从县饲料公司禽药批发门市赊销来了药品。就这样，晨光禽病门诊开张了。晨光人以“靠的是诚信、精的是专业、优的是服务、奉的是真情”的经营理念，每年为农民免费科普讲座几十次，科技联姻农业大学，技术位于全国最前沿。晨光门诊1998年在X省首家发现鸡喉气管炎，并引进进口疫苗，很快控制了X省疫情的蔓延。1999年首家发现鸡肾传支，和农大教授联合研制符合X省毒株的肾传支灭活疫苗，为X省挽回了大量经济损失，该项成果获得了Y市科技进步一等奖。晨光门诊的服务面遍及20多个县，每天顾客盈门，创下了兽药门诊单店日销量上万元的全国纪录，创出了兽医技术一流的“晨光”品牌。

1996年D女士当选为X省人大代表，1998年、1999年、2016年、2018年D女士数年间当选县先进工作者、劳动模范。F女士1997年至2018年多次荣获县巾帼英雄、三八红旗手称号，2011年、2017年两次荣获市先进工作者。

优秀的公司依靠优秀的文化而崛起

晨光公司的使命是“科技兴农，创新绩优，共同发展”，晨光的愿景是“打造科技精品，铸就国际品牌，创建百年晨光”。晨光人时刻铭记自己的使命和愿景，用自己的价值观指导自己的一切行为，虽然晨光的发展谈不上什么轰轰烈烈，但非常脚踏实地。

②实际控制人近期大额投资意向（包括投资规模、项目进度、项目效益）

公司实际控制人D女士、F女士暂时近期无其他大额投资意向。

（3）调查人认为需要说明的其他事项

提高养殖效益，品种是关键。1999年，晨光斥资600万元，建立了全国最先进的种鸡孵化场——大丰种鸡孵化场，引进世界高产稳产的美国海兰褐优质蛋种鸡，配备了全自动电脑孵化器。年供雏200多万只，鸡苗优质好养、长大后产蛋量高，受到了农民的一致称赞。

实际控制人控制的主要关联企业情况

主要关联公司	关联关系	主营业务	年销售收入
Y市Z县大丰种鸡孵化场	同一法定代表人	种鸡孵化，饲料添加剂生产	1 000万元

2）生产经营情况

（1）经营发展历史（简要说明经营发展历程）

1995年至今：成立晨光禽病门诊，下设两个中心店，开展禽病诊疗与兽药销售。

1999—2009年：投资600万元，兴建大丰种鸡孵化场，种鸡存栏3万多套，年供雏200多万只。

2005年：开办晨光科技连锁店，遍及X省65家连锁店，开展禽病诊疗与兽药销售。

2008年：兴建A科技有限公司，从事规范化的兽药生产与销售。

2009年：大丰种鸡孵化场改建为A科技饲料有限公司，从事猪鸡饲料的生产与销售。

A科技有限公司1995年成立，是一家集兽药、饲料添加剂生产、销售、研发为一体的高科技制药企业，注册资金50万元，总资产3 000万元，年产值8 000万元，员工160人。位于Z县，占地20亩，南临省会，地理位置优越，交通便利。

兽药制剂生产已通过农业部GMP验收，饲料添加剂也通过了农业部资格认证。公司生产的治疗禽畜动物呼吸道疾病的兽药产品非常畅销，销售市场看好。

经营场所情况：（如自有，简要说明具体位置、建筑面积、账面价值、是否抵押；如租赁，简要说明具体位置、租赁面积、出租人、租赁期限、租金及支付方式）

公司经营场所位于Z县工业园区；区域道路网密度较大，周边交通条件便利，紧临国道，市政规划合理，功能分区明确，区域内企业集中，聚集效益好，商业繁华程度较好，基础设施达到五通一平。Z县是省会的北大门，地理位置优越，交通和通信便利，能源充裕，是发展经济的理想之地，多条高速公路及多条铁路线穿境而过，网络、电力和水利资源廉价供应充裕。

现用综合楼、车间、库房：综合楼室内地砖地面，铝合金外窗，木包门，灯池造型顶，车间、仓库室内水泥地面，局部做防尘处理，塑钢外窗，塑钢门。

房产建筑面积2 199.65㎡，账面价值651万元；土地证使用权面积10 311.80㎡，账面价值840万元。房屋和土地均为A科技有限公司自有资产。

（2）生产景气情况（简要说明客户的办公环境、生产景气程度和现场管理情况）

公司共有员工160人，房屋面积2 199.65㎡，四层的办公大楼共1 462.47㎡；一个车间368.59㎡；一个库房368.59㎡，内设实验室、中药室、检验室、接待室、GFP车间、中药仓库、综合仓库等一应俱全。

（3）主要供应商信息（如果有的话，按供应量大小列举三家）

供应商名称	合作年限	结算账期	供应产品	上年供货量
宁夏制药有限公司（化名）	4年	先款后货（款期一个月）	替米考星	4 000万元
江苏化工有限公司（化名）	5年	先款后货（款期一个月）	截短侧耳素	1 000万元
江西化工有限公司（化名）	5年	先款后货（款期一个月）	乙硫醇	600万元

A科技有限公司与上游供货商为长期合作伙伴，货源供应渠道通畅，供求关系稳定。

（4）主要产品情况（如果有的话，按销售收入列举三家）

产品名称	经营年限	2017年销售收入		2018年销售收入	
		金额（万元）	占比（%）	金额（万元）	占比（%）
磷酸替米考星	5年	3 000	44	3 500	46
泰妙菌素	5年	3 000	44	3 100	41
泰妙80颗粒	4年	800	12	1 000	13

（5）主要客户信息（如果有的话，按销售收入列举三家）

客户名称	合作年限	结算账期	销售产品	上年销售量
深圳化工科技有限公司（化名）	5年	先款后货（款期一个月）	延胡索酸泰妙菌素	2 500万元
北京国际贸易有限公司（化名）	5年	先款后货（款期一个月）	磷酸替米考星	2 000万元
广州生物科技有限公司（化名）	4年	先款后货（款期一个月）	磷酸替米考星	1 500万元

公司为做大做强，确立纵向一体化发展战略，致力于动物专用原料药生产。目前动物用药一般使用人用原料药，由此导致的畜产品药物残留对人产生耐药性，危害人类健康。而动物专用原料药的推广应用使畜禽不与人争药吃，从根本上解决了这一问题，同时这也是随着经济高速发展，人类对畜产品由追求数量转变为追求质量的必然要求。

公司经过两年的科研攻关，突破了动物专用抗生素延胡索酸泰妙菌素、磷酸替米考星、头孢噻呋、氧阿苯达唑四个品种的合成工艺，工艺水平国内领先，产品质量达到了国际化要求。

以质量求生存，以信誉求发展。与我们合作的上游企业对我公司极为重视，看好我公司的长足发展，把我公司列为长期重点合作单位，无论是价位还是质量等各方面都给予了最优惠的待遇，这就保证了我们的产品货源更稳定、质量更可靠、竞争更有优势。磷酸替米考星、延胡索酸泰妙菌素等产品在全国销售遍地开花，尤其是河南、山东、广东、四川等养殖大省，经用户的多次检验，合格率100%，质量稳定，价格合理，市场反馈良好，拥有一大批忠诚的一级经销商。

晨光门诊现在已有连锁店65家，构建了X省兽药零售业最大的销售网络，成为一道亮丽的风景线。

公司产品在进军国内市场的同时，国外市场也在逐步扩大，为了提高公司及产品的影响力，他们积极参会、宣传，如阿里巴巴中英文网站的推广，北京API原料展会的参展，哈尔滨DPXI原料展会的参展等，通过这些平台，公司的产品走出了国门，走向了世界，远销欧美、巴西、加拿大等国。

（6）销售收入验证情况（简要说明销售收入调查核实依据，核实方法包括海关数据核实、税费核实、水电费核实、出货记录核实和银行对账单核实等）

银行对账单：我行客户经理查看了客户主要的银行账户的对账单，并对2019年1月、2月、3月份的流水进行了查验。

中国建设银行X支行（A科技有限公司）：账号××，2019年1月银行账户资金流入102万元，流出135万元，2019年2月银行账户资金流入63万元，流出67万元，2019年3月银行账户资金流入30万元，流出

1.8万元，近3个月总流入195万元，流出203.8万元。

中国农业银行X支行（D女士）：账号××，2019年1月银行账户资金流入575万元，流出848万元，2019年2月银行账户资金流入396万元，流出425万元，2019年3月银行账户资金流入585万元，流出507万元，近3个月总流入1 556万元，流出1 780万元。

（7）调查人认为需要说明的其他事项

A科技有限公司与国内外众多知名企业合作，上、下购销货源充足稳定，申请人今后的销售收入等款项都将通过我行进行支付，并且其上、下游客户也是我行的目标客户群，这将会为我行带来较大的收益。

3）财务情况分析

（1）财务报表情况（简要说明报表是否经过审计，以及审计意见；是否为合并报表，以及合并范围）

申请人提供了连续3年的审计报告和2019年1月、2月、3月的财务报表。

（2）资产负债表

资产负债表 单位：万元

项目	2016年12月	2017年12月	2018年12月
资产总额	1 964	3 454	3 516
货币资金	154	426	736
短期投资			
应收票据			
应收账款	24.5	332	128
其他应收款	36		11
预付账款	165	356	338
存　货	542	832	800
待摊费用	6	4.7	2.9
流动资产合计	928	1950	2019
长期投资			

续表

项目	2016年12月	2017年12月	2018年12月
固定资产净值	178	663	676
在建工程			
无形资产	858	841	824
负债总额	1235	2321	1582
短期借款			
应付票据			
应付账款	107	388	52
预收账款	690	965	820
其他应付款	438	980	681
流动负债合计	1235	2321	1582
长期借款			
长期应付款			
所有者权益合计	729	1133	1934
实收资本	50	50	50
资本公积	482	482	482
盈余公积			
未分配利润	197	601	1402
资产负债率（%）	62.88	67.20	44.99
流动比率	0.75	0.84	1.27
速动比率	0.31	0.48	0.77
应收账款周转率	292.16	38.41	33.32
存货周转率	11.47	8.77	7.92
总资产周转率	3.64	2.53	2.20

（3）利润表

利润表

单位：万元

项目	2016年12月	2017年12月	2018年12月
主营业务收入	3 579	6 847	7 664
主营业务利润	406	700	1 022
其他业务利润			
管理费用	205	285	186
财务费用	2.8	7.5	30.5
营业利润	198	407	806
利润总额	198	407	806
净利润	197	404	801
销售毛利率（%）	13.16	12.03	15.67
总资产利润率（%）	20.16	15.02	23.13
净资产利润率（%）	54.05	71.32	82.83

（4）现金流量表

现金流量表

单位：万元

项目	2016年12月	2017年12月	2018年12月
销售商品收到的现金	4 901	8 657	9 025
收到其他经营有关现金			
购买商品支付的现金	4 442	8 046	8 295
支付的各项税费	5.7	19	20
支付其他经营有关现金			
经营活动现金净流量	186	194	358
投资活动现金净流量	−1 040	−500	−60
筹资活动资金净流量	1 007	578	12
现金及现金等价物净增加额	154	272	310

备注：①无形资产：土地15.46亩，2016年858万元，逐年折旧。

②其他应付款：临时拆借款，金额不定，年息5%~7%。

③2018年财务费用：临时拆借款的利息

④资本公积：公司合伙人个人财产充公，如汽车、一些设备等。

（5）主要财务指标（同上）

（6）总体财务状况评价

① 偿债能力：从上表看，该公司2016年、2017年、2018年资产负债率分别为62.88%、67.20%、44.99%；应收账款周转率分别为292.16、38.41、33.32；存货周转率分别为11.47、8.77、7.92。由上述数据可以看出，公司的偿债能力有保证，借款的安全系数就高，企业应收账款周转率高，表明公司收账速度快，平均收账期短，坏账损失少，资产流动快，偿债能力强，存货量大使得货源充足。晨光门诊的服务面遍及20多个县，每天顾客盈门，创下了兽药门诊单店日销量上万元的全国纪录，分布到X省各地开设晨光科技连锁店，截至现在连锁店已65家，构建了X省兽药零售业最大的销售网络，2016年一次性通过农业部兽药GFP验收。晨光秉承“打造科技精品，铸就国际名牌，创建百年晨光”的经营宗旨，联合众多专家教授进行科研开发，故而产品质量既达到了《中华人民共和国兽药典》的要求，也符合美国兽药典UYP标准。在国内，产品所到之处所向披靡，销售遍及全国养殖密集地区，销售额节节攀升。对于国外市场，公司借助国际贸易商迅速打开，产品远销南美洲、东南亚等地区。

② 营运能力：从上表看，该公司2016年、2017年、2018年总资产周转率分别为3.64、2.53、2.20，2017年受金融大环境以及小环境疫病风险和市场风险双重影响，企业迅速调整自己的战略，产品不断创新，同时有效保存自己的“体力”，等待时机，并且凭借自身实力和与客户建立的深厚合作关系，2018年销售收入较2017年持续增长，表明借款人销售相对稳定，具有稳定的客源。

③ 盈利能力：该公司规模不断扩大，2016年公司实现主营业务收入3 579万元，2017年公司实现主营业务收入6 847万元，2018年公司实现主营业务收入7 664万元。公司2016年、2017年、2018年利润总额

分别为198万元、407万元、806万元；净利润分别为197万元、404万元、801万元；销售毛利率分别为13.16%、12.03%、15.67%。

综上所述，公司的偿债能力有保证，借款的安全系数就高，企业应收账款周转率高，表明公司收账速度快，平均收账期短，坏账损失少，资产流动快，偿债能力强，存货量大使得货源充足，拥有独立的销售网络，具有较强的盈利能力和抗风险能力，市场把握能力较强，其名下合法拥有的土地及厂房因地理位置优良，交通便利，变现能力较强，且上、下游渠道较多，创造的利润也非常可观，所产生的销售收入，都将打入我行的账户中，为我行带来可观的收益。

4）客户与银行业务关系

（1）申请人我行授信情况

历史审批情况（不含最近一次审批情况）

该客户为我行新增客户。

（2）申请人贷款卡查询结果

查询日期	2019-03-31		
未结清信贷信息	无		
当前对外担保信息	无		
不良信贷信息及其说明	无	银行贷款与报表差异说明	无

（3）实际控制人个人征信报告查询结果

查询日期	2019-04-02　姓名：D女士					
银行信贷汇总信息	账户数	法人机构数	机构数	授信额度	余额	为他人担保金额
	0	0	0	0	0	0
不良信用记录及说明	无					

查询日期	2019-04-02　姓名：F女士					
银行信贷汇总信息	账户数	法人机构数	机构数	授信额度	余额	为他人担保金额
	0	0	0	0	0	0
不良信用记录及说明	名下曾有一张透支额为8 844欧元的贷记卡，在其2013年出国时使用，因办理时银行工作人员未讲解清楚使用及还款程序，故造成其非故意逾期1次，在其归国后得知此情况，已及时还清全部款项并进行销户。					

5）抵质押情况

（1）抵质押人基本情况

<table>
<tr><td>公司名称</td><td colspan="2">A科技有限公司</td><td>联系电话</td><td colspan="2"></td></tr>
<tr><td>注册地址</td><td colspan="2">X省Y市Z县工业园区</td><td>实际办公地址</td><td colspan="2">X省Y市Z县工业园区</td></tr>
<tr><td>成立日期</td><td>2008.08.04</td><td>注册资本</td><td>50万元</td><td>实收资本</td><td>50万元</td></tr>
<tr><td>注册经营范围</td><td colspan="5">粉剂、散剂、预混剂兽药的生产、销售；饲料信息咨询、添加剂、预混合饲料的生产、销售；经营各类商品及技术的进出口业务，但国家限定公司经营或禁止进出口的商品及技术除外</td></tr>
<tr><td>实际主营业务</td><td colspan="5">粉剂、散剂、预混剂兽药的生产、销售；经营各类商品及技术的进出口业务</td></tr>
</table>

主要股东名称	股权比例	出资形式	主营业务	年销售收入
D女士	50%	货币		
F女士	50%	货币		

（2）房地产抵押

物业名称	房产；土地
权证编号	房产证号：Z县房权证字第××号 土地证号：Z国用（2010）第××号
具体位置	房产：Z县工业园8号 土地：工业园×–（××）–××
建筑物类型	综合楼；车间；库房
建筑面积	2 199.65㎡
竣工时间	2011年
使用权类型	出让
土地用途	工业
土地面积	10 311.80㎡
土地使用权到期日	2056.12.31
使用情况	√自用 □租赁 □闲置（如为租赁，说明租赁情况和租金收取方式）

续表

物业名称	房产；土地
抵押情况	□已抵押 √尚未抵押（如已抵押，说明抵押权人、抵押到期日和对应债权金额）
周边配套	周边各项基础配套设施齐全，能够满足人们正常的生产及生活需要
评估方式	M房地产价格评估有限公司、N不动产评估有限责任公司出具预评估报告
取得时间	房产建于2011年，房产证登记时间为2013年4月28日；土地：2010年
取得成本	房产：651万元；土地：840万元
评估时间	房产：2013年5月；土地：2013年4月
评估价值	房产：501.75万元；土地：751.73万元
抵押率	63.89%

6）授信项目综合分析

（1）授信有利因素分析

综合授信人民币800万元，全部为流动资金贷款（基准利率上浮30%）。

①地理位置优越性：公司经营场所位于Z县工业园8号，是Z县的工业发展地域，区位条件较好。

②公司秉承科学技术是第一生产力的经营理念，与农业大学等科研单位建立了长期的科研协作关系。兽药制剂生产已通过国家农业部GFP验收，饲料添加剂也通过了农业部资格认证"晨光科技打造精品"，公司产品畅销、市场看好。

公司经过两年的科研攻关，突破了动物专用抗生素延胡索酸泰妙菌素、磷酸替米考星、头孢噻呋、氧阿苯达唑四个品种的合成工艺，工艺水平国内领先，产品质量达到了国际化要求。

提高养殖效益，品种是关键。1999年，晨光斥资600万元，建立了全国最先进的种鸡孵化场——大丰种鸡孵化场。

晨光门诊截至现在已有连锁店65家，构建了X省兽药零售业最大的销售网络。

2009年改造大丰种鸡孵化场车间，添置高标准饲料设备，建成年产3 000吨饲料有限公司，依托兽药销售固有网络和优势品牌，迅速占有了市场。当年实现盈利。

③我行现为此客户在Y市区内的唯一结算行，此客户今后的销售收入等款项都将通过我行进行支付，并且其上、下游客户也是我行的目标客户群，这将会为我行带来较大的收益。

（2）授信风险因素分析

①授信用途：申请人申请资金主要用于原材料的采购，扩大生产，提升销售量，为2019年预期的更高利润率提供保障。

②行业特点分析：X省是我国畜牧养殖大省之一。畜牧业生产总体运行态势良好，生猪产业发展迅速，蛋鸡、奶业生产正在逐步回升，肉牛、肉羊养殖效益看好。兽药对畜牧禽畜有着保健治疗的作用，是畜牧行业发展不可或缺的一环。目前国内兽药的营销方式以经销代理为主要方式。

兽药行业发展趋势：

一是中药市场前景广阔，尤其是中药抗病毒类药物，市场前景看好；

二是营销模式将发生根本性转变，谁先转变谁就能在激烈的市场竞争中抢占先机，得到快速发展；

三是行业整合将在未来的三到五年内来临。

公司优势：

一是产品差异性大，主要体现在公司有自己的配方和生产工艺。产品的差异化导致产品价格的差异化，使市场竞争不能处于同一起跑线上。

二是已通过兽药GFP认证。

经营风险：2016年一次性通过农业部兽药GFP验收。故而产品质量既达到了《中华人民共和国兽药典》的要求，也符合美国兽药典UYP标准。2016年被评为X省动物保健品协会常务理事单位。

（3）授信结论［简要说明授信额度、品种/品种组合、期限、方式、利率/费率、抵（质）押物、用途、授信条件、还款方式、操作方式和管理要求等］

综上所述，同意给予申请人A科技有限公司综合授信800万元，期限1年，全部为流动资金贷款，用途为企业经营性周转，执行基准利率上浮30%。企业主营收入作为第一还款来源。A科技有限公司与之上下游企业往来货款，都将打入在我行的账户中，为我行带来可观的收益。将2 199.65㎡的房产和10 311.80㎡的土地作为抵押物，房产评估价值为501.75万元，土地评估价值为751.73万元，评估价值总计1 253.48万元；房产抵押率为63.89%。所有股东承担无限连带责任担保，还款方式为按季还息，到期一次性还本。请审批！

11.3.1 调查报告撰写中存在的问题

1）报告冗长，废话过多

这个调查报告近8 000字，表面上写得很全面，但是实际上前后重复的表述过多，甚至是整个段落上的重复。应该言简意赅，删除重复的部分。

2）表述不清，用词不准

比如“农民基本不懂科学饲养，鸡病猖獗，经济损失惨重。D女士、F女士作为兽医技术人员，看在眼里，急在心上，农民需要技术人员在鸡病暴发的第一时间赶到现场，提供及时周到的服务。怎么办？下乡去开禽病门诊，才能最大限度地服务农民。当时单位舍不得放人，1995年6月两人毅然辞去公职，到Z县E乡开办禽病门诊。”这样类似小说的表述，大量形容词的应用，不适合在调查报告中出现，应该以客观事实来表述，可以用“1995年6月两人到Z县E乡开办禽病门诊”一句话代替；又如“晨光门诊的服务面遍及20多个县，每天顾客盈门，创下了兽药门诊单店日销量上万元的全国纪录”，单店日销量上万元，并不能说明全年销售收入300多万元，也可能全年的销售收入也是上万元，所以这种表述非常不清晰，容易引起错误结论。再如“1999年，晨光斥资600万元，建立了全国最先进的种鸡孵化场”，“全国最先进”

的标准是什么？600万元的总投资，可能建成全国最先进的吗？这是明显的夸大其词，无依据地下结论。

3）复制粘贴，不负责任

比如“与我们合作的上游企业对我公司极为重视，看好我公司的长足发展，把我公司列为长期重点合作单位”，明显是在企业网站或贷款申请上复制粘贴的，客户经理甚至没有将“我公司”改为“该公司”，这种做法是不负责任的。

4）逻辑混乱、前后矛盾

比如“X省是我国畜牧养殖大省之一。畜牧业生产总体运行态势良好，生猪产业发展迅速，蛋鸡、奶业生产正在逐步回升，肉牛、肉羊养殖效益看好”。从逻辑上看，这与生产治疗鸡喉咙药的A科技有限公司完全不发生关系。又如，报告最前面实际控制人工作履历和创业经历中明确介绍D女士和F女士1993—2008年在Z县畜牧局工作，后面又说两人1995年辞职，创办禽病门诊。

5）客户经理缺乏信贷专业基础知识

比如，“无形资产：土地15.46亩，2016年858万元，逐年折旧”。土地使用权对应的是无形资产摊销，而不是固定资产折旧。再如，“偿债能力：从上表看，该公司2016年、2017年、2018年资产负债率分别为62.88%、67.20%、44.99%；应收账款周转率分别为292.16、38.41、33.32；存货周转率分别为11.47、8.77、7.92。由上述数据可以看出，公司的偿债能力有保证，借款的安全系数就高，企业应收账款周转率高，表明公司收账速度快，平均收账期短，坏账损失少，资产流动快，偿债能力强，存货量大使得货源充足”。客户经理显然不具备识别借款企业财务造假的能力。

11.3.2 信贷分析方法

1）确认正确的信贷分析范围

调查报告中，以表格形式显著地列出了A科技有限公司的关联企业，成立于1999年的Y市Z县大丰种鸡孵化场，但是这是一家不存在的公司，因为在后面“经营发展历史”列出“1999年—2009年：投资600

万元，兴建大丰种鸡孵化场”和“2009年：大丰种鸡孵化场改建为A科技饲料有限公司”，那么，显然客户经理没有了解到这一事实，在信贷调查中犯了严重错误，这个关联企业的说明就完全没有意义，等于客户经理没有去划定信贷分析范围。

本案例正确的信贷分析范围应该包括：晨光禽病门诊、晨光科技连锁店、A科技饲料有限公司这三家关联公司。如果这三家关联公司经营正常，我们再去分析A科技有限公司能否贷款，如果这三家关联公司经营情况很差，甚至处于停产、涉诉等极端情况，则A科技有限公司贷款可以直接否决，因为关联公司经营得不好，反映了两位股东经营管理能力可能存在问题，而且关联公司存在重大风险隐患，也可能波及A科技有限公司。

2）行业风险分析

报告中关于行业特点分析从“兽药行业发展趋势”“晨光优势”两个角度进行了表述，但是表述过于宏观、抽象，没有实质意义上的分析。本案例中，行业风险分析的逻辑应该是这样的：首先，鸡喉咙病是不是高发，在什么地区什么季节高发；其次，全国生产治疗鸡喉咙病药的企业有多少，A科技有限公司在行业中的地位如何；最后，兽药行业主要依赖的要素有哪些，A科技有限公司是否具备，未来是否会有变化。本案例中，客户经理等于没有做行业风险分析。

3）经营管理风险分析

案例中，客户经理只是列出两个自然人股东D女士、F女士各占50%股份，并没有说明她们谁是实际控制人。在一个没有现代企业制度的中小民营企业里，如果没有实际控制人，是很可怕的，像本案例中D女士、F女士各占50%股份这种双股东模式，是非常不稳定的股权模式，试想，如果D女士要买一把椅子，F女士不同意，这把椅子能买吗？两个人的意见不一致，就会直接造成企业的关停。如果该公司就是这样一种股权关系，没有实际控制人，那么，仅凭这一点，这笔贷款就可以否决了。

虽然客户经理没有明示该公司谁是实际控制人，但是，我们通过客户经理列示出来的银行流水可以分析出来，该公司80%以上的资金往来都是通过D女士中国农业银行X支行的银行卡来结算的，对于民营中小企业来说，谁控制资金谁才是实际控制人。所以我们分析出来的结论就是D女士是实际控制人。

客户经理在报告中以表格形式列出主要供应商信息和主要客户信息，包括了客户名称和交易金额，但是笔者认为客户经理列示的信息是假的，因为从客户名称上来看（虽然是化名，但是真实名称类似），都是正规的国有大企业，而且交易金额也相对较大，我们再看客户经理列出的银行对账单“中国建设银行X支行（A科技有限公司）近3个月总流入195万元，流出203.8万元”“中国农业银行X支行（D女士）近3个月总流入1 556万元，流出1 780万元”，也就是说80%以上的交易是通过D女士银行卡完成的，试想，一家正规的国有企业会长期、大金额地和交易对手通过使用个人账户往来而不通过公司账户往来吗？显然，通过这种交叉验证，我们可以得出结论，客户经理列出的上下游名单是假的。本案例中，客户经理等于没有做经营管理风险分析。

4）财务风险分析

A科技有限公司贷款干什么用？客户经理在报告中表述：“授信用途：申请人申请资金主要用于原材料的采购，扩大生产，提升销售量，为2019年预期的更高利润率提供保障。”该公司真的缺钱吗？我们来看资产负债表，主要的流动资金占用方，应收账款128万元、预付账款338万元、存货800万元，合计1 266万元，而主要的流动资金来源方，应付账款52万元、预收账款820万元、其他应付款681万元，合计1 553万元，资金的来源远大于资金的运用，那么为什么还要贷款？原因就在于其他应付款681万元，这部分资金是民间借贷，如果没有这部分资金，该企业就存在资金缺口，贷款800万元就是为了偿还680万元的民间借款，再支付几十万元的利息。本案例中，客户经理没有了解到贷款的真实用途。

在对三大报表进行分析之前，我们先看报告中关于“生产景气情况”的表述，“公司共有员工160人，房屋面积2 199.65㎡，四层的办公大楼共1 462.47㎡；一个车间368.59㎡；一个库房368.59㎡，内设实验室、中药室、检验室、接待室、GFP车间、中药仓库、综合仓库等。”

我们再看利润表中，该公司的主营业务收入是7 664万元。常识告诉我们，治疗鸡喉咙病的药应该不会很贵的，那么7 664万元的主营业务收入，就意味着要有很大的量，试想，一个368.59㎡的车间会生产出那么大量的产品吗？所以，通过交叉验证，我们可以怀疑该公司报表上的销售收入造假。

该公司主营业务收入从2017年的6 847万元增长到2018年的7 664万元，增长11.93%；主营业务利润从2017年的700万元增长到2018年的1 022万元，增长46%；利润总额从2017年的407万元增长到2018年的806万元，增长98%；管理费用从2017年的285万元下降到2018年的186万元，下降34.74%。另外，该公司所得税缴纳极少，只有5万元。这些数据既不符合常识也不符合逻辑，客户经理对这些异常数据并没有给出合理的解释。

资产负债表中2018年固定资产净值为676万元，无形资产为824万元，报告后面的“抵质押情况”中显示“取得成本：房产651万元；土地840万元”，两者数据虽然不一致，但相差不大，可以推测出资产负债表中固定资产净值就是房产，无形资产就是土地，那么该公司的设备在哪里？报表上是看不出来该公司有设备的。客户经理在报告中有表述“资本公积：公司合伙人个人财产充公，如汽车、一些设备等”，资产负债表中也反映出资本公积482万元，但是固定资产中没有设备，如果资本公积482万元是假的，那么该公司的资产负债率还会是44.99%这么低吗？如果减去资本公积482万元，该公司的资产负债率则为52.14%。客户经理完全没有看到这个疑点。

由于上面所列的基础数据存疑，因此那些财务比率、现金流也就不需要看了。

5）项目风险分析

报告中没有提及该企业固定资产是否有新的投资，我们从财务报表中也看不出企业有固定资产投资。客户经理应在报告中清楚列示，如“经调查，该公司目前没有或计划新上项目”。

6）贷款结论

如果笔者是这笔贷款的审批人，上面所提到调查报告上的问题，都不是这笔贷款同意与否的决定性因素。信贷实践中，不能因为借款企业财报造假就否决贷款，如果这样，则很难将贷款放出去，关键是要分析财报在什么科目造假，假到什么程度，对贷款的安全性会有多大的影响，如何进行风险缓释。更不能因为客户经理调查报告写得不好，就否决贷款。而是应该通过对调查报告的讲解、修改来培养客户经理。

当笔者阅读这份调查报告时，两位自然人股东好像就站在面前，甚至穿着打扮、形象气质都能感触到。两位自然人股东是科班出身，行业专家，从业经验丰富且产品质量有保证（兽药制剂生产已通过国家农业部GMP验收，饲料添加剂也通过了农业部资格认证）。企业成立11年，都没有银行贷款，说明两位自然人股东作风是比较保守的，企业经营非常稳健。

笔者对这笔贷款的审查重点有两点：

一是信贷分析范围。如果3家关联企业经营很差，则贷款直接否决。

二是存货。A科技有限公司2018年的存货为800万元，占总资产的22.75%，占比较大，该公司2016年的存货为542万元，2017年的存货为832万元，同样占比较大，而这些存货是兽药，药品是有保质期的，一旦超过保质期，则要计提100%以上的存货跌价准备（因为要额外花钱销毁），那么减去前面提到的有可能造假的资本公积482万元，再减去800万元存货，则该公司的资产负债率达到70.81%。如果存货超过保质期，则利润表中的利润也要相应减去800万元。那么，这笔贷款就不能同意。但是，我们注意到A科技有限公司的关联企业晨光科技连锁店，有65家连锁店，如果A科技有限公司生产的兽药通过自己的关联企业晨光科技连锁店销售，每家连锁店铺货12万~13万元，65家连锁店合计铺货800万元，则能很好地解释A科技有限公司存货量大的问题，而这种逻辑是成立的，客户经理需要通过实地调查进一步验证。如果事实果真如此，则A科技有限公司就是自己研发、自己生产，并通过自己的销售终端销售的公司，是一家供产销一条龙、产学研一体化的企业。那么，这笔贷款就可以同意。

信贷人员从事信贷工作要经历三个阶段：第一阶段“看山是山，看水是水”，本案例中，如果你看到A科技有限公司各项财务指标都不错，还有抵押，就同意这笔贷款，就是第一阶段。第二阶段“看山不是山，看水不是水”，本案例中，如果你发现笔者在前面“11.3.2 信贷分析方法”中所提到的问题，否决这笔贷款，就是第二阶段。第三阶段“看山还是山，看水是水”，本案例中，虽然A科技有限公司存在一些问题，但是如果你能抓住A科技有限公司的主要风险点，并能制定有效的风险缓释方法，最后还同意贷款，就是第三阶段。信贷人员只有达到第三阶段，才是一个合格的信贷人员。

12 贷后检查

贷后管理是指信贷业务从出账开始至授信结清或清收处置完毕的全过程风险管理，包括贷后检查、风险预警管理、担保管理、贷后评级、风险分类、授信到期管理、不良资产化解与处置、统计监测、档案管理等工作内容。贷后管理是信贷流程的最后一个环节，却是风控进入验证阶段的起点。

贷后检查是贷后管理工作中最重要的一环，也是客户经理重要的工作之一。贷后检查是指客户经理通过现场或非现场手段，筛查发现借款企业在贷款期间存在的对银行信贷资产产生的风险隐患，并对其进行处置整改的行为。同时，贷后检查也可以通过回访、维护授信客户，获得二次营销的机会。

12.1 贷前调查和贷后检查的关系

贷后检查相当于针对借款企业现状重新进行一次额度核定。当贷后检查发现借款企业的现状优于贷前调查时，则可以考虑增加授信；借款企业的现状与贷前调查时差别不大，则维持授信；借款企业的现状不如贷前调查时，则压缩授信，或增加担保措施，直至退出。

贷前调查要了解借款企业的主体资格是否符合贷款准入的要求，贷后检查则是要了解借款企业的主体资格是否发生变化，尤其是有没有对信贷资产带来威胁的变化；贷前调查要了解借款企业的贷款用途是否合理、贷款需求是否真实，贷后检查则是要了解借款企业的贷款是否真实地用在了当初申请贷款时所提出的用途，有没有将信贷资金挪用；贷前调查要预测、评估借款企业的还款来源，贷后检查则是要落实具体的还款来源；贷前调查要落实借款企业的保证措施，贷后检查则是要评估保证措施的变化，包括担保企业的代偿能力和抵押物的变现能力（见表12-1）。

表12-1 **贷前调查与贷后检查的关系表**

贷前调查	贷后检查
主体资格	主体资格变没变
贷款用途 （做什么）	贷款用途 （做没做）
还款来源 （怎么还）	还款来源 （能不能）
还款保障 （怎么办）	还款保障 （怎么收）

12.2 贷后检查普遍存在的问题

（1）存在“重贷轻管”现象，贷后检查流于形式。银行对借款企业的生产经营情况、现金流情况、物流及上下游、交易对手变化等缺乏持续的跟踪监测，对大量的潜在违约风险信息未能及时发现和提示，只要能付息，就额度内续做。而事实是，借款企业走下坡路是有一个时间过程的，在这个过程中，在很多时间点上，如果信贷人员发现问题了都可以相对容易地退出，但是，如果借款企业已经欠息了，则信贷人员错过了最佳的窗口期，很难退出。

（2）贷后检查与风险分类流程分离，贷后检查的结论对风险分类参考性不强，贷后管理的制度执行情况不好。

（3）不能及时发现借款企业隐性和显性风险，对于主要风险预警事项和重大突发事项处理不及时果断。

（4）信贷资金流向监控不到位，如借款企业虚构交易背景，资金的实际用途与贷款合同约定不一致，资金流与物流不匹配等风险也未能及时发现、及时预警。

（5）没有对保证人、抵质押物价格实行动态评估管理，对于保证人担保能力下降、抵押物价格降低等情况，没能及时推行进一步的风险缓释措施。

（6）集团客户贷后管理粗放，不能及时掌握同一实际控制人旗下的其他公司经营情况，对于集团内的关联交易、资金往来情况缺少监控。

（7）授信到期管理中存在一定问题。比如，在额度到期前的1~2天内办理额度续做；还款来源于过桥资金，而非借款企业自有资金或自身产生的销售回款；采用先归还部分本金，然后多次办理还旧借新的续做；在扩大续授信的情况下，以新增部分的贷款资金直接用于归还原授信额度下到期贷款。

（8）不能发现新的商业机会。没能有效利用贷后检查时机，进行二次销售，比如，拓展借款企业的上下游、同行业的贷款业务；对借款企业进行交叉销售，公私联动。

12.3 贷后检查的尽职要求

对借款企业的贷后检查，实际上也是对该企业下一笔贷款的贷前调查。贷后检查要求全面监控、及时反映、有效处置。

全面监控，就是要包括贷前调查中借款企业所涉及的信贷分析范围内的所有关联企业，并从借款企业的行业风险、经营管理风险、财务风险、项目风险四个维度来监控，并重点分析借款企业的现金流变化，落实还款来源，评估保证措施的变化。

及时反映，就是贷后检查人员（客户经理）在贷后检查中如果发现借款企业存在威胁信贷资金安全的情况，要及时向上级反映，以免错过最佳的处置时机。

有效处置，就是以保证信贷资金安全为前提来进行处置，贷后检查人员要分析借款企业存在问题的程度，有针对性地提出化解方案，而不是一诉了之。

12.4 贷后检查的重点

贷后检查的重点概括说来就是两个字——“变化”，没有不变的企业，没有不变的风险，没有不变的贷款，贷后检查人员（客户经理）要通过贷后检查及时发现借款企业的变化。贷后检查的重点在于三个方面：负债情况检查、信贷资金流向检查、押品情况检查。

12.4.1 负债情况检查

贷后检查人员（客户经理）在现场检查和非现场检查中，要认真了解借款企业贷款规模和质量的变化，并搞清这些变化的原因，因为这些变化会导致借款企业的偿债能力和信贷资金安全发生改变。比如，贷后检查人员（客户经理）贷后检查时发现本行贷款出账后不久，另一家银行收回了相同金额的贷款，那么就要了解他行为何收回，是准备收回再贷还是主动永久退出，如是后者，则要引起充分重视。再如，贷后检查时发现借款企业在他行大量增加了流动资金贷款，而借款企业的销售收入、存货并没有相应地增加，则借款企业挪用他行贷款的可能性极高，那么，能挪用他行的贷款，也能挪用本行的贷款。又如，贷后检查时发现借款企业在他行的贷款分类向下迁徙，从正常类调整到关注类，甚至可疑类，这就是风险警示信号。

12.4.2 信贷资金流向检查

贷后检查人员（客户经理）贷后检查时要跟踪借款企业大额资金的

流入、流出情况，尤其是本行信贷资金的流入、流出情况，结合企业采购、销售模式和贷款申请用途，判断借款企业资金往来是否正常。企业申请流动资金贷款时，会向银行提供购销合同来证明贷款用途，银行同意此笔贷款后，也会受托支付给上游供应商，但是很多客户经理往往犯下一个重大的错误，就是贷后不去监控销售货款的回款，这为企业挪用贷款甚至将来形成不良留下隐患。

客户经理可以建立借款企业资金跟踪台账，对已出账的贷款逐笔记录分析，要特别关注借款企业资金流向是否存在以下情况：贷款流出企业账户后，短期内通过往来款或货款等名义的等额资金流回；贷款流向关联企业或他行同名账户；贷款用作本行承兑汇票业务保证金；资金流向和金额与企业经营规律严重不符。

案例12.1：非现场贷后资金监控

一家煤炭贸易公司，向银行申请2 000万元贷款，用于购买煤炭，然后卖给火电厂。客户经理在贷款发放后，查看借款企业账户发现没有火电厂的回款，于是询问原因。客户经理给企业打电话："采购的煤炭是否已经发到火电厂？为什么没有火电厂的回款？"企业回答说："货到了，但是根据销售合同的约定，有一个月的账期，一个月后才能回款。"一个月后，客户经理再打电话问："为什么没有火电厂的回款？"回答说："火电厂付款必须要经总经理签字，但是总经理出国了，一个月后才能回来，一个月后才能付款。"一个月后，客户经理再打电话问："为什么没有火电厂的回款？"回答说："总经理回国了，但是财务总监又出国了，火电厂付款必须要经财务总监签字，一个月后才能回来，一个月后才能付款。"一个月后，客户经理再打电话问："为什么没有火电厂的回款？"回答说："财务总监回国了，但是资金经理又出国了，还要等一个月。"那么，这种情况就已经违背常识了，借款企业很难自圆其说，一定存在问题。

为什么没有火电厂的回款？只有两种可能：一是煤炭根本没有销售给火电厂，怎么会有火电厂回款？二是销售货款早已回到借款企业其他银行账户，这样做就是怕客户经理监控。无论是哪种情况都是危险的，客户经理要进一步推行风险缓释措施。

12.4.3 押品情况检查

贷后检查人员（客户经理）要检查抵押品处于什么状态，要了解抵押品市场价格的波动、保管情况、是否被变卖、质押凭证是否到期等。监测抵押品的情况是否发生变化，要做到票证物三相符。具体方法是：一查税票系统，看购置发票与押品是否相符，有无套用发票；二查房管登记，看押品权属与备案实情是否相符，有无虚假抵押；三查押品实物，看押品权证与押品实物是否相符，有无改建与违建。

12.5 不同类型企业贷后检查的侧重点

12.5.1 按行业类别分类

（1）生产型企业

贷后检查人员（客户经理）要重点关注借款企业的生产情况是否正常，主要原材料、产成品价格的变化，存货的保有量与借款企业的日常生产经营是否匹配，水电气的消耗是否正常，是否正在进行固定资产投资。

（2）贸易型企业

贷后检查人员（客户经理）要重点关注借款企业上下游的关系是否稳定，营销模式与营销渠道是否发生改变，应收账款的回收是否及时，库存商品是否存在积压。

12.5.2 按贷款的不同阶段分类

（1）首次贷后检查。重点检查信贷资金用途是否与贷款申请相符，借款企业购销合同履行情况。

（2）中间贷后检查。检查借款企业生产经营情况，查看近期订单、银行流水、工资发放情况、水电气使用情况。

（3）到期前贷后检查。还款资金来源的渠道能否保证到期按时归还贷款。

12.6 逾期类客户贷后检查

针对已经逾期的借款企业的贷后检查，贷后检查人员（客户经理）要重点了解逾期原因。

12.6.1 主观原因

如果是借款企业经办人员疏忽大意忘记还款、突发性偶然因素造成没能顺利还款，经贷后检查人员（客户经理）及时提示后，借款企业会很快还款；如果是借款企业的还款意愿差而造成的逾期，那么贷后检查人员（客户经理）要清晰明确地告知企业贷款逾期的违约成本（比如产生罚息、不良信用记录、私人生活受到影响、难以再贷款、法院起诉强制执行等），让企业意识到后果的严重性，从而落实具体的还款计划。

12.6.2 还款能力出现问题

如果借款企业的还款来源临时出现了变故，比如计划内的下游回款没能按时收回，造成贷款逾期，那么，这种逾期也是临时性的，借款企业会积极配合还款，贷后检查人员（客户经理）可以给借款企业一定的缓冲时间，但是，需要密切跟踪借款企业资金回笼，及时提示还款。

如果是借款企业经营能力出现异常，比如销售下降、亏损增加、应收账款居高不下等短期难以扭转的原因，造成贷款逾期，贷后检查人员（客户经理）应为企业出谋划策，提供筹款方法。如果借款企业还款意愿强，经过评估，借款企业经过一段时间自身经营会得到改善，还款能力会逐步恢复，可根据借款企业未来资金回笼情况调整还款计划和还款方式，在额度不增加、担保不弱化的前提下，采用压降续做或贷款展期的方式，逐步化解风险。同时，密切关注其他债权银行的处理方式，有条件的话最好与其他债权银行达成一致意见，如果其他债权银行不给其展期，甚至起诉，则本行追讨过程中会处于不利地位。

如果经过评估，在可预见的未来，借款企业自身的还款能力不能改善，则争取让借款企业通过其他筹资渠道来偿还本行贷款，贷后检查人员（客户经理）可以边谈判边收集借款企业所有的资产信息、收入来源信息和社会关系网信息，进行综合评估，为后续清收做准备。

12.6.3 还款意愿和还款能力都有问题

贷后检查人员（客户经理）与借款企业进行谈判，表明对于贷款处理的态度，施加压力，争取能够促成结清贷款。担保贷款，及时和担保人沟通，共同商量解决方案，争取担保企业迅速代偿；抵押贷款，查看抵押物现状，重新评估抵押物价值。如果借款企业仍然不配合，则可以启动法律程序。

12.7 风险预警信号

在贷后检查过程中，如借款企业出现以下情况，则应视为风险预警信号，需要积极采取有效的风险防范措施：

（1）借款企业实际控制人或财务总监不接电话，难以取得联系。

（2）借款企业经常拖欠员工工资。

（3）借款企业核心人员及员工大量离职。

（4）借款企业连续欠缴水电费。

（5）借款企业资金归行忽然大幅减少且没有合理理由。

（6）借款企业在未告知贷款银行的情况下秘密处置核心资产。

（7）借款企业出现负面社会评价。

（8）借款企业将贷款资金转入资本市场，从事股票、期货等高风险投资且金额较大。

12.8 重大突发预警事件

（1）借款企业停产。

（2）借款企业被起诉，尤其是涉诉案件金额较大。

（3）借款企业账户被查封、抵质押物被查封。

（4）借款企业遭遇重大自然灾害或人为破坏。

（5）借款企业实际控制人接受司法调查、失踪、跑路。

（6）担保企业或者重大关联方出现以上重大突发预警事件。

案例12.2：重大风险预警事件未采取有效措施，导致不良贷款发生

B分行2016年12月给A公司发放流动资金贷款1 000万元，期限1年。2017年5月，A公司因发生640万元合同纠纷和多起债务诉讼，法院查封该公司账户及部分资产，企业经营受到极大影响，甚至一度停产，利息不能按时给付。经办行已掌握A公司发生影响经营的重大事项和财务情况发生变化的信号，但未能及时提示风险预警，没有按照法律相关要求，以审慎、从严的态度对客户信用等级进行重新检查，也没有采取相应措施控制风险事态扩大，至2017年11月客户违约时信用等级仍为正常类贷款，最终形成不良贷款995万元。如果经办行对于这种重大风险预警事件，采取积极措施，则不会损失这么大。

12.9 贷后检查实战案例讲解

案例12.3：贷后检查报告[①]

M市银星科技有限公司贷后检查报告

（2019年4月22日）

M市银星科技有限公司于2017年在H支行取得综合授信3 000万

① 本案例中的表格数据来自真实案例，其中的逻辑表述和计算错误均为真实体现。

元，以其名下的3宗土地、5处房产作为抵押，用信方式为流动资金贷款、承兑汇票，授信资金用于采购原料。目前仍有余额2 400万元，于2019年4月28日到期，付息正常，无不良信用记录。

一、资格用途

（一）主体资格评价

M市银星科技有限公司于2001年注册成立，为有限责任公司，注册资本5 000万元，公司的经营范围为润滑剂、抗氧化剂、化工产品、钢材、小型机械设备的销售与加工。公司注册号为xxx，排污许可证有效期至2019年9月，公司基本账户开立在H支行。

M市银星科技有限公司目前有关联企业一家——M市银星置业有限公司，是M市银星科技有限公司的全资子公司。成立于2016年8月，注册资本800万元，从事房地产开发经营。M市银星置业有限公司名下有土地一宗，位于M市高新开发区XX大道，面积为7 032.6平方米，为此次贷款的抵押物之一。该公司计划在该宗土地上建设“银星国贸中心”项目，目前已取得建筑用地规划许可证。

（二）信用等级评价

M市银星科技有限公司2017—2019年在我行的信用等级均为AA。

（三）授信用途合规性评价

M市银星科技有限公司申请授信用于流动资金周转。贷款品种为综合授信，以流动资金贷款和承兑汇票方式使用，符合本行相关规定。

二、品格地位

（一）品格评价

1.股东背景评价

公司股东由自然人曹操、曹丕、曹植、曹冲组成，持股比例分别为40%、20%、20%、20%，曹操为法定代表人，其他三位股东为曹操子女。

2.信用记录评价

M市银星科技有限公司于2017年在我行取得综合授信3 000万元，目前仍有余额2 400万元，于2019年4月28日到期，目前付息正常，无不良信用记录。

3.银行合作评价

借款人在与我行合作期间，信用记录良好。目前基本户开立在我行，其经营资金基本在我行账户进行结算，日均存款余额在150万元左右。公司的代发工资业务在我行办理。

（二）经营负责人品格评价

1.法定代表人、实际控制人个人从业经验评价

法定代表人曹操，男，69岁，2001年创立M市银星科技有限公司，担任M市企业家协会副会长，具有一定的社会地位。

2.法定代表人、实际控制人个人信用情况评价

法定代表人及其他股东均无恶意违约记录。

（三）行业地位评价

1.所属行业宏观发展趋势分析

M市银星科技有限公司生产的润滑剂，主要用于生产无缝钢管的连轧管机组，其下游客户为各大钢铁企业，近几年来钢铁产能过大，钢材市场供大于求，导致钢铁行业利润微薄，面临亏损，虽然相关部门出台了多项措施，但在近期内，我国钢铁行业仍将面临产能过剩、价格低迷的现状。借款人受钢铁行业的影响非常大，即在短期内无快速发展、提高利润的可能。

2.主要竞争对手或潜在竞争对手分析

目前与借款人生产同类产品的大型企业有上海A化工有限公司、浙江B化工有限公司，这两家公司均为国外企业在中国设立的分公司，对申请人的经营销售并无太大影响，借款人主要侧重于对本土大型钢铁企业的营销，包括E钢管、F钢、G钢等大型钢企，合作时间长，合作关系较为稳定。

三、经营状况

（一）主营业务评价

借款人生产的润滑剂，能够降低轧件与芯棒之间的摩擦，提高芯棒的使用寿命，同时可以改善钢管的内表面质量及尺寸精度，达到节能降耗的作用。其主要原料为鳞片石墨、抗氧化剂、极压抗磨剂、稳定剂等，大部分由青岛、天津等地购进，采购渠道较为稳定。借款人下游客

户为各大型钢企，如E钢管、F钢、G钢等，合作期限均在3年以上。借款人2018年与主要下游企业签订的销售品种及金额汇总如下：

单位：万元

下游企业 \ 销售品种	润滑剂	氧化剂	磷化液等	合计
W润滑剂有限公司	300	100		400
G钢有限公司	446.7	176.8		623.5
B钢股份有限公司	408.3			408.3
F钢有限公司	6 814			6 814
E钢管有限公司	1 912.4	12.3	191	2 115.7
合计	9 881.4	289.1	191	10 361.5

（二）财务状况评价

借款人提供的2016—2018年报表如下，仅2016年报表经审计。

单位：万元

	2016年末	2017年末	2018年末
资产总计	12 084	15 879	18 449
流动资产	6 258	9 328	11 015
货币资金	737	299	314
应收账款	2 021	3 169	6 449
应收票据	310	448	868
预付账款	1 323	1 119	876
其他应收款	155	908	-620
存货	1 711	3 384	3 128
非流动资产	5 825	6 551	7 434
长期股权投资	810	810	810
固定资产	2 828	2 824	3 297
在建工程	433	544	281
无形资产	790	1 431	2 126

续表

	2016年末	2017年末	2018年末
长期待摊费用	964	942	919
负债总计	3 417	6 082	6 856
流动负债	3 417	4 682	4 347
短期借款	500		
应付账款	342	850	1 640
预收账款	67	115	173
应付工资	33	60	130
应交税金	-229	-363	-70
其他应付款	2 704	4 020	2 474
长期借款		1 400	2 509
所有者权益	8 666	9 797	11 593
少数股东权益	105	105	128
实收资本	5 000	5 000	5 000
资本公积	447	457	503
盈余公积	444	537	635
未分配利润	2 671	3 698	5 327
营业收入	10 496	13 086	18 557
主营业务成本	7 645	9 762	14 003
主营业务税金及附加	56	43	77
营业费用	555	874	1 164
管理费用	966	1 050	1 195
财务费用	68	79	212
营业利润	1 206	1 278	1 905
利润总额	1 261	1 278	1 922
净利润	1 097	1 108	1 749

（1）偿债能力分析

公司近3年的资产负债率分别为28%、38%、37%，流动比率分别为183%、199%、253%，速动比率分别为133%、126%、181%，从报表显示的财务指标看，借款人的长、短期偿债能力尚可。

（2）营运能力分析

借款人2018年应收账款大幅增加，年末余额6 449万元，增长率达103%，主要为E钢管与F钢，占应收余额的36%左右。借款人2017年、2018年的应收账款周转次数分别为5.04、3.85，2018年营业收入较上年增加5 000余万元，应收账款与应收票据便已增加近3 700万元，占新增营业收入的74%，说明借款人2018年的应收账款回收期延长。

借款人2018年的经营成本较上年增长40%，但存货保持较为稳定，周转次数为4.3次，指标值在制造行业的合理范围内。

（3）盈利能力分析

借款人近3年的营业利润率分别为12%、10%、10%，盈利能力一般，且有所下降。一方面因为借款人从2017年开始从银行融资，增加了财务费用的支出；另一方面，钢铁行业的持续低迷对借款人的利润也有较大的冲击。

（4）成长性分析

借款人近两年的销售增长率分别为25%、41%，资本积累率分别为13%、18%，成长性指标较好。借款人受钢铁行业不景气的影响，在2019年销售快速增长的可能性不大，预计能保持原有的销售规模且略有小幅增长。

四、授信担保可靠性评价

设定以三宗土地及土地附着的5处房产作为抵押。申请人提供的抵押物明细情况如下：

序号	使用权人/所有权人	使用权/所有权证号	地址	用途	面积（平方米）	评估价值（万元）
1	M市银星置业有限公司	M国用（2017）第xx号	M市高新开发区xx大道	商服住宅	7 032.6	2 088.68

续表

序号	使用权人/所有权人	使用权/所有权证号	地址	用途	面积（平方米）	评估价值（万元）
2	M市银星科技有限公司	M国用（2013A）第xxx号	M市高新区xx大道x号	工业	17 843.6	765.49
3	M市银星科技有限公司	M国用（2013A）第xxx号	M市高新开发区xx大道	工业	7 963.9	357.53
4	M市银星科技有限公司	M房权证高新区字第xxx号	M市高新区xx大道x号	办公楼	2 906.22	1 148.96
5	M市银星科技有限公司	M房权证高新区字第xxx号	M市高新区xx大道x号	厂房	2 570.23	
6	M市银星科技有限公司	M房权证高新区字第xxx号	M市高新区xx大道x号	厂房	1 117.34	
7	M市银星科技有限公司	M房权证高新区字第xxx号	M市高新区xx大道x号	车间	2 730.2	
8	M市银星科技有限公司	M房权证高新区字第xxx号	M市高新区xx大道x号	车间	4 958.7	
	合计					4 360.66

以上抵押物经我行指定的S省XX土地评估有限责任公司、S省XX房地产评估有限责任公司评估，初评价值为4 360.66万元，按授信3 000万元计算，抵押率为68.9%，在我行规定范围内。

1号抵押物由借款人子公司M市银星置业有限公司提供，该宗土地于2014年购买，用途为工业用地，于2017年11月份将土地用途改为商业、城镇住宅，变性、补交土地出让费等共计花费约700万元左右，公司计划在该宗土地上建设“银星国贸中心”项目，目前已取得了建设用地规划许可证（地字第xxx号），如该宗土地动工建设，地上附着有建筑物，将会影响抵押权的实现。

五、还款来源分析

借款人2018年的销售收入为18 557万元。借款人在我行开立了基本结算户，因大部分采用承兑汇票的结算方式，所以全年约为4 000万元的现金流入量，与其经营收入有一定差距，但借款人提供了与各下游企业的销售合同及2018年度纳税申报表，合同约定的销售量及纳税额均与销售收入相符。

六、整体评价

•主要优势

(1) 借款人有一定的技术优势，经营时间长，经营情况稳定，原料采购及销售有保障，不利因素较少。

(2) 借款人与我行合作期间信用记录良好，愿意配合我行管理，其经营资金基本在我行账户周转。

•主要风险

(1) 借款人与钢铁行业的关联度高，受钢铁行业波动影响较大，且应收款项增长过快，周期长，严重影响了申请人资金的流动性。

(2) 借款人子公司正在开发房地产项目，支行应监督申请人及子公司的资金使用情况，防止贷款资金挪用到房地产项目。

(3) 借款人提供的1号抵押物计划于近期内动工开发，此次在我行办理的仅为土地抵押，如土地上建设有附着物，将会影响抵押权的实现。支行将关注项目的报建进度，并要求借款人出具承诺，在地上建筑物达到可办理在建工程抵押条件时，将在建工程一并抵押至我行，并办理好抵押手续。

检查人：XX

2019年4月22日

请回答以下问题：

一、请对M市银星科技有限公司的贷后检查报告做一个整体评价，报告还存在哪些不足？

本贷后检查报告能够较为全面地反映借款企业的现状，整体结构清晰，层次分明，贷后检查人员（客户经理）能够较为客观地反映借款企业的主要优势和面临的主要风险。但是，在具体细节上还需要进一步落实，主要表现在：

1. 由于贷款是2019年4月28日到期，所以本次贷后检查是授信到期前的检查，那么本次贷后检查的重点应该是落实还款来源，但报告中没有提及，显然贷后检查人员没有真正落实借款企业的还款来源。

2.本报告只有长周期（以年为单位）的对比分析，是按年度来分析评估借款企业的变化的，没有从短周期（以月、季度为单位）进行对比分析，从而分析评估借款企业的变化。

3.本报告没有结合水、电的消耗和借款企业缴税、人员工资变化情况进行分析。

4.本报告没有对抵押物现实市场价值的变化情况进行说明，只是借用当初的评估价。

5.本报告没有对借款企业子公司（M市银星置业有限公司）的近期情况进行说明。

二、从借款企业所处的行业来分析，你认为我行应把其定位为哪一类客户（优先、积极、适度、退出）？为什么？

该公司主要产品为润滑剂、抗氧化剂等化工产品，属于化工行业。从行业角度来分析：

1.该公司下游客户为各大钢铁企业，其自身发展与钢铁行业的景气度高度关联。而钢铁行业具有周期性波动、易受经济不景气影响等特征，这些特征也会传导到该公司，会给该公司的经营造成压力。

2.化工行业的环保要求较高，受环保政策影响较大。该公司的排污许可证即将到期，如果不能接续，则对该公司的经营造成重大影响。

3.该公司在产业链中处于弱势地位，从其现金流特性上可以看出，该公司的资金被下游大量占用，造成该公司资金紧张。

综上所述，对于M市银星科技有限公司贷款，从行业的角度来看，我行应该适度支持，贷款金额不宜过大，做辅办行。按目前情况，我行实际上充当该公司的主办行，如果该公司经营出现问题，则我行很难主动协商退出，可能只有诉讼退出的方式。

三、通过贷后检查报告，你认为M市银星科技有限公司经营管理上存在哪些显性和隐性的问题？

显性问题：

1.该公司的应收账款金额越来越大，2018年末余额为6 449万元，增长率达103%，造成了企业资金的压力巨大，依靠借款企业自身产生的经营性现金流难以偿还到期贷款。如果应收账款未来进一步加大，贷款需求会进一步增加，在没有外部资金补充的情况下，容易产生资金链断裂的风险。

2. 虽然该公司每年都有盈利，但是近3年的营业利润率分别为12%、10%、10%，企业的盈利能力在下降通道中。同时，应收账款余额远大于企业利润，说明企业的利润是“白条利润”，存在水分。

隐性问题：

1. 该公司受钢铁行业影响较大，而在可预见的未来，钢铁行业景气度并不高，该公司的经营可能会伴随下游客户的不景气而出现困境。

2. 该公司子公司正在进行房地产开发项目，存在资金被挪用到房地产项目的可能性，如果房地产项目失败，风险波及到该公司的可能性极大。

四、你认为M市银星科技有限公司贷款用途是否真实？如何验证银星公司的资金流向？

贷后检查人员（客户经理）在报告“授信用途合规性评价”中明确写道：“M市银星科技有限公司申请授信用于流动资金周转。贷款品种为综合授信，以流动资金贷款和承兑汇票方式使用，符合本行相关规定。”但是，通过资产负债表，可以看到该公司的2018年的存货为3 128万元，相较于2017年的存货3 384万元，并没有增加，而是下降了。同时，该公司2018年其他应付款为2 474万元，相较于2017年的存货4 020万元，也是下降的。可以推测该公司的流动资金贷款并没有全部用于购买原材料，存在将部分贷款用于偿还民间借款的可能性。另外，该公司2018年无形资产2 126万元，相较于2017年的1 431万元，增加695万元，报告中写道“2017年11月份将土地用途改为商业、城镇住宅，变性、补交土地出让费等共计花费约700万元左右”，可以推测该公司资金流入子公司M市银星置业有限公司用于交纳土地出让费。

贷后检查人员（客户经理）需要针对此类疑点，进一步查看该企业的银行流水和明细账，查看收款单位是谁，有无相同金额的资金对倒。贷后检查人员（客户经理）需要密切跟踪该公司销售货款归行，一旦发现销售货款归行大幅减少，则应提示风险预警。

五、请评估M市银星科技有限公司的还款来源及还款能力。

该公司近3年的资产负债率分别为28%、38%、37%，流动比率分别为183%、199%、253%，速动比率分别为133%、126%、181%，简单地从这些偿债能力财务指标看，该公司的长、短期偿债能力尚可。但是，进一步分析会发现：

1.该公司2017年的货币资金只有299万元，占总资产（15 879万元）的1.88%，2018年的货币资金只有314万元，占总资产（18 449万元）的1.7%，说明该公司的资金是非常紧张的，甚至存在流动性的危机。

2.应收账款大幅增加，从2017年的3 169万元，增加到2018年末余额6 449万元，占到总资产的34.86%；无形资产21 26万元，占到总资产的11.49%，而这部分无形资产很大可能是用于子公司M市银星置业有限公司交纳土地出让费；还有长期待摊费用919万元也是偏高的；这3个主要科目在总资产中占比过大，所以该公司表面看起来资产负债率、流动比率、速动比率指标较为好看。但是，该公司短期内应收账款并不能下降，而且会随销售收入的上升而增长，造成经营活动现金流为负，该企业靠自身产生的经营活动现金流是难以偿还贷款的。

3.从财务弹性的角度来分析，由于该公司只与本行有贷款关系，目前在他行没有授信额度，所以依靠他行贷款偿还本行到期贷款的可能性并不高。通过财报可以看出，该公司其他应付款2017年为4 020万元，2018年为2 474万元，说明该公司具备一定的民间融资能力，目前来看，还款来源应该是来自民间融资。

六、你认为对M市银星科技有限公司的贷后检查重点应该在哪些方面？

1.关注应收账款的变化，从账龄结构和债务人的角度去分析应收账款的质量，如账龄过长，应该考虑计提坏账准备。如应收账款金额越来越大，要分析该公司除本行之外的融资能力是否能够同步增长。

2.关注资金流向，要严格禁止未来该公司的资金流向子公司M市银星置业有限公司。

3.关注销售货款归行，是否存在销售货款归行明显减少的情况。

4.关注产成品的库存情况，看产成品是否存在滞销。

5.关注抵押物市场价格的变化，如抵押物价格下降，导致抵押率突破70%，则应该立即压缩贷款。

6.核实长期待摊费用的合理性，是否存在将销售费用、管理费用长期“挂账”于长期待摊费用科目，从而虚增利润。

7.核实其他应付款，了解该公司民间融资利率，防止该公司陷入高利贷陷阱。